ABHANDLUNGEN
DER AKADEMIE DER WISSENSCHAFTEN DER DDR
Abteilung Veröffentlichungen der Wissenschaftlichen Räte

Jahrgang 1979 · Nr. W 6

28. Tagung des Wissenschaftlichen Rates
für die wirtschaftswissenschaftliche Forschung
bei der Akademie der Wissenschaften der DDR
am 29. 5. 1979

Zur aktiven Rolle der Finanzen

Zur aktiven Rolle der Finanzen und ihre Ausnutzung
bei der weiteren Erhöhung der Leistungskraft
der sozialistischen Wirtschaft

AKADEMIE-VERLAG · BERLIN · 1980

Herausgegeben im Auftrage des Präsidenten
der Akademie der Wissenschaften der DDR
von Vizepräsident Prof. Dr. Heinrich Scheel

Verantwortlich für dieses Heft:
Akademiemitglied Prof. Dr. sc. Dr. h.c. Helmut Koziolek
Vorsitzender des Wissenschaftlichen Rates
für die wirtschaftswissenschaftliche Forschung
bei der Akademie der Wissenschaften der DDR

Redaktionsschluß: 25. Juli 1979
Erschienen im Akademie-Verlag, DDR-108 Berlin, Leipziger Str. 3–4

Lizenznummer: 202.100/79/80
Gesamtherstellung: VEB Druckhaus Köthen
Bestellnummer: 7 537 972 (2001/79/6/W). LSV 0385
Printed in GDR
DDR 13,50 M

Inhaltsverzeichnis

1. Thesen

Zur aktiven Rolle der Finanzen und ihre Ausnutzung bei der weiteren Erhöhung der Leistungskraft der sozialistischen Wirtschaft ... 7

Autorenkollektiv unter Leitung von

Dr. Bernhard Groche

Direktor des Finanzökonomischen Forschungsinstituts beim Ministerium der Finanzen

Dr. Wolfgang Lebig

Stellvertreter des Direktors des Finanzökonomischen Forschungsinstituts beim Ministerium der Finanzen

2. Einführungsvortrag

Dr. Bernhard Groche

Einführungsvortrag auf der 28. Tagung des Wissenschaftlichen Rates für die wirtschaftswissenschaftliche Forschung ... 34

3. Diskussion

Prof. Dr. Karl-Heinz Stiemerling

Mitglied des Wissenschaftlichen Rates für die wirtschaftswissenschaftliche Forschung bei der Akademie der Wissenschaften der DDR,
Stellvertreter des Rektors und Prorektor für Forschung der Akademie für Gesellschaftswissenschaften beim ZK der SED
Die Verwirklichung der Hauptaufgabe bei der Gestaltung der entwickelten sozialistischen Gesellschaft erfordert ökonomisches Wachstum und stabile Staatsfinanzen 45

Prof. Dr. Waldfried Schließer

Hochschule für Ökonomie „Bruno Leuschner", Sektion Marxismus-Leninismus
Zu einigen politökonomischen Aspekten der aktiven Rolle der Finanzen im Sozialismus ... 51

Prof. Dr. Willi Ehlert

Mitglied des Wissenschaftlichen Rates für die wirtschaftswissenschaftliche Forschung bei der Akademie der Wissenschaften der DDR,
Direktor der Sektion Wirtschaftswissenschaften der Humboldt-Universität zu Berlin
Zur aktiven Rolle des Geldes bei der Entwicklung von Leitung, Planung und ökonomischer Stimulierung 58

Prof. Dr. Horst Richter

Mitglied des Wissenschaftlichen Rates für die wirtschaftswissenschaftliche Forschung bei der Akademie der Wissenschaften der DDR,
Direktor des Franz-Mehring-Instituts der Karl-Marx-Universität Leipzig
Die Bestimmung des Inhalts und Platzes der Warenproduktion im Sozialismus 61

Prof. Dr. Diethelm Hunstock

Hochschule für Ökonomie „Bruno Leuschner“, Sektion Sozialistische Volkswirtschaft
Die Ausnutzung der Finanzen bei der volkswirtschaftlichen Planansatzrechnung .. 67

Prof. Dr. Wilfried Maier

Amt für Preise beim Ministerrat der DDR
Die Senkung der Selbstkosten pro Erzeugnis und wissenschaftlich-technischer Fortschritt 73

Dietrich Lüddeke

Hauptbuchhalter des VEB Schwermaschinenbaukombinat „Ernst Thälmann“, Magdeburg
Zu einigen Erfahrungen aus der Arbeit mit finanziellen Fonds im Kombinat und zur Tätigkeit des Hauptbuchhalters 76

Prof. Dr. Horst Brandt

Parteihochschule „Karl Marx“ beim ZK der SED
Zur Ausnutzung der Finanzen bei der weiteren Vervollkommnung der wirtschaftlichen Rechnungsführung* 80

Dr. Wolfried Stoll

Abteilungsleiter in der Staatsbank der Deutschen Demokratischen Republik
Bewußte Ausnutzung der Finanzen durch den sozialistischen Staat für hohe gesellschaftliche Effektivität 84

Dr. Martin Heuer

Hauptbuchhalter des Kombinates VEB Kabelwerk Oberspree „Wilhelm Pieck“, Berlin
Die Erhöhung der Wirksamkeit der Kostenarbeit – eine Voraussetzung zur weiteren Vertiefung der Intensivierung 88

* schriftlicher Beitrag

Prof. Dr. Edwin Polaschewski

Direktor der Sektion Sozialistische Betriebswirtschaft der Hochschule für Ökonomie „Bruno Leuschner“
Zu den Bedingungen für die aktive Nutzung des Geldes und der Finanzen in der sozialistischen Wirtschaft 94

Prof. Dr. Willy Schuster

Technische Hochschule Karl-Marx-Stadt, Sektion Wirtschaftswissenschaften
Zur Frage der Kostensenkung und einigen weiteren betriebswirtschaftlichen Problemen 97

Prof. Dr. Johannes Gurtz

Humboldt-Universität zu Berlin, Sektion Wirtschaftswissenschaften
Zur aktiven Rolle der Finanzen bei der rationellen Verwendung des Nationaleinkommens 101

Prof. Dr. Helmut Mann

Hochschule für Ökonomie „Bruno Leuschner“, Sektion Sozialistische Volkswirtschaft
Zum Zusammenwirken von Finanzen und Preis* 104

Prof. Dr. Hans-Werner Stenzel

Technische Hochschule „Carl Schorlemmer“ Leuna-Merseburg, Sektion Wirtschaftswissenschaften
Zu ausgewählten Fragen der Finanzwirtschaft in den Betrieben und Kombinaten* 109

Prof. Dr. Karlheinz Tannert

Humboldt-Universität zu Berlin, Sektion Wirtschaftswissenschaften
Zu einigen Problemen von Kredit und Effektivität* 113

Dr. Rolf Illgen

Karl-Marx-Universität Leipzig, Sektion Wirtschaftswissenschaften
Zur Stellung der Finanzen in den Ware – Geld-Beziehungen und zur Bedeutung des Kreditcharakters des Geldes im Sozialismus* 116

Dr. Hans-Joachim Dubrowsky

Hochschule für Ökonomie „Bruno Leuschner“, Sektion Außenwirtschaft
Zu einigen Aspekten der Weiterentwicklung der Finanzen unter den Bedingungen wachsender außenwirtschaftlicher Verflechtungen* 125

4. Schlußwort

Prof. Dr. Dr. Helmut Koziolek

Kandidat des ZK der SED
Ordentliches Mitglied der Akademie der Wissenschaften der DDR,
Vorsitzender des Wissenschaftlichen Rates für die wirtschaftswissenschaftliche Forschung,
Direktor des Zentralinstituts für sozialistische Wirtschaftsführung beim ZK der SED
Zu einigen aktuellen Fragen des Beratungsgegenstandes 129

* schriftlicher Beitrag

Thesen*

* Unter Berücksichtigung der Diskussion überarbeitet. Ausgearbeitet von einem Kollektiv des Finanzökonomischen Forschungsinstituts beim Ministerium der Finanzen unter Leitung der Genossen Dr. Bernhard Groche und Dr. Wolfgang Lebig.

Zur aktiven Rolle der Finanzen und ihre Ausnutzung bei der weiteren Erhöhung der Leistungskraft der sozialistischen Wirtschaft

Unter Führung der Partei der Arbeiterklasse wurde in der Deutschen Demokratischen Republik eine leistungsstarke, stabile Planwirtschaft geschaffen, die ständig vervollkommnet wird. „Bei der weiteren Gestaltung der entwickelten sozialistischen Gesellschaft in der Deutschen Demokratischen Republik ist die Stärkung der ökonomischen Leistungsfähigkeit unseres Landes die zentrale Frage. Davon vor allem hängen entscheidend die Fortschritte in allen Bereichen des Lebens ab.“[1]

Diese für die weitere Gestaltung der entwickelten sozialistischen Gesellschaft prinzipielle Aufgabenstellung, die zugleich von grundlegender Bedeutung für die Finanzpolitik des sozialistischen Staates ist, ist untrennbar mit dem Kampf um die weitere Senkung des Aufwandes für die gesellschaftliche Produktion und die umfassende Durchsetzung der Sparsamkeit als Bestandteil der sozialistischen Wirtschaftspolitik verbunden, dient der weiteren Intensivierung der gesellschaftlichen Produktion.

„Die Intensivierung der gesellschaftlichen Produktion ist der Hauptweg der wirtschaftlichen Entwicklung der Deutschen Demokratischen Republik. Sie ermöglicht jenen Leistungsanstieg in der Volkswirtschaft, der für die Erhöhung des Lebensniveaus der Menschen sowie für die ständige Modernisierung und den Ausbau der materiell-technischen Basis des Sozialismus in der Deutschen Demokratischen Republik und für die Schaffung grundlegender Voraussetzungen des allmählichen Übergangs zum Kommunismus unerläßlich ist.“[2]

Der IX. Parteitag der SED stellte die Aufgabe, die Finanzen verstärkt für die Förderung des Leistungsanstiegs der Volkswirtschaft auszunutzen und aktiv zur Erhöhung der Effektivität der Produktion und zur rationellen Verteilung und Verwendung des gesellschaftlichen Produkts und des Nationaleinkommens beizutragen. Die zunehmende Bedeutung der Finanzen bei der weiteren Gestaltung der entwickelten sozialistischen Gesellschaft in der Deutschen Demokratischen Republik ist ein gesetzmäßiger Prozeß, der sich objektiv aus den veränderten Wirkungs- und Ausnutzungsbedingungen der ökonomischen Gesetze des Sozialismus ergibt. Indem die Finanzen aktiv ein hohes Wachstum des Nationaleinkommens und des gesellschaftlichen Reineinkommens beeinflussen und damit zur weiteren Erhöhung des materiellen und kulturellen Lebensniveaus des Volkes, zur Entwicklung der materiell-technischen Basis der Volkswirtschaft und zur Stärkung der Verteidigungskraft der Deutschen Demokratischen Republik beitragen, wird ihre zielgerichtete Ausnutzung in zunehmendem Maße zu einer wichtigen Bedingung für die Realisierung des ökonomischen Grundgesetzes des Sozialismus.

[1] 10. Tagung des ZK der SED, Dem 30. Jahrestag der DDR entgegen, Aus dem Schlußwort des Genossen Erich Honecker, Berlin 1979, S. 190.

[2] Programm der Sozialistischen Einheitspartei Deutschlands, Berlin 1976, S. 26/27.

Durch die bewußte Ausnutzung der Finanzen durch die Staatsorgane, die Kombinate und Betriebe sowie die staatlichen Einrichtungen muß noch wirksamer als bisher ein Beitrag zur ständigen Verbesserung des Verhältnisses von Aufwand und Ergebnis geleistet werden. Es kommt darauf an, hohe Ergebnisse der Intensivierung, insbesondere aus der wissenschaftlich-technischen Arbeit und der sozialistischen Rationalisierung, zu erreichen.

In allen Bereichen und auf allen Ebenen der Volkswirtschaft müssen in Erfüllung der Erfordernisse des Gesetzes der Ökonomie der Zeit das sozialistische Sparsamkeitsprinzip und eine strenge Plan- und Finanzdisziplin konsequent durchgesetzt werden. Dabei geht es um die Mobilisierung volkswirtschaftlicher Reserven auf der Grundlage exakter finanzökonomischer Analysen, der Qualifizierung der finanziellen Planung und der finanzökonomischen Regelungen sowie der Finanzkontrolle.

Der Schwerpunkt bei der Ausnutzung der aktiven Rolle der Finanzen besteht in der Einflußnahme auf die Verbesserung des Verhältnisses von Aufwand und Ergebnis auf allen Gebieten der Volkswirtschaft, insbesondere durch die Senkung der Kosten der Produktion, die Verringerung des Verbrauchs von Material, Energie und Rohstoffen pro Erzeugniseinheit, sowie den rationellen Einsatz des gesellschaftlichen Arbeitsvermögens.

Im internationalen Maßstab müssen die Finanzen insbesondere die Vertiefung der sozialistischen ökonomischen Integration und die weitere Festigung der planmäßigen Zusammenarbeit mit der UdSSR und den anderen Mitgliedsländern des RGW aktiv fördern.

Die 30jährige erfolgreiche Entwicklung der Deutschen Demokratischen Republik bestätigt, daß die wissenschaftlich fundierte Finanzpolitik der Partei der Arbeiterklasse zu den soliden Grundlagen des kontinuierlichen Wirtschaftswachstums, der Stabilität und des Wohlstandes gehört.

I. Grundlagen der aktiven Rolle der Finanzen bei der Leitung, Planung und ökonomischen Stimulierung des Reproduktionsprozesses

(1) *Warenproduktion und Ware-Geld-Beziehungen* sind Merkmale der sozialistischen Produktionsverhältnisse. Die Bedingungen des Wirkens des Wertgesetzes sind dadurch charakterisiert, daß die in den sozialistischen Betrieben und Kombinaten verausgabte Arbeit unmittelbar gesellschaftliche Arbeit ist.

Das ökonomische Grundgesetz des Sozialismus bestimmt die Wirkungsrichtung des Wertgesetzes unter sozialistischen Verhältnissen: Stimulierung der bedarfsgerechten Produktion, der Intensivierung volkswirtschaftlicher Reproduktion, Senkung des gesellschaftlich notwendigen Arbeitsaufwandes und Vermittlung von Produktion und Konsumtion durch Zirkulation und Distribution. Die Planmäßigkeit als Bewegungsform der sozialistischen Produktionsverhältnisse ist objektive Bedingung für die Ausnutzung des Wertgesetzes. Da die Arbeitsprodukte im Sozialismus Waren sind, die sowohl Gebrauchswert als auch Wert haben, erhält auch die Effektivität doppelten Ausdruck in Natural- und Wertform. Die Aufwendungen an lebendiger und vergegenständlichter Arbeit und die Ergebnisse der Produktion werden deshalb entsprechend dem Wertgesetz in Geldform ausgedrückt. Die im Produkt der sozialistischen Betriebe und Kombinate vergegenständlichte unmittelbar gesellschaftliche Arbeit wird in Warenform vermittels des Geldes ausgetauscht.

(2) Das Geld vermittelt als relativ verselbständigter Tauschwert sozialistische gesellschaftliche Verhältnisse, seine Substanz ist die sozialistische gesellschaftliche Arbeit. Entsprechend seiner Grundaufgabe, allgemeines Äquivalent zu sein, ist das *Geld Gegenstand und Instrument der gesellschaftlichen Leitung und Planung.*

Die Erfassung und Berechnung des Arbeitsaufwandes im Produktionsprozeß erfordern das Geld als Maß der Werte. Damit ist die Möglichkeit der aktiven Nutzung des Geldes zum Messen und Vergleichen mit Hilfe von Wertkennziffern gegeben. Die Wirksamkeit des Geldes in dieser Funktion ist die Voraussetzung für die Funktionen als Zirkulationsmittel bei der Vermittlung des Warenaustausches, als Zahlungsmittel bei der Verteilung und Umverteilung des Nationaleinkommens, als Akkumulations- und Sparmittel bei der Bildung von Geldfonds sowie als Weltgeld. Die Funktionen des Geldes wirken komplex.

Im Zusammenhang mit der bewußten Ausnutzung der Ware–Geld-Beziehungen, der Vervollkommnung der Planung, der Preisbildung, der wirtschaftlichen Rechnungsführung und ökonomischen Stimulierung sowie bei der Verteilung und Umverteilung des Nationaleinkommens nimmt die Bedeutung des Geldes als Maß der Werte zu. Auf diesen Umstand weisen in jüngster Zeit sowjetische Wissenschaftler besonders hin.

Die Planung des Geldumlaufs erfolgt auf der Grundlage des Geldumlaufgesetzes und des Repräsentationsgesetzes. Aus den Geldgesetzen ergibt sich die Notwendigkeit der proportionalen Entwicklung des Geldumlaufs zur Entwicklung der Leistungen der Volkswirtschaft als Bedingung für die Wirkungsfähigkeit des Geldes als allgemeines Äquivalent. Zwischen der bewußten Ausnutzung des Geldes bei der Einwirkung auf die Effektivität und die materiellen Proportionen und der planmäßigen Entwicklung des Geldvolumens selbst besteht ein dialektisches Wechselverhältnis, dessen Beachtung für das stabile und kontinuierliche Wachstum der Volkswirtschaft und die Lösung der Hauptaufgabe wichtig ist. Insofern hat die Planung des Geldumlaufes große Bedeutung für die Vermeidung von Disproportionen zwischen Geldmenge und Geldbedarf für die Warenzirkulation. Diese Zusammenhänge unterstreichen die objektive Notwendigkeit der Einheit von materieller und finanzieller Planung und die prinzipielle Bedeutung der immer besseren Sicherung ihrer Übereinstimmung.

Zugleich wird auch deutlich, daß mit wachsenden Dimensionen der Produktion, der Zunahme der Arbeitsteilung, des Grades der sozialistischen ökonomischen Integration und der internationalen Spezialisierung und Kooperation die weitere Qualifizierung der Methoden der Planung des Geldumlaufs einen wichtigen Platz bei der Vervollkommnung der Leitung, Planung und ökonomischen Stimulierung einnimmt. „Die Frage des Geldes ist dabei sehr wichtig, weil die Geldzirkulation ein Ding ist, durch das vorzüglich kontrolliert wird, ob der Warenumsatz eines Landes befriedigend ist, und wenn dieser Umsatz nicht richtig funktioniert, verwandelt sich das Geld in wertloses Papier."[3] Eine wesentliche Rolle bei der planmäßigen Beherrschung dieser für die Verwirklichung der Geld- und Finanzpolitik der Partei der Arbeiterklasse wichtigen Prozesse spielt das System finanzieller Bilanzen, insbesondere die Finanzbilanz des Staates, in Verbindung mit der Ausnutzung der Bilanz der Geldeinnahmen und -ausgaben der Bevölkerung. Deshalb kommt auch der Weiterentwicklung der finanziellen Bilanzierung im Rahmen der Vervollkommnung der Planung besondere Bedeutung zu.

[3] W. I. Lenin, Referat über die Ersetzung der Ablieferungspflicht durch die Naturalsteuer, in: Werke, Bd. 32, Berlin 1963, S. 225.

Ausdruck des Weltgeldes des sozialistischen Weltwirtschaftssystems ist der transferable Rubel. Er fungiert als kollektive sozialistische Währung im Zahlungsverkehr der Mitgliedsländer des RGW untereinander. Die Stärkung der Rolle des transferablen Rubels als Hauptelement des internationalen sozialistischen Währungssystems dient dazu, die planmäßige Erfüllung der Hauptaufgabe in den Mitgliedsländern des RGW auf die effektivste Art und Weise zu unterstützen und zur Beschleunigung und Vertiefung der sozialistischen ökonomischen Integration beizutragen.

Die Fähigkeit des transferablen Rubels, die Integrationsprozesse aktiv zu unterstützen, ergibt sich aus seinem Wirken unter den Bedingungen der Einheit von materieller und finanzieller Planung. Unter der Voraussetzung der ständigen planmäßigen Sicherung der Übereinstimmung zwischen Warenlieferungen und Leistungen, Preisen und Geldfonds auf der Grundlage der Plankoordinierung bzw. des Planes der mehrseitigen Integrationsmaßnahmen ist der aktiveren Nutzung des transferablen Rubels auf einigen Gebieten stärkere Aufmerksamkeit zu schenken. Als Maß der Werte ist der transferable Rubel noch besser zur Messung der Effektivität der Integrationsprozesse im Sinne des gegenseitigen Vorteils auf der Grundlage ökonomisch begründeter Kurse einzusetzen. Im Vordergrund steht dabei seine Ausnutzung für die Planung der Warenlieferungen und Leistungen mit Hilfe der RGW-Vertragspreise, die der Durchsetzung der Äquivalenz dienen. Als Zahlungsmittel ist die Nutzung des transferablen Rubels weiter zu verbessern im Zusammenhang mit der Ausreichung von Krediten und der Entstehung von Guthaben im Ergebnis des Waren- und Leistungsaustausches und bei der Erfüllung der damit verbundenen Zahlungsverpflichtungen. Als Akkumulationsmittel ist die Rolle des transferablen Rubels bei der Bildung gemeinsamer Geldfonds für Integrationsmaßnahmen weiter zu stärken.

(3) Die objektive Notwendigkeit der Verteilung und Umverteilung des Nationaleinkommens und die damit verbundene zeitliche Trennung des Prozesses der Verwandlung von Ware in Geld und von Geld in Ware haben eine relative Verselbständigung von Geldbewegungen und umfangreiche Geldströme zur Folge.

Die *sozialistischen Finanzen* stellen eine *besondere Form der relativ verselbständigten Geldbewegungen* dar. Es handelt sich bei ihnen um Geldbeziehungen, die die aus den Erfordernissen der effektiven Produktion und der rationellen Verteilung und Verwendung des gesellschaftlichen Produkts und des Nationaleinkommens resultierenden gesellschaftlichen ökonomischen Interessen der Bildung und Verwendung von zentralen und dezentralen Geldfonds verkörpern. Diese Geldbeziehungen werden vom sozialistischen Staat mit Hilfe zwingender (imperativ gestalteter) juristischer Normen ausgenutzt, die auf die effektive Erwirtschaftung der zu bildenden Geldfonds und ihren rationellen Einsatz gerichtet sind mit dem Ziel, die Hauptaufgabe in ihrer Einheit von Wirtschafts- und Sozialpolitik aktiv zu verwirklichen.

Durch die Primärverteilung des Nationaleinkommens kann die erweiterte sozialistische Reproduktion nicht umfassend realisiert werden. Deshalb ist seine endgültige bzw. zeitweilige Umverteilung mit Hilfe der Finanzen durch den sozialistischen Staat objektiv notwendig. Dabei ist diese planmäßige Umverteilung des Nationaleinkommens auf die proportionale Entwicklung der Volkswirtschaft und auf ein maximales Tempo des Zuwachses des Nationaleinkommens, des Reineinkommens und des verteilbaren Endprodukts gerichtet. Das bedeutet, daß die sozialistischen Finanzen den Erfordernissen der ökonomischen Gesetze entsprechende Geldbeziehungen verkörpern.

Die sozialistischen Finanzen sind somit aus den objektiven ökonomischen Interessen der Gesellschaft resultierende Beziehungen der Bildung und Verwendung zentraler und dezentraler Grundfonds, die vom sozialistischen Staat imperativ ausgenutzt werden mit dem Ziel der aktiven Einflußnahme auf die Erhöhung der Effektivität der Produktion und die rationelle Verteilung und Verwendung des gesellschaftlichen Produkts und des Nationaleinkommens.

(4) Aus der Bestimmung der *sozialistischen Finanzen* ergibt sich, daß sie den Reproduktionsprozeß vermitteln und einen *aktiven Einfluß auf die Erhöhung der Effektivität der Produktion* und die rationelle Verteilung und Verwendung des gesellschaftlichen Produkts und des Nationaleinkommens ausüben. Dieser aktive Einfluß resultiert aus der Notwendigkeit, die Intensivierung als den entscheidenden Weg zur Erhöhung des Mehrprodukts wirksam zu fördern, unbestechlich abzurechnen und zu kontrollieren. Ausgehend vom Gesetz der Ökonomie der Zeit, ist es erforderlich, durch Zeiteinsparung wachsende Möglichkeiten der Produktion sowie Voraussetzungen für die weitere Erhöhung ihrer Effektivität zu schaffen, d. h., die sozialistischen Finanzen müssen so genutzt werden, daß sie zur Vervollkommnung der Leitung, Planung und ökonomischen Stimulierung beitragen. Diese bewußte Ausnutzung zielt in ihrer Gesamtheit darauf ab, die Einsparung von Zeit in der Produktion zu unterstützen, um dadurch eine effektive Erwirtschaftung und einen rationellen Einsatz der materiellen und finanziellen Ressourcen zu sichern.

Die Aufgabe besteht darin, im Zusammenhang mit einer bedarfs- und qualitätsgerechten Produktion über die sozialistischen Finanzen einen wirksamen Druck auf die Erhöhung des Reineinkommens, insbesondere des Gewinns, auszuüben. Dabei kommt der Senkung der Kosten als unbestechlichem Maßstab für die Wirksamkeit der Intensivierung eine wachsende Bedeutung zu. Es geht insbesondere um eine verstärkte Einflußnahme der sozialistischen Finanzen auf die Senkung der Rohstoff-, Material- und Energiekosten, der Kosten für Ausschuß, Nacharbeit und Garantieleistungen und der Kosten für Leitung und Verwaltung sowie auf die Planung und Effektivität der Investitionen.

Der sozialistische Staat nutzt die Finanzen bewußt als ein Instrument aus, mit dem er über die Distribution als Ergebnis und Bedingung der Produktion und als Bindeglied zwischen Produktion und Konsumtion planmäßigen Einfluß auf den gesamten Reproduktionsprozeß nimmt. Dieser planmäßige Einfluß beginnt bei der Vorbereitung der Produktion. Ehe die Distribution Distribution der Produkte ist, ist sie also Distribution der Produktionsinstrumente.[4]

„Der Tatbestand, der hier also dem Akt $G\text{–}W <^{A}_{Pm}$ zugrunde liegt, ist die Verteilung; nicht die Verteilung im gewöhnlichen Sinn, als Verteilung der Konsumtionsmittel, sondern die Verteilung der Elemente der Produktion selbst ...“[5], und „... die Verteilung ist eine Methode, ein Werkzeug und ein Mittel zur Steigerung der Produktion“[6].

Im Prozeß der sozialistischen Reproduktion wird durch den Staat mit den Finanzen

- auf die Erhöhung der Effektivität der Produktion und damit auf die Beschleunigung des Zuwachses an Nationaleinkommen Einfluß genommen,
- die Primär- bzw. Umverteilung von Reineinkommen der Gesellschaft und

[4] K. Marx, Einleitung zur Kritik der Politischen Ökonomie, in: K. Marx, F. Engels, Werke (im folgenden MEW), Bd. 13, Berlin 1964, S. 628.

[5] K. Marx, Das Kapital, Zweiter Band, in: MEW, Bd. 24, Berlin 1964, S. 38.

[6] W. I. Lenin, Rede auf der Gesamtrussischen Konferenz für Ernährungswesen, in: Werke, Bd. 32, Berlin 1961, S. 471.

– die Umverteilung von Einkommen der privaten Handwerker und Gewerbetreibenden, der Arbeiter und Angestellten und anderen Bürger durchgeführt.

Die unter Ausnutzung der Finanzen gestalteten Verteilungsprozesse sind darauf gerichtet, die Realisierung der Akkumulation, der gesellschaftlichen Konsumtion und bestimmter Teile der individuellen Konsumtion planmäßig zu sichern. Über diese Verteilung des Nationaleinkommens hinaus unterliegen auch Teile des Ersatzfonds für die verbrauchten Produktionsmittel der Umverteilung mit Hilfe der Finanzen.

Das wachsende Tempo der Entwicklung der Produktion, insbesondere durch die Verbindung der wissenschaftlich-technischen Revolution mit den Vorzügen des Sozialismus, erfordert eine ständige Vervollkommnung der planmäßigen Verteilung und Umverteilung des gesellschaftlichen Produkts unter dem Gesichtspunkt der Vertiefung der Intensivierung. Hier liegt ein wesentlicher Aspekt der wachsenden Rolle der Finanzen bei der weiteren Gestaltung der entwickelten sozialistischen Gesellschaft.

Die Einflußnahme der Finanzen in den einzelnen Phasen des einheitlichen Reproduktionsprozesses ist unterschiedlich. Mit den Finanzen wird durch den sozialistischen Staat in vielfältiger Form auf eine hohe Effektivität der *Produktion* eingewirkt. Das geschieht durch die Vorgabe hoher, aus den gesamtgesellschaftlichen Anforderungen abgeleiteter Effektivitätsziele, die Ausnutzung der Stimulierungsfunktion der Finanzen, den gezielten Einsatz finanzieller Ressourcen u. a. und schließt die exakte Messung von Aufwand und Ergebnis aller Maßnahmen in der Volkswirtschaft sowie in den Kombinaten, Betrieben und staatlichen Einrichtungen ein. In der *Zirkulation* nehmen die Finanzen aktiven Einfluß auf den planmäßigen Absatz der Produkte und auf die Tätigkeit der Handelsbetriebe, um auch bei diesen Prozessen eine hohe Effektivität zu erreichen. Die *Konsumtion* beeinflussen die Finanzen auf vielfältige Weise, z. B. über die der Erhöhung des Realeinkommens der Bevölkerung dienenden gesellschaftlichen Fonds aus Mitteln des Staates, über die Gewährung von Krediten, die Versicherungstätigkeit sowie auch über die Gestaltung der Besteuerung der Bevölkerung.

Ausgehend von dieser Rolle der Finanzen im Reproduktionsprozeß, sind sie bei der weiteren Gestaltung der entwickelten sozialistischen Gesellschaft in folgenden Richtungen verstärkt auszunutzen:

– bei der Herausarbeitung von Effektivitätsanforderungen für das zu erwirtschaftende Reineinkommen und Einflußnahme auf die Qualifizierung der Planung, Abrechnung und Analyse der Kosten und ihrer Senkung als wichtigstem Faktor für die Erhöhung des Gewinns,

– bei der Erwirtschaftung und Zentralisierung der für gesamtgesellschaftliche Erfordernisse notwendigen Fonds,

– bei der Erwirtschaftung und Bildung entsprechender finanzieller Fonds aus dem Gewinn und den Kosten für die erweiterte Reproduktion und die ökonomische Stimulierung in den Kombinaten und Betrieben

– sowie bei der rationellen Verwendung der finanziellen Fonds für die Stimulierung hoher Leistungen in der Volkswirtschaft, der weiteren Erhöhung des materiellen und kulturellen Lebensniveaus des Volkes, der Intensivierung und Modernisierung der materiell-technischen Basis der Volkswirtschaft und der weiteren Stärkung der Verteidigungsbereitschaft.

Die Notwendigkeit der Steigerung des Umfangs und des jährlichen Zuwachses an Nationaleinkommen erfordert, die Wirksamkeit der Finanzen im Reproduktionsprozeß zur Mobilisierung volkswirtschaftlicher Reserven zur Vergrößerung des Reineinkommens und damit des Gewinns sowie für die Erhöhung der Außenhandelsrentabilität auszunutzen. Das bedingt, auf allen Ebenen der Leitung – in den Betrieben, Kombinaten und den Staatsorganen – in stärkerem Maße vor jeder Entscheidung exakt Aufwand und Ergebnis zu berechnen und auf dieser Grundlage die finanzielle Planung zu qualifizieren. Der Schwerpunkt liegt darauf, „noch wirksamer als bisher auch mit Hilfe der Finanzen und des Geldes hohe Ergebnisse der Intensivierung, insbesondere der wissenschaftlich-technischen Arbeit und der sozialistischen Rationalisierung, zu fordern, zu fördern, unbestechlich abzurechnen und zu kontrollieren"[7].

(5) Die bewußte Ausnutzung der objektiven *Funktionen der Finanzen* – der Verteilungsfunktion, der Stimulierungsfunktion und der Kontrollfunktion – ist die Grundlage für die aktive Rolle der Finanzen bei der Leitung, Planung und ökonomischen Stimulierung des Reproduktionsprozesses.

Da die sozialistischen Finanzen als Geldbeziehungen von den objektiven Erfordernissen der ökonomischen Gesetze bestimmt und vom sozialistischen Staat ausgenutzt werden, sind ihre Funktionen sowohl von den Funktionen des Geldes als auch von den ökonomischen Funktionen des sozialistischen Staates geprägt.

Die Funktionen der Finanzen stellen deshalb eine Synthese von Geldfunktionen und ökonomischen Funktionen des sozialistischen Staates dar. Von entscheidender Bedeutung ist dabei die Funktion des Geldes als Maß der Werte. Der objektive Zusammenhang zwischen der Geldfunktion „Maß der Werte" und den Funktionen der Finanzen besteht darin, daß der Geldfondsbildung und -verwendung, die sich mit Hilfe der Finanzen vollzieht, immer das Geld als Maß der gesellschaftlichen Arbeit zugrunde liegt.

Das bedeutet vom Standpunkt der bewußten Ausnutzung der Funktionen der Finanzen, daß die Verteilung von Mitteln, die Ausnutzung der Stimulierungsfunktion und die Finanzkontrolle immer mit dem Messen mit Hilfe des Geldes verbunden sind. Der Zusammenhang von Geldfunktionen und Finanzfunktionen zeigt sich auch bei der Funktion des Geldes als Zahlungsmittel, da die mit den Prozessen der Bildung und Verwendung finanzieller Fonds verbundenen Geldbeziehungen der Distribution objektiv das Auftreten des Geldes in dieser Funktion erfordern.

Die Funktionen der Finanzen bringen deren spezifische Wirkungsweise stets komplex, in dialektischer Einheit zum Ausdruck. Das bedeutet, daß objektiv die Verteilung finanzieller Mittel mit stimulierenden Wirkungen und geldmäßigen Messungen zur Kontrolle des Reproduktionsprozesses verbunden ist. Diese komplexe Wirkung nutzen der sozialistische Staat und – im Rahmen der wirtschaftlichen Rechnungsführung – die Kombinate und Betriebe planmäßig zur Erhöhung der Effektivität der Produktion und zur rationellen Verteilung und Verwendung insbesondere des Reineinkommens aus.

Die Verteilungsfunktion ist die grundlegende Funktion der sozialistischen Finanzen, die bewußt zur planmäßigen effektiven Erwirtschaftung und rationellen Verteilung und Verwendung des Nationaleinkommens für die Erfüllung der Hauptaufgabe ausgenutzt wird. Sie bildet die Grundlage der aktiven Rolle der Finanzen insbesondere bei der Planung der Volkswirtschaft mit dem Ziel, das Verhältnis von Aufwand und Ergebnis durch Effektivitätsanforderungen ständig zu verbessern und die Sparsamkeit als Prinzip sozialistischen Wirtschaftens durchzusetzen.

Die Stimulierungsfunktion bildet die Grundlage für die aktive Rolle der Finanzen bei der Entfaltung der wichtigsten Triebkraft der gesellschaftlichen Entwicklung – der

[7] S. Böhm, Materielle und finanzielle Fonds effektiver nutzen, in: 8. Tagung des ZK der SED 24./25. Mai 1978, Berlin 1978, S. 191.

Übereinstimmung von gesellschaftlichen, kollektiven und persönlichen Interessen. Mit den vielfältigen rechtlichen Regelungen zur Gestaltung der Finanzbeziehungen und zur Bildung und Verwendung der Fonds der ökonomischen Stimulierung wird das Ziel verfolgt, die Kombinate, Betriebe, Einrichtungen und alle Werktätigen zum Kampf um hohe Leistungen und Effektivität in der Produktion und bei der Verwendung des Nationaleinkommens zu mobilisieren.

Die Ausnutzung der Kontrollfunktion der sozialistischen Finanzen ist auf die planmäßige und immer effektivere Gestaltung des Reproduktionsprozesses und die Vertiefung der Intensivierung der gesellschaftlichen Produktion, aber auch auf die Kontrolle der Unversehrtheit und die Mehrung des gesellschaftlichen Eigentums, die Verwirklichung des sozialistischen Sparsamkeitsprinzips, die Sicherung der Ordnungsmäßigkeit bei der wertmäßigen Erfassung des Reproduktionsprozesses, die Durchsetzung einer strengen Plan- und Finanzdisziplin und die Einhaltung der gesetzlichen Bestimmungen auf dem Gebiet der Finanzen gerichtet.

(6) Die aktive Rolle der Finanzen wird mit Hilfe des Staatshaushaltes, des Kredits, der Finanzen der sozialistischen Wirtschaft, der Versicherung und der in diesen Kategorien enthaltenen Valutabeziehungen und -fonds verwirklicht. Diese *Bestandteile der Finanzen* stellen besondere Formen der Bildung und Verwendung von Geldfonds entsprechend den objektiven Erfordernissen der ökonomischen Gesetze dar, aus denen sich die für ihre bewußte Ausnutzung differenzierte Art und Weise der Einflußnahme auf die effektive Erwirtschaftung der zu bildenden Fonds und ihren rationellen Einsatz ergibt:

– Der *Staatshaushalt* bringt die objektiven Erfordernisse der ökonomischen Gesetze zur Bildung und Verwendung des zentralisierten Geldfonds des Staates aus dem Nationaleinkommen, insbesondere dem Reineinkommen, zum Ausdruck. Er ist die Hauptform der planmäßigen Bildung und Verwendung finanzieller Fonds für die Erhöhung des materiellen und kulturellen Lebensniveaus des Volkes, die Modernisierung der materiell-technischen Basis der Volkswirtschaft und die Erhöhung der Verteidigungsbereitschaft. Die Umverteilung über den Staatshaushalt hat endgültigen Charakter. Die Einflußnahme der Organe des Staates auf die effektive Erwirtschaftung der Einnahmen des Staatshaushaltes bzw. die rationelle Verwendung seiner Ausgaben erfolgt insbesondere durch die Herausarbeitung von Effektivitätsanforderungen für den zu erwirtschaftenden Gewinn, die Gestaltung der Haushaltsbeziehungen unter Berücksichtigung der in den Kombinaten und Betrieben zu bildenden Fonds und die Aktivitäten zur Erschließung volkswirtschaftlicher Reserven.

– Der *Kredit* bringt die mit der Bewegung des gesamtgesellschaftlichen Kreditfonds verbundenen objektiven Erfordernisse der ökonomischen Gesetze zum Ausdruck. Er übt die Emissionsfunktion aus und stellt die Form der planmäßigen zeitweiligen Umverteilung von Geldmitteln für den Reproduktionsprozeß dar. Mit der Anwendung der sozialistischen Kreditprinzipien übertragen die sozialistischen Banken auf der Grundlage des Planes auf die Kreditnehmer zeitweilig Ansprüche auf materielles Produkt. Die Banken können insbesondere durch die dem jeweiligen Zweck der Kreditierung angepaßten Bedingungen der Erwirtschaftung, Rückzahlung und Verzinsung entsprechend den gesellschaftlichen Anforderungen einen objektbezogenen Einfluß auf die Effektivität der gesellschaftlichen Arbeit, die Einhaltung der Plandisziplin, insbesondere bei Investitionsmaßnahmen, bzw. auf die Befriedigung individueller Bedürfnisse der Bevölkerung ausüben.

– Die *Finanzen der sozialistischen Wirtschaft* bringen die übereinstimmenden gesellschaftlichen, kollektiven und persönlichen Interessen der Bildung und Verwendung dezentraler Geldfonds zum Ausdruck. Sie stellen die auf die Erhöhung der Effektivität der Produktion gerichteten Formen der planmäßigen Bildung und Verwendung finanzieller Fonds der Kombinate und Betriebe aus dem Gewinn bzw. den Kosten im Rahmen der wirtschaftlichen Rechnungsführung dar. Die Einflußnahme des sozialistischen Staates auf die effektive Erwirtschaftung der zu bildenden Fonds bzw. auf ihre rationelle Verwendung erfolgt insbesondere durch die Sicherung der Eigenerwirtschaftung der Mittel für die einfache und erweiterte Reproduktion auf der Grundlage des Planes, die finanzökonomischen Regelungen über Abführungen an den Staatshaushalt und die Bildung und Verwendung der eigenen Fonds.

– Die *Versicherung* bringt die sich aus den ökonomischen Gesetzen ergebenden objektiven Erfordernisse der kollektiven Bildung und individuellen Verwendung von Geldfonds für Bedürfnisse zum Ausdruck, die sich als Folge schadenverursachender und ähnlicher Ereignisse ergeben. Sie ist die Form der Umverteilung des Nationaleinkommens, die die Bildung und bestimmungsgemäße Verwendung des Sicherungsfonds beinhaltet.

(7) Mit der weiteren Gestaltung der entwickelten sozialistischen Gesellschaft sind, wie im Programm der SED festgelegt[8], die wachsende Rolle der sozialistischen Staatsmacht und die weitere Festigung und der Ausbau der sozialistischen Staats- und Rechtsordnung verbunden. Die zunehmende Bedeutung des sozialistischen Staates und seine wachsende Rolle bewirken eine zunehmende Verantwortung aller Staatsorgane und höhere Anforderungen an ihre Fähigkeiten, unter Führung der Partei der Arbeiterklasse die gesellschaftlichen Prozesse sachkundig auf der Grundlage der weiteren Entfaltung und Vervollkommnung der sozialistischen Demokratie zu leiten. Diese zunehmende Bedeutung der sozialistischen Staatsmacht führt auch zu steigenden Anforderngen an die Anwendung der bei der Leitung und Planung zu nutzenden Instrumente. Aus dem objektiven Zusammenhang von Finanzen und ökonomischer Rolle des sozialistischen Staates folgt, daß mit den wachsenden Anforderungen an die Leitungstätigkeit des sozialistischen Staates – und auch ausgehend von der zunehmenden Bedeutung des Geldes – auch die *Bedeutung der Finanzen* zunimmt.

Die objektiven Gründe für die weitere Zunahme der Rolle der Staatsmacht bei der weiteren Gestaltung der entwickelten sozialistischen Gesellschaft lassen sich vor allem zurückführen auf

– die steigenden Anforderungen aus der konsequenten Verwirklichung der Hauptaufgabe in ihrer Einheit von Wirtschafts- und Sozialpolitik,

– die gewachsenen Dimensionen und die durch die Intensivierung der gesellschaftlichen Produktion bewirkten qualitativen Veränderungen in der Volkswirtschaft sowie die zunehmenden Verflechtungen der Zweige und Bereiche,

– die Erweiterung der internationalen Zusammenarbeit und sozialistischen ökonomischen Integration der RGW-Länder,

– den weiteren Ausbau der internationalen Rolle der DDR als Mitglied der sozialistischen Staatengemeinschaft und als souveränes Mitglied der Vereinten Nationen,

– das gewachsene Bewußtsein der Werktätigen und ihre Ansprüche an das Leben in der sozialistischen Gesellschaft,

[8] Programm der Sozialistischen Einheitspartei Deutschlands, a. a. O., S. 40/44.

– die zuverlässige Landesverteidigung und den Schutz des Sozialismus und seiner Bürger gegenüber der zunehmenden, oft heimtückisch getarnten Aggressivität des Imperialismus und die allseitige Gewährleistung der staatlichen Sicherheit und öffentlichen Ordnung.[9]

Die objektiven Gründe, die die Ursache für die zunehmende Bedeutung des sozialistischen Staates sind, bestimmen die zunehmende Bedeutung der Finanzen bei der weiteren Gestaltung der entwickelten sozialistischen Gesellschaft.

„Bei der weiteren Vervollkommnung der Leitung, Planung und ökonomischen Stimulierung spielt die bewußte Ausnutzung der Ware–Geld-Beziehungen eine große Rolle. Die Bedeutung des Staatshaushaltes, des Geld- und Kreditwesens und des Preissystems für die effektive Produktion und die rationelle Verteilung und Verwendung des gesellschaftlichen Produkts und des Nationaleinkommens nimmt zu. Die strikte Verwirklichung des sozialistischen Sparsamkeitsprinzips ist eine wesentliche Bedingung für den wachsenden Reichtum des Volkes. Das erfordert eine strenge Rechnungslegung und Kontrolle."[10]

Die aktive Rolle der Finanzen im gesellschaftlichen Reproduktionsprozeß und ihre zunehmende Bedeutung bei der weiteren Gestaltung der entwickelten sozialistischen Gesellschaft bestehen darin, auf die Prozesse einzuwirken, die der Erfüllung der Hauptaufgabe dienen.

Daraus ergibt sich:

– Bei der *Erwirtschaftung* der finanziellen Fonds ist einzuwirken auf die Verbesserung des Verhältnisses von Aufwand und Ergebnis durch weiteren Anstieg der Leistung und spürbare Senkung der Kosten bei aktiver Einflußnahme auf die Erhöhung der Effektivität des wissenschaftlich-technischen Fortschritts und der Investitionen, durch die Erhöhung der Außenhandelsrentabilität sowie durch die Beschleunigung des Umschlages der Umlaufmittel im Zusammenhang mit der Durchsetzung der sozialistischen Rationalisierung.

– Beim *Einsatz der finanziellen Fonds* sind eine hohe ökonomische Effektivität der Modernisierung der materiell-technischen Basis der Volkswirtschaft, ständig steigende Leistungen für die Bevölkerung im Interesse der weiteren Erhöhung des materiellen und kulturellen Lebensniveaus und die weitere Stärkung der Landesverteidigung zu sichern.

Aus den gewachsenen Dimensionen und den durch die Intensivierung bewirkten qualitativen Veränderungen in der Volkswirtschaft leitet sich insbesondere die Notwendigkeit ab, die Stärkung der materiell-technischen Basis als Kernfrage der weiteren Entwicklung der Volkswirtschaft der DDR zu sichern. Deshalb kommt auch in der Finanzpolitik der Erhöhung der produktiven Akkumulation, die unmittelbar und materiell der erweiterten Reproduktion dient, verstärkte Aufmerksamkeit zu.

In diesem Zusammenhang stellt der Kampf um die Verkürzung der Bauzeiten, gegen die Verteuerung von Investitionen und um die wesentliche Verbesserung der Planung der Investitionen eine bedeutende Aufgabe dar.

Mit den Finanzen muß künftig noch aktiver Einfluß darauf genommen werden, daß

[9] Bericht des Zentralkomitees der Sozialistischen Einheitspartei Deutschlands an den VIII. Parteitag der SED, Berichterstatter: Genosse Erich Honecker, Berlin 1971, S. 64;
K. Sorgenicht, Die Macht ist das allererste, in: Einheit, 10/11/1977, S. 1224/1225.

[10] Programm der Sozialistischen Einheitspartei Deutschlands, a. a. O., S. 36.

aus Wissenschaft und Technik, Investitionen und anderen Faktoren der Intensivierung der Produktion die Mittel fließen, mit denen die weitere Durchführung der Hauptaufgabe gewährleistet wird. Es ist deshalb zwingend erforderlich, bei der Vorbereitung und Durchführung aller Investitionen und Rationalisierungsmaßnahmen eine Wende in Richtung der Erhöhung der ökonomischen Wirksamkeit je Mark Aufwand zu erreichen.

Die Ausnutzung der Kategorie Finanzen durch den Staat erfordert, die finanzrechtlichen Bestimmungen so weiterzuentwickeln, daß jeder Leiter in Staat und Wirtschaft veranlaßt wird, mit jeder Mark genau zu rechnen und die Initiative der Werktätigen sowohl bei der Planung als auch bei der Plandurchführung noch wirksamer auf die Verbesserung des Verhältnisses von Aufwand und Ergebnis zu lenken. Dabei darf nicht zugelassen werden, daß sich Geldfonds bilden, die materiell nicht gedeckt sind, oder Ausgabenansprüche stimuliert werden, die nicht mit den volkswirtschaftlichen Erfordernissen übereinstimmen.

Die Grundfrage der Sicherung der Einheit von materieller und finanzieller Planung besteht darin, von vornherein mit finanziellen Aufgabenstellungen aktiv Einfluß auf die richtige Gestaltung materieller Prozesse, einschließlich der Naturalproportionen, und dabei insbesondere auf die Senkung des materiellen Aufwands, zu nehmen. Aufgabe der finanziellen Planung ist es, mit einer strafferen Einnahmen- und Ausgabenplanung nicht nur finanzielle, sondern vor allem auch materielle Reserven zu erkennen und erschließen zu helfen.

Das bedeutet, daß die aktive Rolle der Finanzen Ausdruck der objektiven dialektischen Wechselbeziehungen zwischen materiellen und finanziellen Prozessen ist. Eine formale Widerspiegelung materieller Planziele in der finanziellen Planung würde dem Wesen der aktiven Rolle der Finanzen genauso widersprechen wie die Loslösung der Wert-, Geld- und finanziellen Planung von der Planung der materiellen Prozesse.

In weiterer Durchführung der Beschlüsse des IX. Parteitages der SED kommt es darauf an, die qualitativ neuen Anforderungen dadurch zu erfüllen, daß die objektive Rolle der Finanzen im einheitlichen Reproduktionsprozeß konsequent für die Erhöhung des Zuwachses an Nationaleinkommen und seine rationelle Verteilung und Verwendung entsprechend dem Kurs der Hauptaufgabe genutzt wird, um den Sinn des Sozialismus – alles zu tun für das Wohl des Volkes – im täglichen Leben immer besser zur verwirklichen.

II. Die Ausnutzung der Finanzen im Prozeß der zentralen staatlichen Leitung und Planung

(8) Die Sicherung eines stabilen Wirtschaftswachstums, die volle Nutzung des Wirtschaftspotentials der Deutschen Demokratischen Republik, insbesondere die Mobilisierung ökonomischer Reserven in allen Bereichen, Zweigen, Kombinaten und Betrieben auf der Grundlage der Intensivierung der gesellschaftlichen Produktion, erfordern die Erhöhung des Niveaus der planmäßigen Ausnutzung der objektiven ökonomischen Gesetze des Sozialismus.

Das Programm der Sozialistischen Einheitspartei Deutschlands stellt deshalb die Aufgabe, die Leitung, Planung und ökonomische Stimulierung entsprechend den konkreten Bedingungen der Gestaltung der entwickelten sozialistischen Gesellschaft zu vervollkommnen, und orientiert auf die effektivste Verwendung der materiellen und finanziellen Ressourcen.[11]

Damit sind auch die grundlegenden *Anforderungen an die Weiterentwicklung der zentralen finanziellen Planung* bestimmt, wobei die Hauptrichtungen in folgendem bestehen:

– der Qualifizierung der Planung und Entwicklung des gesellschaftlichen Reineinkommens auf der Grundlage der systematischen Verringerung der Kosten der Produktion, der Erhöhung der Exportrentabilität und des Gewinns zur Sicherung der planmäßigen Fondsbildung in den Kombinaten und Betrieben und der Abführungen an den Staat;

– der Qualifizierung der Planung der rationellen Verwendung des Nationaleinkommens zur kontinuierlichen Realisierung der Hauptaufgabe in ihrer Einheit von Wirtschafts- und Sozialpolitik und der Stimulierung hoher Leistungen der Werktätigen;

– der aktiveren Ausnutzung der Wechselbeziehungen und besseren Sicherung der Übereinstimmung materieller und finanzieller Bilanzierung der Pläne mit dem Ziel der Verstärkung des Einflusses der Finanzen auf die Effektivität und Proportionalität der gesellschaftlichen Produktion, auf den Nutzen der eingesetzten volkswirtschaftlichen Ressourcen und die Stabilität der Währung;

– der verstärkten Einbeziehung der Probleme der Geldwirtschaft in die Volkswirtschaftsplanung durch Erhöhung der Rolle der Finanzbilanz des Staates als zusammengefaßter Finanzplan zur Beurteilung der Entwicklung der Volkswirtschaft im Rahmen der volkswirtschaftlichen Gesamtrechnung;

– der Ausarbeitung anspruchsvoller Effektivitätsanforderungen und bilanzierter staatlicher Aufgaben bereits in der Planansatzphase als Grundlage der Plandiskussion.

Die im Prozeß der zentralen finanziellen Planung und Bilanzierung erarbeiteten Ziele für die Bildung und Verwendung von Geldfonds durch den Staatshaushalt, den Kredit, die Finanzen der Kombinate und Betriebe und die Versicherung sind den Staats- und Wirtschaftsorganen, Kombinaten, Betrieben und Einrichtungen verbindlich vorzugeben. Bei der Ausarbeitung der Pläne sind die Kombinate und Betriebe von den Finanz- und Bankorganen durch konkrete Hinweise auf bestehende Reserven und noch vorhandene Verlustquellen bei der Erreichung und Überbietung der staatlichen Aufgaben zu unterstützen.

Gleichzeitig ist es erforderlich, die finanzrechtlichen Regelungen so weiterzuentwickeln, daß sie noch wirksamer die Initiative der Werktätigen auf die Verbesserung des Verhältnisses von Aufwand und Ergebnis, insbesondere durch Beschleunigung des wissenschaftlich-technischen Fortschritts zur weiteren sozialistischen Intensivierung des volkswirtschaftlichen Reproduktionsprozesses, lenken.

Sowohl die Qualifizierung der Ausarbeitung der Pläne, ihre straffe Durchführung und die Gewährleistung der Wirksamkeit der finanzökonomischen Regelungen erfordern, die vorausschauende Finanzkontrolle zu verstärken und die volkswirtschaftliche Analysentätigkeit zu vertiefen. Damit ist der Beitrag der Finanzen zur Durchsetzung der Intensivierung des gesamten Reproduktionsprozesses im Interesse der Erhöhung der Leistungskraft der Volkswirtschaft zu vergrößern.

[11] Ebenda, S. 34.

(9) Bei der Weiterentwicklung der Leitung und Planung der Volkswirtschaft ist vor allem die hohe Qualität der Pläne in den Vordergrund zu rücken.[12]

Dabei gewinnt die *Planansatzphase,* in der die grundlegenden volkswirtschaftlichen Erfordernisse zur weiteren Verwirklichung der Hauptaufgabe herausgearbeitet werden, immer mehr an Bedeutung. Entscheidend dafür sind insbesondere die wachsenden Dimensionen der ökonomischen Prozesse und die zunehmende Bedeutung der qualitativen Faktoren für das ökonomische Wachstum.

Die Finanzen müssen noch besser genutzt werden, um bei der Ausarbeitung des Plansatzes zur Aufdeckung von Leistungs- und Effektivitätsreserven beizutragen und damit bereits dem Planprojekt hohe, anspruchsvolle Ziele zugrunde zu legen.

Gerade in der Phase des Planansatzes ist es auf der Grundlage der Erkenntnisse der Finanzanalyse erforderlich, die Finanzen zur Sicherung anspruchsvoller Effektivitätsziele und einer weitestgehenden Übereinstimmung zwischen dem Volumen und der Struktur der materiellen und finanziellen Fonds auszunutzen und damit bei der Bestimmung des Tempos und der Proportionen der erweiterten Reproduktion einen aktiven Beitrag zu leisten. Das stellt hohe Ansprüche an die Qualität der Ausarbeitung der Finanzbilanz des Staates, des Staatshaushalts- und Kreditplanes entsprechend den Erfordernissen der ökonomischen Gesetze. Es ist besser zu gewährleisten, daß auf der Grundlage exakter Berechnungen von Aufwand und Ergebnis die finanziellen Fonds planmäßig nur dort gebildet werden, wo sie entsprechend der volkswirtschaftlichen Zielstellung für die Entwicklung der materiell-technischen Basis, die Verwirklichung des sozialpolitischen Programms und die Finanzierung der anderen Aufgaben zur Gestaltung der entwickelten sozialistischen Gesellschaft notwendig sind.

(10) Für die weitere Erhöhung der Finanzkraft des sozialistischen Staates als einer wichtigen Voraussetzung der Finanzierung der erweiterten sozialistischen Reproduktion spielt die Erhöhung des gesellschaftlichen Reineinkommens die entscheidende Rolle. Deshalb bildet die Bestimmung des zu erwirtschaftenden Reineinkommens im Rahmen der zentralen finanziellen Planung einen besonderen Schwerpunkt.

Die rasche Entwicklung der Rentabilität und Effektivität des volkswirtschaftlichen Reproduktionsprozesses, die weitere Erhöhung des Gewinns und damit des gesellschaftlichen Reineinkommens durch eine entschiedene *Senkung der Kosten* werden somit aus volkswirtschaftlicher Sicht immer mehr zum Gegenstand der Einflußnahme der Finanzen im Rahmen der zentralen staatlichen Planung. Deshalb ist die verstärkte Arbeit mit den Kosten zum Kernstück der aktiven Rolle der Finanzen bei der Sicherung einer hohen Effektivität der gesellschaftlichen Produktion zu entwickeln. Der Kampf um niedrige Kosten ist ein entscheidender Schwerpunkt der Intensivierung und sozialistischen Rationalisierung mit dem Ziel der Sicherung eines hohen Tempos des Zuwachses an Nationaleinkommen und verteilbarem Endprodukt als Voraussetzung für die planmäßige Weiterführung der Hauptaufgabe.

Die zunehmende Bedeutung der Kosten für die finanzielle Planung resultiert u. a. aus folgenden Überlegungen:

– Die Entwicklung der Kosten der Produktion ist ein unbestechlicher Maßstab für die Wirksamkeit der Intensivierung. Auf der Grundlage durchgeführter planmäßiger Industriepreisänderungen und anderer Maßnahmen zur Vervollkommnung der Bildung

[12] Bericht des Zentralkomitees der Sozialistischen Einheitspartei Deutschlands an den IX. Parteitag der SED, Berichterstatter: Genosse Erich Honecker, Berlin 1976, S. 83.

von Industriepreisen drücken sinkende Kosten zusammengefaßt den Nutzen aus Wissenschaft und Technik, eine gute Schichtauslastung der Grundfonds, die ökonomische Verwendung des Materials, den effektivsten Einsatz der lebendigen Arbeit, die Kontinuität der Produktion und die gute Organisation der Kooperationsbeziehungen zunehmend besser aus.

– Zwischen den volkswirtschaftlichen Zielstellungen zur Senkung der Materialintensität der Produktion, wie sie in der Direktive des IX. Parteitages der SED zum Fünfjahrplan für die Entwicklung der Volkswirtschaft der DDR in den Jahren 1976–1980 festgelegt sind, und der Planung der Kosten auf der Grundlage exakter Verbrauchsnormen und Materialeinsatzschlüssel muß volle Übereinstimmung erreicht werden. „Erst wenn eine solche exakte Übereinstimmung zwischen den technisch und ökonomisch begründeten Materialverbrauchsnormen und den Kosten hergestellt ist, spiegeln sich die materiellen Prozesse richtig in den Kostenkennziffern ... wider."[13] Deshalb ist mit Hilfe der Kostenplanung die notwendige Senkung des spezifischen Materialverbrauchs zu unterstützen und sind alle Reserven zur Erhöhung des Reineinkommens im Plan zu erfassen.

– Bei der Planung der Kosten muß die unterschiedliche Dynamik der einzelnen Kostenkomplexe richtig berücksichtigt werden. Das erfordert, daß die einzelnen Kostenkomplexe entsprechend ihrem ökonomisch begründeten unterschiedlichen Verhalten zur Produktionsentwicklung in Übereinstimmung mit den anderen staatlichen Vorgaben geplant werden. Das bedeutet, daß in der Kostenplanung z. B. die Kosten für den Grundlohn in Abhängigkeit vom Verhältnis „Steigerung der Arbeitsproduktivität zur Entwicklung des Lohnfonds" geplant werden.

– Das sozialistische Sparsamkeitsprinzip muß in allen gesellschaftlichen Bereichen konsequent durchgesetzt werden als „eine wesentliche Bedingung für den wachsenden Reichtum des Volkes".[14]

Die Ausarbeitung volkswirtschaftlich begründeter Anforderungen an die Entwicklung der Kosten erfordert deshalb – entsprechend der Verantwortung für die Aufdeckung und Mobilisierung von Effektivitätsreserven – einen eigenen fundierten Standpunkt aus der Sicht der Finanzplanung.

Dabei liegen die Schwerpunkte darin,

– zu einem möglichst frühen Zeitpunkt des Planungsprozesses die Anforderungen an die Entwicklung der Kosten in die zentralen finanziellen Berechnungen einzubeziehen,

– die Berechnung der Gesamtkosten in Übereinstimmung mit den volkswirtschaftlichen Ressourcen und Anforderungen nach einzelnen Kostenkomplexen im Verhältnis zur Entwicklung der Produktion vorzunehmen.

Besondere Bedeutung hat die Sicherung der Übereinstimmung der Kosten mit den materiellen Kennziffern des Energie- und Grundmaterialverbrauchs, da hiervon ein entscheidender Einfluß auf die Verbesserung der Materialökonomie ausgehen muß. Mehr als 60% der Gesamtkosten der Produktion werden durch den Grundmaterialverbrauch bestimmt.

– die Anforderungen an die Kostensenkung konkret nach Ministerien zu begründen.

Bei der Weiterführung der Forschungsarbeit auf diesem Gebiet geht es vor allem um

[13] G. Mittag, Seminaristischer Erfahrungsaustausch des ZK der SED zur Entwicklung der vorhandenen und Bildung neuer Kombinate, Protokoll der Seminaristischen Beratung, Berlin 1978, S. 90.

[14] Programm der Sozialistischen Einheitspartei Deutschlands, a. a. O., S. 36.

solche zum gegenwärtigen Zeitpunkt in der zentralen finanziellen Planung noch nicht befriedigend gelöste Fragen wie die Vorausberechnung der Entwicklung der Kosten und damit des Gewinns und des gesellschaftlichen Reineinkommens aus dem ökonomischen Nutzen der für Wissenschaft und Technik eingesetzten materiellen und finanziellen Mittel, der Investitionen und einer rationellen Bestandswirtschaft.

Die exakte Vorausberechnung der Kosten aus volkswirtschaftlicher Sicht reduziert nicht die hohen Anforderungen, die die Partei an die Kostenplanung in den Kombinaten und Betrieben gestellt hat. Sie ist vielmehr eine wichtige Voraussetzung und Unterstützung für die Qualifizierung der Kostenarbeit in den Kombinaten und Betrieben zur Wahrnehmung ihrer Verantwortung für die Intensivierung des Reproduktionsprozesses.

(11) In den Dokumenten des IX. Parteitages der SED wird die Aufgabe gestellt: „Zur Sicherung der im Fünfjahrplan 1976–1980 festgelegten Ziele in der Entwicklung des materiellen und kulturellen Lebensniveaus des Volkes hat durch die zentrale staatliche Planung eine solche volkswirtschaftliche Bilanzierung der Grundproportionen zu erfolgen, daß die Aufgaben der ökonomischen Leistungsentwicklung mit der Erwirtschaftung und Verwendung der Fonds für die gesellschaftliche und individuelle Konsumtion in jedem Zeitabschnitt und jedem Bereich übereinstimmen."[15]

Aus diesen höheren Anforderungen an die zentrale staatliche Planung ergeben sich auch qualitativ neue Aufgaben für die *Vervollkommnung der finanziellen Bilanzierung* als wichtige Methode der finanziellen Planung. Die Qualifizierung der zentralen finanziellen Bilanzierung muß dabei auf die stärkere Ausnutzung der Wechselwirkungen zwischen materiellen und finanziellen Prozessen gerichtet sein, um die Bilanziertheit der Pläne als wichtige Voraussetzung für die Effektivität des Reproduktionsprozesses zu erhöhen. Neue, höhere Ansprüche an die finanzielle Bilanzierung ergeben sich dabei insbesondere aus der Notwendigkeit, die Finanzen für eine aktive Rückwirkung auf die Gestaltung der materiellen Prozesse auszunutzen, um bereits bei der Ausarbeitung des Planes Effektivitätsreserven zu erschließen und auf eine exakte Einhaltung der gesellschaftlich notwendigen materiellen und finanziellen Proportionen, insbesondere zwischen Endprodukt und Endeinkommen, Einfluß zu nehmen. Die objektive Grundlage dafür ist, daß der sozialistische Staat durch die Finanz- und Kreditpolitik nicht nur die Wertproportionen, sondern auch die Naturalproportionen der gesellschaftlichen Reproduktion wirksam beeinflußt. Schwerpunkt ist dabei insbesondere die Senkung des spezifischen Verbrauchs von Material, Energie und Brennstoffen für die Produktion und für andere gesellschaftliche Zwecke. Indem der sozialistische Staat die Finanz- und Kreditpolitik unter Berücksichtigung der ökonomischen Gesetzmäßigkeiten durchführt, übt er einen aktiven Einfluß auf das Wachstumstempo der Produktivkräfte und auf die Vervollkommnung der Produktionsverhältnisse aus.

Unter diesem Gesichtspunkt gewinnen die Arbeiten zur Qualifizierung der zentralen finanziellen Bilanzierung besondere Bedeutung, die in Auswertung der Erfahrungen der UdSSR auf dem Gebiet der Ausarbeitung und Anwendung einer Natural-Wert-Verflechtungsbilanz (NWVB) der Volkswirtschaft und ihrer Entwicklung zu einem materiell-finanziellen Verflechtungsmodell geleistet werden.

Dieses Modell beinhaltet neben der Bilanzierung der Erzeugung des gesellschaftlichen Endprodukts in Natural- und Wertform auch die finanziellen Prozesse der Verteilung,

[15] Direktive des IX. Parteitages der SED zum Fünfjahrplan für die Entwicklung der Volkswirtschaft in den Jahren 1976–1980, Berlin 1976, S. 166/167.

Umverteilung und Endverwendung des Nationaleinkommens. (Die Konzeption für die Ausarbeitung einer NWVB der Volkswirtschaft der UdSSR als 9-Block-Schema wurde vom Ökonomischen Forschungsinstitut der UdSSR ausgearbeitet.)

Die Aufgabe besteht darin, die NWVB als qualitativ neues volkswirtschaftliches Planungsinstrument so zu entwickeln, daß besser als bisher folgende Prozesse in ihrem wechselseitigen Zusammenhang geplant und bilanziert werden können:

- die erzeugnisbezogene Produktion unter Berücksichtigung der Verflechtungsbeziehungen zwischen den Zweigen in stofflicher Form,
- die volkswirtschaftlichen Ziele der Effektivität der gesellschaftlichen Produktion (z. B. Nationaleinkommen, Kosten und Gewinn) nach Ministerien im Wertausdruck,
- die Primärverteilung, Umverteilung und Endverwendung des Nationaleinkommens im Geldausdruck.

In der Forschungsarbeit erfordert das eine Erweiterung der bisher ausgearbeiteten materiellen Abschnitte des Modells um die Teile, die den finanziellen Reproduktionsprozeß erfassen. Die Anwendung der NWVB als komplexes Instrument der zentralen staatlichen Planung soll die exaktere Berechnung der Produktionskosten und der Rentabilität nach Ministerien, des Reineinkommens, des Umfangs der in der materiellen Produktion gebildeten Geldeinkommen sichern. Gleichzeitig sollen entscheidende Prozesse der Umverteilung des Nationaleinkommens sowie seiner Verwendung für Akkumulation und Konsumtion in unmittelbarer Wechselbeziehung zur materiellen Produktion im Geldausdruck erfaßt werden. Damit wird eine Vervollkommnung der finanziellen Planung und Bilanzierung erreicht.

Der Prozeß der Realisierung der Endeinkommen rückt stärker in das Blickfeld der finanziellen Planung.

Für die weitere Qualifizierung der finanziellen Bilanzierung mit Hilfe der NWVB sind folgende zwei Vorteile gegenüber den herkömmlichen Bilanzen hervorzuheben:

Der erste Vorteil besteht in der unmittelbaren Verbindung materieller und finanzieller Prozesse über materiell-finanzielle Verflechtungskoeffizienten.

Mit der Berechnung des gesellschaftlichen Produkts, ausgehend vom Endprodukt, werden die sich daraus objektiv ergebenden Prozesse der Primärverteilung, Umverteilung und Endverwendung unmittelbarer erfaßt. Die Geldprozesse werden dadurch als Wirkungszusammenhänge zu den materiellen Prozessen dargestellt und können unter diesem Gesichtspunkt der Ausarbeitung und der Analyse der Finanzbilanz des Staates, des Staatshaushalts- und Kreditplanes zugrunde gelegt werden.

Dazu werden insbesondere solche Kennziffern der Primärverteilung wie das durch den Staat zu zentralisierende Reineinkommen und die Fonds der Kombinate und Betriebe durch Koeffizienten direkt aus der Produktionsstruktur abgeleitet. Diese Koeffizienten stellen volkswirtschaftliche Normative der Effektivitätsentwicklung aus der Sicht der Finanzen für die einzelnen Industriezweige, z. B. bezüglich der Entwicklung des Reineinkommens auf der Grundlage der Entwicklung der materiellen Produktion, dar.

Ein zweiter Vorteil wird in der unmittelbaren Verbindung finanzieller Pläne und Bilanzen mit der Planung des volkswirtschaftlichen Endprodukts gesehen.

Die NWVB hat in ihren materiellen Abschnitten die Produktion des notwendigen volkswirtschaftlichen Endprodukts zum Inhalt. Dieses Endprodukt ist zugleich auch eine Grundlage für die finanzielle Bilanzierung. Auf diese Weise wird die Bildung der Endeinkommen und deren Realisierung gegen das materielle Endprodukt differenzierter in die finanzielle Planung einbezogen. So können wichtige Probleme der Entwicklung des

Geldumlaufs und der aktiven Rolle der Finanzen im unmittelbaren Zusammenhang mit der Dynamik der gesellschaftlichen Produktion und ihrer Effektivität bewertet und beeinflußt werden.

Die planmäßige Sicherung der Übereinstimmung von Volumen und Struktur des materiellen Endprodukts mit dem Volumen, der Struktur und der Realisierung der Endeinkommen bei aktiver Einflußnahme auf die Senkung der Kosten ist ein Haupteffekt der Anwendung der NWVB.

(12) Die Durchsetzung der aktiven Rolle der Finanzen im Prozeß der volkswirtschaftlichen Reproduktion ist untrennbar mit der qualifizierteren und umfassenderen Ausnutzung der Kontrollfunktion der Finanzen verbunden.

Dazu ist die *Finanzkontrolle* stärker auf die Vorbereitung, Ausarbeitung, Durchführung und Abrechnung der Pläne auszurichten mit dem Ziel,

- Einfluß auf die Proportionalität der Entwicklung der Volkswirtschaft zu nehmen;
- die Arbeitskollektive bei der Vertiefung der Intensivierung und der Durchsetzung sozialistischer Sparsamkeit zu unterstützen;
- die ökonomische Stimulierung ständig zu vervollkommnen;
- die sozialistische Gesetzlichkeit und die Plan- und Finanzdisziplin durchzusetzen sowie
- den rationellen Einsatz der gesellschaftlichen Fonds zur Verbesserung der Arbeits- und Lebensbedingungen der Werktätigen zu sichern.

Bei der Erhöhung der Wirksamkeit der Finanzkontrolle kommt der ständigen Qualifizierung der Finanzanalyse besondere Bedeutung zu. Sie muß, ausgehend von den Finanzbeziehungen, tiefer in die Zusammenhänge des komplexen Reproduktionsprozesses der Volkswirtschaft sowie der Zweige und Bereiche eindringen, Ursache-Wirkungszusammenhänge erfassen und Leistungs- und Effektivitätsreserven vorausschauend aufdecken.

Zu den wesentlichen Aufgaben der finanzökonomischen Analyse gehört auch die Analyse der Wirksamkeit der finanzrechtlichen Bestimmungen und der Einhaltung der Finanzdisziplin vor allem mit dem Ziel, die stimulierende Wirkung der Finanzen zur Förderung der Initiativen im sozialistischen Wettbewerb noch besser auszunutzen und die Werktätigen immer stärker zum Kampf gegen Verluste und für die Erhöhung der Effektivität und Rentabilität, insbesondere bei der Lösung der Aufgaben der Außenwirtschaft, zu mobilisieren.

Es geht darum, daß auch von den finanzrechtlichen Regelungen stärkere Impulse ausgehen, das Nationaleinkommen weiter zu erhöhen, das verteilbare Endprodukt zu vergrößern und die wirtschaftliche Rechnungsführung der Kombinate und Betriebe wirksamer zu gestalten.

In engem Zusammenhang mit der weiteren Vervollkommnung der Finanzanalysen besteht ein besonderer Schwerpunkt in der Qualifizierung der Kostenanalyse. Sie ist auf das Niveau zu bringen, das der großen Bedeutung der Zusammenhänge zwischen der Kostenentwicklung und der Entwicklung des Nationaleinkommens, des Reineinkommens und des Gewinns entspricht. Dazu ist es notwendig, vor allem die vorliegenden Kosteninformationen voll auszuschöpfen und die inhaltlichen Zusammenhänge und Wechselbeziehungen zwischen Kosten und materiellen Prozessen besser zu erfassen. Die gesamte analytische Arbeit auf dem Gebiet der Finanzen und der Kosten muß genutzt werden, um insbesondere qualifiziertere Grundlagen für die Planung zu schaffen.

Gleichzeitig ist es notwendig, die Finanzkontrolle an Ort und Stelle stärker als bisher auf die Einhaltung einer strengen Plan- und Finanzdisziplin und die Durchsetzung der sozialistischen Gesetzlichkeit auszurichten. Die gesetzlich festgelegten staatlichen Normen und Regelungen müssen im Zusammenhang mit der planmäßigen Bildung und Verwendung finanzieller Fonds in allen Bereichen der Volkswirtschaft konsequent durchgesetzt, in ihrer Wirkung ständig analysiert und vervollkommnet werden.

III. Die Ausnutzung der Finanzen im Rahmen der wirtschaftlichen Rechnungsführung der Kombinate und Betriebe

(13) „Im Einklang mit den Erfordernissen der Produktivkräfte werden die Produktionsverhältnisse, wird unsere sozialistische Planwirtschaft kontinuierlich vervollkommnet. Außerordentliche Bedeutung kommt dabei den Kombinaten zu, die weiter ausgestaltet bzw. neu gebildet werden. Mit ihnen entstehen wirtschaftliche Einheiten, die Wissenschaft, Produktion und Absatz effektiv verbinden."[16]

Daraus folgt, daß die Festigung der vorhandenen und die Bildung neuer Kombinate den wesentlichsten Schritt zur weiteren Vervollkommnung der Leitung und Planung in unserer Volkswirtschaft darstellen.

Die Kombinate – als Hauptstützen der modernen Wirtschaftsleitung – tragen eine hohe Verantwortung dafür, mit den verfügbaren Fonds ein größeres Endprodukt, mehr gefragte Konsumgüter, mehr hochwertige Erzeugnisse für den Bedarf der Volkswirtschaft und für den Export zu produzieren und dabei das Verhältnis von Aufwand und Ergebnis wesentlich günstiger zu gestalten.

Das erfordert, die *wirtschaftliche Rechnungsführung* und damit die *Finanzwirtschaft der Kombinate* so weiter zu entwickeln, daß sie von den Generaldirektoren für die Wahrnehmung ihrer Verantwortung zur Erhöhung des Tempos des Zuwachses an verfügbarem Nationaleinkommen wirkungsvoll genutzt werden können. Es geht insbesondere darum, die wirtschaftliche Rechnungsführung und die Finanzwirtschaft so zu qualifizieren, daß sie noch besser zur Steigerung der Effektivität, zur Senkung des Produktionsverbrauchs und zur Erschließung von Reserven beitragen.

Die wirtschaftliche Rechnungsführung der Kombinate basiert auf der wirtschaftlichen Rechnungsführung der Betriebe. Sie ist aber nicht deren einfache Aggregation, sondern stellt eine neue Qualität dar.

Unter Berücksichtigung der in der UdSSR gesammelten theoretischen und praktischen Erkenntnisse in den Produktionsvereinigungen geht es künftig um die exakte Unterscheidung zwischen

— der wirtschaftlichen Rechnungsführung des Kombinates in seiner Gesamtheit,
— der wirtschaftlichen Rechnungsführung der Kombinatsbetriebe und
— der innerbetrieblichen wirtschaftlichen Rechnungsführung.

(14) Im Rahmen der Weiterentwicklung der wirtschaftlichen Rechnungsführung muß der Finanzplan des Kombinats so gestaltet werden, daß die Eigenverantwortung der Generaldirektoren für die Leitung und Planung gestärkt und zugleich die Anforderungen des Staates auf Erhöhung des gesellschaftlichen Reineinkommens entsprechend den gesamtstaatlichen Interessen gesichert werden. Zur Qualifizierung der Planung der Finanzbeziehungen der Kombinate und Betriebe ist folgendes von besonderer Bedeutung:

[16] E. Honecker, Gestaltung der entwickelten sozialistischen Gesellschaft – Aufgabe von historischer Größe, in: Einheit, 7/8/1978, S. 680.

– Die Generaldirektoren erhalten für die eigenverantwortliche Ausarbeitung des Fünfjahrplanes und des Jahresplanes des Kombinates zentral nur wenige Eckkennziffern, mit denen grundlegende volkswirtschaftliche Anforderungen an die Effektivität der Produktion und die planmäßige Bildung und Verwendung finanzieller Fonds mit hohem Nutzeffekt für die Steigerung des Nationaleinkommens gestellt werden.

Das sind für den Fünfjahrplan,
das Inlandsergebnis und die Exportrentabilität,
für den Jahresplan,
das Inlandsergebnis,
der Nettogewinn,
die Nettogewinnabführung an den Staat,
die Veränderung des Kreditvolumens für verzinsliche Grundmittelkredite,
die Exportrentabilität,
die Zuführungen zum Prämienfonds und zum Kultur- und Sozialfonds.

Mit diesen wenigen zentral vorgegebenen Kennziffern, die die staatliche Anforderung an eine hocheffektive Finanzwirtschaft der Kombinate darstellen, wird den Generaldirektoren eine hohe Eigenverantwortung für die Erwirtschaftung und den Einsatz der Mittel, für die Gestaltung der Finanzbeziehungen in ihrer Gesamtheit und die Festlegung der Finanzierungsstruktur und der finanziellen Fonds auf der Grundlage der gesetzlichen Bestimmungen übertragen.

– Der Finanzplan des Kombinates ist zum entscheidenden Leitungsinstrument des Generaldirektors zur Sicherung einer ordnungsgemäßen und straffen Finanzwirtschaft zu entwickeln. Mit einem solchen Plan, für den etwa 50 Kennziffern erforderlich sind, ist gleichzeitig eine Vereinfachung der Planung der finanziellen Prozesse durchzusetzen.

Zu planen sind mit seiner Hilfe, ausgehend von den Zielen der Produktion und den notwendigen Kosten, die Erwirtschaftung des Gewinns, die Finanzbeziehungen des Kombinates zum Staatshaushalt und zur Staatsbank, die Bildung und Verwendung aller finanziellen Fonds sowie die Umverteilung finanzieller Mittel innerhalb des Kombinates.

Unter Berücksichtigung staatlicher Mindestanforderungen wird durch den Generaldirektor in eigener Verantwortung die Gestaltung der Finanzpläne der Betriebe festgelegt, wobei die konkreten Reproduktionsbedingungen des Kombinates zu berücksichtigen sind.

– Zur eigenverantwortlichen straffen Durchführung des Finanzplanes und zur Gewährleistung und Kontrolle der kontinuierlichen Planerfüllung in ihrer Einheit von materiellen und finanziellen Prozessen ist es notwendig, daß die Kombinate auch künftig den *Quartalskassenplan als ein vorausschauendes Leitungsinstrument* ausarbeiten. Der Umfang der dabei anzuwendenden Kennziffern muß jedoch erheblich reduziert werden. Dabei ist die Qualität der Arbeit mit dem Quartalskassenplan, insbesondere im Hinblick auf eine straffere Geldwirtschaft, zu verbessern. Gleichzeitig muß er die einzelnen Etappen für die vollständige Erfüllung und gezielte Übererfüllung der Planziele abstecken.

Der Quartalskassenplan dient auf diese Weise sowohl der exakten Bestimmung und Kontrolle der Finanzbeziehungen zum Staatshaushalt als auch der Eigenerwirtschaftung der finanziellen Fonds auf der Grundlage des Jahresplanes.

(15) „Der Kampf um die *Senkung der Kosten* gewinnt zunehmend an Bedeutung und rückt immer mehr in den Vordergrund. Wir betrachten den ständigen entschiedenen

Kampf um die Senkung der Kosten nach wie vor als ein Kernstück der wirtschaftlichen Rechnungsführung."[17]

Aus diesem Grund ist der Kostenplan zum Kernstück des Finanzplanes des Kombinats zu entwickeln. Mit dem jährlichen Kostenplan muß die Erreichung der Selbstkostensenkung gesichert werden, die dem Kombinat mit dem Fünfjahrplan bzw. den jährlichen staatlichen Aufgaben und staatlichen Planauflagen als Zielstellung zur Steigerung der Effektivität übergeben wird.

Von der Kostenplanung müssen deshalb zwingende Erfordernisse vor allem für eine hohe Einsparung an Rohstoffen, Material, Energie und Brennstoffen ausgehen. Dazu soll erprobt werden, ob es zweckmäßig ist, neben den festgelegten Kostenkennziffern den Kombinaten als staatliche Plankennziffern

- die Kosten je 100 Mark Warenproduktion und
- die Kosten für Grundmaterial je 100 Mark Warenproduktion, die rd. 60% der Gesamtselbstkosten ausmachen,

vorzugeben.

Den Kostenplänen der Kombinate und Betriebe müssen in stärkerem Maße in Übereinstimmung mit den materiellen Zielstellungen solche entscheidenden Einflußfaktoren zugrunde gelegt werden wie

- die Selbstkostensenkung aus
  Maßnahmen des Planes Wissenschaft und Technik (unter Berücksichtigung der Zielstellungen der Pflichtenhefte),
  Maßnahmen des Staatsplanes Sozialistische Rationalisierung,
  Investitionen (unter Berücksichtigung des in der Grundsatzentscheidung festgelegten ökonomischen Nutzens),
- die Senkung des spezifischen Verbrauchs von Rohstoffen, Material, Energie und Brennstoffen auf der Basis verbindlicher staatlicher Materialeinsatzschlüssel sowie staatlicher Normative und Kennziffern der ökonomischen Materialverwendung,
- die rationellere Auslastung der vorhandenen Grundfonds,
- die Senkung der Kosten für Ausschuß, Nacharbeit und Garantieleistungen und
- die mit der Leistungssteigerung zu erreichende Senkung der Kosten je Erzeugniseinheit.

Eine wesentliche Seite der Qualifizierung der Kostenplanung in den Kombinaten zur Senkung des Produktionsverbrauchs liegt in ihrer besseren Fundierung durch progressive Verbrauchsnormen. Dazu muß die Untersetzung der den Betrieben vorgegebenen Materialeinsatzschlüssel, staatlichen Normative und Kennziffern der ökonomischen Materialverwendung, die auf die Gesamtproduktion bezogen sind, durch progressive Material- und Energieverbrauchsnormen wesentlich verbessert werden. Konsequent sollten diese erzeugnisbezogenen progressiven Materialverbrauchsnormen der Planung der Kosten des Grundmaterials für das festgelegte Produktionssortiment zugrunde gelegt werden.

Es ist erforderlich, in den Kombinaten die schöpferische Initiative der Werktätigen im sozialistischen Wettbewerb stärker auf die Senkung der Kosten zu richten. Dazu sollten solche bewährten Methoden der politischen Massenarbeit im sozialistischen Wettbewerb und der sozialistischen Betriebswirtschaft wie persönlich-schöpferische Pläne, Haushaltsbücher, ökonomische Kabinette, durchgängige Aufschlüsselung der beeinfluß-

[17] G. Mittag, Zielstrebige Verwirklichung der Hauptaufgabe, in: Einheit, 10/1978, S. 1004.

baren Kosten auf die Arbeitskollektive, saldierte Abrechnung der Wettbewerbsergebnisse, Gebrauchswert-Kosten-Analyse u. a. umfassender genutzt werden. Zur zielgerichteten Erschließung von Kostenreserven und zur Verhinderung von Effektivitätsverlusten hat es sich bewährt, wenn jedem Leiter – beginnend beim Meister – entsprechende abrechenbare Aufträge verbindlich übergeben werden. Mit diesen Aufträgen sind insbesondere zu gewährleisten:

- eine hohe Materialökonomie, sparsamster Umgang mit Brennstoffen und Energie, eine exakte Bestandswirtschaft und die Verhinderung jeglicher Material- und Energieverluste,
- die Verhinderung von Verlusten aus nicht qualitätsgerechter Produktion,
- eine rationelle Produktionsorganisation und hohe Arbeitsdisziplin zur vollständigen Auslastung der Arbeitszeit und zur Verhinderung von Stillstands- und Wartezeiten,
- eine hohe Auslastung der Grundfonds und vollständige Ausnutzung der Transportkapazitäten sowie
- der sparsamste Umgang mit allen materiellen und finanziellen Fonds.

In den Kombinaten ist die Analyse der Kostenentwicklung noch zielgerichteter für die Aufdeckung von Effektivitätsreserven zu nutzen. Es ist erforderlich, daß in allen Kombinaten künftig regelmäßig die Einhaltung der geplanten Kosten exakt analysiert wird und notwendige Leitungsentscheidungen zur Einhaltung der geplanten Kosten aus der Sicht der Gesamtverantwortung des Kombinates getroffen werden.

Ständige Analyseschwerpunkte sind dabei:

- die tatsächliche ökonomische Wirksamkeit der Forschungs- und Entwicklungsthemen und Investitionsvorhaben, die neu in die Produktion überführt bzw. produktionswirksam sind,
- die Einhaltung und Unterbietung der geplanten Kosten für Material, Energie und Brennstoffe sowie die Einhaltung der Materialverbrauchsnormen,
- die Entwicklung der Abschreibungen und des Reparaturaufwandes sowie anderer Kosten, die mit der Grundfondsökonomie im Zusammenhang stehen,
- die rationelle Nutzung des Arbeitsvermögens, die Entwicklung der Kontinuität der Produktion und der Zulieferungen, Ursachen für Warte- und Stillstandszeiten sowie für Überstunden,
- die Entwicklung der Kosten für Ausschuß, Nacharbeit und Garantieleistungen als Gradmesser für die Einhaltung der technologischen Disziplin im Produktionsprozeß,
- die Kosten für die Zahlung von Zinsen und anderer Aufwendungen, die mit der Bestands- und Lagerwirtschaft zusammenhängen,
- die Ergebnisse im Kampf um die Senkung des Verwaltungsaufwandes,
- die Entwicklung der nichtplanbaren Kosten, insbesondere derjenigen, die die Probleme bei der Einhaltung der Vertragsdisziplin sowie bei der Verwaltung und Nutzung des Volkseigentums widerspiegeln.

Die Generaldirektoren der Kombinate sowie die Direktoren der Betriebe sollten die Erkenntnisse und Schlußfolgerungen aus den Kostenanalysen in die monatlichen Rechenschaftslegungen vor den Werktätigen in stärkerem Maße als bisher einbeziehen und ständig neue Initiativen zur Mobilisierung von Kostenreserven wecken.

Ausgehend von der Notwendigkeit, den Kampf um die Senkung des Produktionsverbrauchs auf allen Ebenen straff zu leiten, ist es erforderlich, die staatliche Kostenberichterstattung weiterzuentwickeln und zu qualifizieren. Insbesondere kommt es darauf an, unter Nutzung der bisher schon erfaßten Kennziffern den Generaldirektoren der

Kombinate und den Leitern zentraler Staatsorgane kurzfristigere und aussagefähigere Informationen über die Kostenentwicklung zur Verfügung zu stellen.

Die Erfahrungen zeigen, daß es möglich ist, durch gezielte EDV-Analysenprogramme – ausgehend von wenigen Kostenkennziffern, die in der staatlichen Berichterstattung erfaßt sind – qualifizierte Informationen für Leitungsentscheidungen auf dem Gebiet der Kosten bereitzustellen.

(16) Die Generaldirektoren der Kombinate sind für den effektiven Einsatz der ihnen vom Staat übertragenen *materiellen und finanziellen Fonds* im einheitlichen Reproduktionsprozeß des Kombinats – von der Forschung und Entwicklung über die Produktion bis zum Absatz der Erzeugnisse – voll verantwortlich. Davon ausgehend haben sie das Recht, gegenüber den Betrieben des Kombinats mit dem Plan in eigener Verantwortung zu entscheiden, in welchem Umfang von den Betrieben finanzielle Mittel

— zu erwirtschaften sind,
— für die Finanzierung der erweiterten Reproduktion und die materielle Interessiertheit entsprechend den gesetzlichen Bestimmungen verwendet werden sollen,
— für Zwecke eines konzentrierten Einsatzes im Kombinat bzw. für die Erfüllung der Verpflichtungen gegenüber dem Staatshaushalt an das Kombinat abgeführt werden müssen. Sie haben dabei die im Plan festgelegte Aufnahme und Tilgung von Krediten der Kombinatsbetriebe zu berücksichtigen.

Von diesem Recht ausgehend, regelt der Generaldirektor die Bildung finanzieller Fonds in den Betrieben und zentral für das gesamte Kombinat in eigener Verantwortung. Er kann bestimmen, daß aus der Gewinnabführung bzw. aus finanziellen Fonds der Betriebe Mittel des Fonds Wissenschaft und Technik, des Investitionsfonds, des Risiko- und des Werbefonds, des Leistungsfonds sowie des Kultur- und Sozialfonds zentral im Kombinat geplant, gebildet und mit hohem Nutzen für die Gesamtentwicklung des Kombinats eingesetzt werden.

– Zur wirksamen Ausnutzung des einheitlichen Betriebsergebnisses, ausgehend von den differenzierten Bedingungen in den Kombinaten, müssen die Generaldirektoren der Kombinate die Möglichkeit erhalten, mit Zustimmung des Ministers der Finanzen zu entscheiden, daß das Ergebnis aus Export im Kombinat zentral und nicht in den Betrieben gebildet wird. Das wird dann zweckmäßig sein, wenn z. B. Betriebe des Kombinats, bedingt durch zentrale Entscheidungen über die Verteilung der Erzeugnisse für das Inland und für den Export, nur einen geringen Einfluß auf die Höhe des Exports und seine Rentabilität haben.

Die Generaldirektoren haben auch die Möglichkeit, entsprechend den spezifischen Kooperationsbeziehungen bei der Herstellung von Exporterzeugnissen Exportstimulierungsmittel im Kombinat zu zentralisieren und entsprechend den differenzierten Leistungen der Export- und Zulieferbetriebe zu verwenden.

– Eine wachsende Verantwortung tragen die Betriebe, Kombinate und Staatsorgane für die schnelle Wirksamkeit der zur Stärkung der materiell-technischen Basis eingesetzten Mittel. „Die materiell-technische Basis stärken, heißt, die Voraussetzungen für eine höhere materielle Produktion zu schaffen.“[18]

Entsprechend dieser Aufgabe ist auch die Finanzierung der Investitionen zu gestalten.

Zur Festigung der Staatsdisziplin, zur Erreichung eines hohen Nutzeffektes und zur

[18] 10. Tagung des ZK der SED, Dem 30. Jahrestag der DDR entgegen, Aus dem Schlußwort des Genossen Erich Honecker, a. a. O., S. 190.

Verhinderung von Investitionen außerhalb des Planes müssen künftig folgende Finanzierungsgrundsätze durchgesetzt werden:

a) Die finanziellen Mittel für die Investitionen dürfen nur in der Höhe geplant werden, wie sie erforderlich sind

- für die Vorbereitung der Investitionen entsprechend dem bestätigten Plan,
- zur Bezahlung abrechnungsfähiger Investitionsaufwendungen für die Durchführung der Investitionen und
- für fällige Abschlagszahlungen.

Darüber hinaus darf kein Finanzbedarf geplant werden.

b) Die Finanz- und Bankorgane sowie die übergeordneten wirtschaftsleitenden Organe führen Überprüfungen der Investitionen der Kombinate und Betriebe durch und treffen staatliche Entscheidungen, um die finanziellen Mittel auf die vorfristige Fertigstellung von Investitionen zu konzentrieren und Mittel zu sperren, wenn Investitionen ungenügend vorbereitet sind. Die finanziellen Mittel werden erst dann freigegeben, wenn der Nachweis der materiellen Sicherung der Vorhaben oder einer vorfristigen Fertigstellung erbracht wird.

– Um den Reservefonds des Kombinats noch stärker als bisher zu einer stabilen Finanzierungsquelle auszugestalten, insbesondere um kurzfristig auf neue Erfordernisse des wissenschaftlich-technischen Fortschritts und der Außenmärkte zu reagieren und Aufwendungen aus der Übernahme technisch bzw. ökonomisch begründeter Risiken finanzieren zu können sowie ökonomische Auswirkungen aus der Veränderung des Produktionssortiments zur besseren Befriedigung des Bedarfs der Bevölkerung und der Wirtschaft auszugleichen, soll der Reservefonds zu 50% aus planmäßig zu erwirtschaftendem Nettogewinn gebildet werden. Die Zuführung weiterer 50% der Mittel erfolgt aus überbotenem bzw. planmäßig erwirtschaftetem Nettogewinn.

(17) Die Festigung und Weiterentwicklung der Kombinate sowie die immer bessere Ausnutzung der aktiven Rolle der Finanzen erfordern weitere Überlegungen zur *Vervollkommnung der wirtschaftlichen Rechnungsführung der Kombinate.* Es geht dabei vor allem darum, unter Beachtung der spezifischen Reproduktionsbedingungen mit Hilfe der Finanzen die Hauptfaktoren der Intensivierung wirksamer zu machen.

– Durch die wirtschaftliche Rechnungsführung und die Finanzen ist künftig ein stärkerer ökonomischer Druck auf die planmäßige Durchführung von Forschungs- und Entwicklungsaufgaben und die Erreichung des geplanten ökonomischen Ergebnisses auszuüben.

Erfahrungen einiger Kombinate bestätigen, daß durch die Anwendung der wirtschaftlichen Rechnungsführung in selbständigen Forschungsbetrieben, d. h. durch den Verkauf wissenschaftlich-technischer Leistungen, das Verhältnis von Aufwand und Ergebnis wirksam stimuliert werden kann.

Die Aufwendungen von Forschungsabteilungen in Kombinatsbetrieben sollten wie bisher direkt aus dem Fonds Wissenschaft und Technik finanziert werden. Bei Nichterreichung der in den Pflichtenheften festgelegten Termine oder technisch-ökonomischen Zielstellungen sind sofort Entscheidungen zur Aufholung der Rückstände oder zur Erarbeitung neuer Zielstellungen bzw. über den Abbruch von Forschungsthemen zu treffen. Werden solche Entscheidungen nicht getroffen, ist die Finanzierung aus Mitteln des Fonds Wissenschaft und Technik einzustellen.

Es sollte geprüft werden, ob es nicht zweckmäßig ist, zur Finanzierung von eingetretenen Verlusten aus der Übernahme von Forschungsrisiken auch den Reservefonds einzusetzen.

– Durch die Finanzen der Kombinate und Betriebe sollte künftig noch wirksamer der planmäßige Aufwand und Nutzen von Investitionsmaßnahmen sowie der Maßnahmen von Wissenschaft und Technik kontrolliert werden. Ein wesentliches Instrument dazu ist eine weiterentwickelte Nutzensrechnung. Durch sie wird im Kombinat nachgewiesen und kontrolliert, daß die bei der Vorbereitung der Investitionen und in den Pflichtenheften für Forschungsaufgaben gestellten ökonomischen Ziele zum Zeitpunkt der Produktionswirksamkeit der Investitionsvorhaben und der Forschungsergebnisse in voller Höhe in den Produktionsplan und in den Finanzplan aufgenommen sowie bei der Plandurchführung realisiert werden.

– Mit Hilfe der Finanzen ist konsequenter als bisher darauf einzuwirken, daß sich der Umschlag der Bestände beschleunigt und Mehrbestände verhindert werden. Dazu müssen entsprechende Lösungen angestrebt werden. Eine Lösungsrichtung, die besonders auf die Erhöhung der materiellen Interessiertheit der Kombinate und Betriebe an einer rationellen Bestandswirtschaft abzielt, besteht darin, bei einer nachhaltigen Erhöhung der Umschlagsgeschwindigkeit gegenüber dem Plan und einer damit verbundenen Unterschreitung der geplanten materiellen Umlaufmittel durch Kombinatsbetriebe bis zu 50% der freigesetzten Eigenmittel bzw. der nicht für die planmäßige Finanzierung des Eigenmittelzuwachses benötigten Nettogewinne dem Reservefonds der Kombinate zuzuführen.

– Die Entwicklung der Kombinate zu einem einheitlichen und leistungsfähigen ökonomischen Organismus ist in wesentlichem Maße auch von der weiteren Vertiefung der Prozesse der Spezialisierung und Kooperation abhängig. Das erfordert, die Leistungsbewertung der Kombinate stärker auf das Endprodukt zu orientieren.

Mit der Anwendung der Kennziffer „Endprodukt“ stellen sich neue Fragen und Probleme für die wirtschaftliche Rechnungsführung und Finanzwirtschaft in den Kombinaten, die gegenwärtig noch nicht ausreichend gelöst sind. Das betrifft insbesondere

die Einbeziehung des Endproduktes in die Leistungsbewertung und ökonomische Stimulierung der Kombinate und Betriebe,

die Untersuchung der Möglichkeiten der Planung und Abrechnung der Kosten und des Gewinns des Endproduktes sowie der Konsequenzen, die sich daraus für die Finanzbeziehungen der Kombinate ergeben.

(18) Die neuen Anforderungen zur wirksameren Ausnutzung der Finanzen in den Kombinaten und Betrieben sind auf der Grundlage des demokratischen Zentralismus mit der Erhöhung der Eigenverantwortlichkeit der Generaldirektoren der Kombinate und Direktoren der Betriebe für die Finanzwirtschaft verbunden. Im Kern geht es dabei um die Vergrößerung des Beitrages der Wirtschaftseinheiten zum Zuwachs des Nationaleinkommens und des verfügbaren Endprodukts. Die Stärkung der Eigenverantwortung der Generaldirektoren und Direktoren schließt mit Notwendigkeit eine wirksamere staatliche Kontrolle ein. Diesem gesetzmäßigen Zusammenhang entsprechend erwachsen neue und höhere Anforderungen an die *gesellschaftliche Verantwortung* und politische Wirksamkeit *der Hauptbuchhalter* in den Kombinaten und Betrieben für eine strenge Rechnungsführung und Finanzkontrolle. Dabei kommt es insbesondere auf folgendes an:

– Auf der Grundlage einer exakten Abrechnung des Planes sowie durch Analysen und aussagefähige Kontrollergebnisse muß der Hauptbuchhalter ständig dazu beitragen, Entscheidungen des Generaldirektors zur Erhöhung der Effektivität des Reproduktionsprozesses sowie zur Durchsetzung der sozialistischen Gesetzlichkeit und der Ordnung bei der Verwaltung und Mehrung des Volkseigentums vorzubereiten. Er hat eine ordnungs- und wahrheitsgemäße Abrechnung des Reproduktionsprozesses mit Hilfe von Rechnungsführung und Statistik zu gewährleisten.

– Der Hauptbuchhalter führt die Kontrolle zur Gewährleistung einer hohen Effektivität, zur Durchsetzung der sozialistischen Gesetzlichkeit und zur Sicherung einer ordnungsmäßigen Verwaltung und Nutzung des Volkseigentums im Auftrag der Regierung der Deutschen Demokratischen Republik und als verantwortlicher Leitungskader im Auftrage des Generaldirektors des Kombinates bzw. des Direktors des Betriebes durch und nicht nur schlechthin als „staatlicher Kontrolleur".

– Zur Erschließung von Reserven im Maßstab des Kombinates muß der Hauptbuchhalter seine Tätigkeit stärker auf die produktionsvorbereitenden Prozesse richten, weil gerade durch sie die künftige Effektivität und Leistungsfähigkeit des Kombinats bestimmt wird. Dazu gehört in erster Linie die Erhöhung der Wirksamkeit der Kontrolle zur Sicherung eines hohen Nutzeffektes bei der Vorbereitung und Durchführung wissenschaftlich-technischer Aufgaben.

Zugleich trägt der Hauptbuchhalter die persönliche Verantwortung für eine strenge Kontrolle der Vorbereitung von *Investitionen* und dafür, daß alle geplanten Investitionen mit hoher volkswirtschaftlicher Effektivität wirksam werden.

Insgesamt muß die Kontroll- und Analysentätigkeit des Hauptbuchhalters immer mehr vorbeugenden Charakter annehmen.

– Ausgehend von der Verantwortung des Generaldirektors für den Kreislauf und Umschlag der Fonds im einheitlichen Reproduktionsprozeß des Kombinates, wird die Wirksamkeit des Hauptbuchhalters des Kombinats maßgeblich dadurch bestimmt, wie er es versteht, die Hauptbuchhalter der Betriebe in ihrer Kontroll- und Analysentätigkeit anzuleiten und den Erfahrungsaustausch zur Anwendung fortschrittlicher und bewährter Methoden der Analyse und Kontrolle sowie der sozialistischen Betriebswirtschaft zu entwickeln.

– Abgeleitet aus den größeren Anforderungen bei der Einflußnahme auf die Leistungs- und Effektivitätsentwicklung im gesamtgesellschaftlichen Interesse ergibt sich die Notwendigkeit, die Hauptbuchhalter mit der Vollmacht auszustatten, Leitern innerhalb des Kombinats bzw. des Betriebes Auflagen zur Wiederherstellung des gesetzlichen Zustandes zu erteilen, wenn im Ergebnis von Kontrollen Verstöße gegen die sozialistische Gesetzlichkeit auf dem Gebiet der wirtschaftlichen Rechnungsführung oder der Finanz- und Geldwirtschaft festgestellt werden. Das ist erforderlich, um gesamtgesellschaftliche Interessen schnell und konsequent durchzusetzen. Aus dem gleichen Grunde ist es auch unerläßlich, daß sich die Hauptbuchhalter direkt an den zuständigen Minister und an den Minister der Finanzen wenden, wenn ihren berechtigten Forderungen nicht entsprochen wird bzw. wenn sie schwerwiegende Verletzungen gegen die sozialistische Gesetzlichkeit sowie die staatliche Plan- und Finanzdisziplin aufdecken.

Insgesamt geht es darum, durch die Erhöhung der gesellschaftlichen Verantwortung der Hauptbuchhalter eine größere volkswirtschaftliche Wirksamkeit ihrer Rechnungsführung sowie ihrer Analysen- und Kontrolltätigkeit bei der Lösung der Aufgaben zur Steigerung der Produktion mit hoher Effektivität, zur Erhöhung des Nationaleinkommens und damit des verteilbaren Endprodukts zu erreichen.

Zugleich entspricht die höhere gesellschaftliche Verantwortung der Hauptbuchhalter den gewachsenen volkswirtschaftlichen Dimensionen, dem Prinzip des demokratischen Zentralismus und der Notwendigkeit der Erhöhung der Wirksamkeit der staatlichen Kontrolle.

Dabei ist davon auszugehen, daß die Kontrolle über die effektive Gestaltung des Reproduktionsprozesses immanenter Bestandteil der Arbeitsweise jedes Leiters und nicht allein die Aufgabe des Hauptbuchhalters ist. Von großer Bedeutung für die Stärkung der Leistungskraft unserer Volkswirtschaft ist, daß alle Leiter politisch verantwortungsbewußt das sozialistische Recht durchsetzen und mit Hilfe der Mark eine straffe Kontrolle der ökonomischen Prozesse in den Kombinaten und Betrieben ausüben.

2. Einführungsvortrag

B. Groche

Einführungsvortrag auf der 28. Tagung des Wissenschaftlichen Rates für die wirtschaftswissenschaftliche Forschung

Die Thematik der heutigen Tagung des Wissenschaftlichen Rates für die wirtschaftswissenschaftliche Forschung ist für die weitere zielstrebige Durchführung der Beschlüsse des IX. Parteitages von aktueller Bedeutung. Mit dem Programm unserer Partei wurde die Hauptaufgabe in ihrer Einheit von Wirtschafts- und Sozialpolitik beschlossen und festgelegt, daß die Intensivierung der gesellschaftlichen Produktion der Hauptweg der wirtschaftlichen Entwicklung der Deutschen Demokratischen Republik ist. „Sie ermöglicht jenen Leistungsanstieg in der Volkswirtschaft, der für die Erhöhung des Lebensniveaus der Menschen sowie für die ständige Modernisierung und den Ausbau der materiell-technischen Basis des Sozialismus in der Deutschen Demokratischen Republik und für die Schaffung grundlegender Voraussetzungen des allmählichen Übergangs zum Kommunismus unerläßlich ist.“[1]

Diese prinzipielle Anforderung an unsere sozialistische Wirtschaftspolitik ist zugleich ein Auftrag an die wirtschaftswissenschaftliche Forschung, durch schöpferische Leistungen dazu beizutragen, daß die Intensivierung immer besser durch die Vervollkommnung der Leitung und Planung der Volkswirtschaft zum Wohle des Volkes verwirklicht wird.

Die Ergebnisse der 10. Tagung des Zentralkomitees der SED machen diesen Anspruch an die Wirtschaftswissenschaftler besonders deutlich.

Dabei spielt die bewußte Ausnutzung der ökonomischen Gesetze des Sozialismus und der Ware–Geld-Beziehungen eine große Rolle. In diesem Zusammenhang nimmt die Bedeutung des Staatshaushaltes, des Geld- und Kreditwesens sowie des Preissystems für die effektive Produktion und die rationelle Verteilung und Verwendung des gesellschaftlichen Produkts und des Nationaleinkommens ständig zu.[2]

Eine entscheidende Frage unserer Wirtschafts- und Sozialpolitik besteht darin, den Umfang und den jährlichen Zuwachs an Nationaleinkommen zu vergrößern. Das erfordert, durch die effektive Ausnutzung der materiellen und finanziellen Fonds den Zuwachs an verteilbarem Endprodukt zu erhöhen und einen konsequenten Kampf um die Senkung des für die Erzeugung jeder Einheit Endprodukt notwendigen Aufwandes zu führen. Dabei verstärkt sich die Rolle des Gewinns in unserer volkseigenen Wirtschaft, der die Größe des Nationaleinkommens und besonders des Reineinkommens maßgeblich beeinflußt. Das erfordert heute mehr denn je, an die Senkung der Kosten nicht allein vom betriebswirtschaftlichen Standpunkt, sondern in umfassender Weise aus volkswirtschaftlicher Sicht heranzugehen. Gleichzeitig geht es darum, die erwirtschafteten finanziellen Mittel auf der Grundlage des Planes mit hoher Rationalität und Disziplin zur Finanzierung der erweiterten Reproduktion, insbesondere zur weiteren Stärkung der

[1] Programm der Sozialistischen Einheitspartei Deutschlands, Berlin 1976, S. 27/28.
[2] Vgl. ebenda, S. 36.

materiell-technischen Basis, zur Stimulierung hoher Leistungen der Werktätigen und für die notwendigen Abführungen an den Staatshaushalt zur Finanzierung anderer gesamtgesellschaftlicher Bedürfnisse, einzusetzen. Aus dem Einsatz der Finanzressourcen der Gesellschaft muß über den Weg der konsequenten Intensivierung des Reproduktionsprozesses erneut Effektivität erwachsen, um damit den Spielraum für unsere Sozialpolitik zu erweitern. Darauf ist die Finanzpolitik unserer Partei und unseres Staates gerichtet. Deshalb sind die Senkung der Kosten, die Vereinfachung und Verbilligung der Verwaltungsarbeiten, die strikte Verwirklichung des Sparsamkeitsprinzips sowie die Sicherung der sozialistischen Gesetzlichkeit und einer strengen Finanzdisziplin auf allen Ebenen unumstößliche Grundsätze der Wirtschaftsführung des sozialistischen Staates.[3]

Es steht zwingend die Notwendigkeit, mit Hilfe der Mark ständig das Verhältnis von Aufwand und Ergebnis zu messen und zu kontrollieren sowie auf dieser Grundlage Entscheidungen zur Steigerung der Leistung und der Effektivität zu treffen. Diese Anforderung ist an jedem Arbeitsplatz, in jeder Brigade, in jedem Betrieb, in den Kombinaten und der Volkswirtschaft als Ganzem zu verwirklichen. Wir gehen davon aus, daß gerade Wertkennziffern, wie z. B. der Kostensatz, die Grundfondsrentabilität und Exportrentabilität, oder aber auch die Rückflußdauer der Investitionen und des Aufwandes für Wissenschaft und Technik unbestechliche Maßstäbe dafür sind, wie es gelingt, die hohen Ansprüche an die Vertiefung der Intensivierung praktisch durchzusetzen. Diesen Maßstäben müssen wir in der Leitung und Planung überall große Bedeutung beimessen, weil sie unmittelbar die Wechselwirkung zwischen der Intensivierung der gesellschaftlichen Produktion und dem schnelleren Wachstum des Nationaleinkommens berühren.

Die Aufgabe besteht darin, klug mit dem Geld zu wirtschaften und es stets so einzusetzen, daß sich der Reichtum unserer Gesellschaft mehrt. Wie der IX. Parteitag feststellte, gehört es zur Lebenserfahrung unseres Volkes, daß nur das verbraucht werden kann, was vorher erarbeitet wurde.[4] In unserer Volkswirtschaft stehen uns auch nicht mehr Geldfonds zur Verfügung, als materielle Produkte erwirtschaftet wurden. Das ist eine Grunderkenntnis der marxistisch-leninistischen Geldtheorie, die wir in der praktischen Durchführung unserer Finanzpolitik planmäßig verwirklichen.

Aus der 10. Tagung des Zentralkomitees der SED ziehen wir die Schlußfolgerung, daß es notwendig ist, die Rolle des Geldes und der Finanzen für die planmäßige proportionale Entwicklung unserer Volkswirtschaft weiter zu erhöhen. Das hat zur Konsequenz,

- schon vom Plan her die finanziellen Mittel für die Sicherung der materiell-technischen Basis auf Maßnahmen zu konzentrieren, die Voraussetzungen für eine höhere materielle Produktion schaffen,
- in der Wirtschaftspraxis alle Geldquellen zu verstopfen, die sich gegen die Proportionalität auswirken können und
- gleichzeitig gegen fehlerhafte Vorstellungen zu kämpfen, die die Rolle des Geldes im Reproduktionsprozeß geringschätzen.

Der Generalsekretär des ZK der SED, Genosse Erich Honecker, hob auf der 10. Tagung besonders hervor: „Bei der weiteren Gestaltung der entwickelten sozialistischen Gesellschaft in der Deutschen Demokratischen Republik ist die Stärkung der ökonomi-

[3] Vgl. ebenda, S. 34.

[4] Vgl. Bericht des Zentralkomitees der Sozialistischen Einheitspartei Deutschlands an den IX. Parteitag der SED, Berichterstatter: Genosse Erich Honecker, Berlin 1976, S. 43.

schen Leistungsfähigkeit unseres Landes die zentrale Frage. Davon vor allem hängen entscheidend die Fortschritte in allen Bereichen des Lebens ab."[5]

Diese Feststellung – wie die Beschlüsse der 10. Tagung des Zentralkomitees insgesamt – verleihen der Behandlung des Themas der heutigen Tagung des Wissenschaftlichen Rates, über die aktive Rolle der Finanzen und ihre Ausnutzung zur weiteren Erhöhung der Leistungskraft unserer sozialistischen Wirtschaft, ganz besonderes Gewicht.

Mir scheint es in diesem Zusammenhang auch wichtig, darauf hinzuweisen, daß es gerade in jüngster Zeit in den Ländern der sozialistischen Gemeinschaft, insbesondere in der Sowjetunion, zunehmende Aktivitäten, Erkenntnisfortschritte und wissenschaftliche Diskussionen gibt, die die Fragen der aktiven Rolle des Geldes und der Finanzen bei der Erhöhung der Effektivität der gesellschaftlichen Produktion als Voraussetzung für die planmäßige Steigerung des materiellen und kulturellen Lebensniveaus der Werktätigen betreffen.

Die für die heutige Beratung vorgelegten Thesen wurden auf der Grundlage der Ergebnisse der Arbeit des Finanzökonomischen Forschungsinstituts unter Einbeziehung der Ergebnisse und Erfahrungen der Finanzwissenschaft der sozialistischen Bruderländer ausgearbeitet. Gegenstand unserer Arbeit waren die Aufgaben, die uns mit dem Beschluß des Politbüros zum Zentralen Forschungsplan der marxistisch-leninistischen Gesellschaftswissenschaften für den Zeitraum 1976–1980 gestellt wurden.

Mit der heutigen Beratung setzt der Wissenschaftliche Rat für die wirtschaftswissenschaftliche Forschung kontinuierlich die Linie fort, wichtige Themen des Zentralen Forschungsplanes zu erörtern.

Die vorliegenden Thesen stellen eine Weiterführung der Arbeiten dar, die bisher in wissenschaftlichen Räten sowie im Zusammenhang mit der Herausgabe von Lehrbüchern u. a. Publikationen geleistet wurden.

Erwähnt seien hier insbesondere:

– die Thesen „zur Ausnutzung der Finanzen für die effektive Produktion und die rationelle Verteilung und Verwendung des gesellschaftlichen Produkts und des Nationaleinkommens", die im Wissenschaftlichen Rat für Fragen der Vervollkommnung der Planung und wirtschaftlichen Rechnungsführung diskutiert wurden und der Vorbereitung der heutigen Beratung dienten;

– die Arbeiten an verschiedenen Lehrbüchern über das sozialistische Finanzwesen der DDR;

– die letzte Tagung des Wissenschaftlichen Rates für politische Ökonomie des Sozialismus, die sich mit der politökonomischen Bestimmung der Rolle des Geldes, des Kredits und der Finanzen im Prozeß der sozialistischen Reproduktion befaßte, u. a.

Das Ziel der heutigen Beratung sehe ich in folgendem:

– *erstens* in der Diskussion theoretischer Aspekte der Rolle und Stellung des Geldes und der Finanzen im sozialistischen Reproduktionsprozeß sowie gleichzeitig im Austausch von Erfahrungen bei der praktischen Ausnutzung ihrer objektiven Funktionen zur Erhöhung der Effektivität der gesellschaftlichen Produktion und zur konsequenten Durchsetzung des sozialistischen Sparsamkeitsprinzips sowie bei der Erschließung volkswirtschaftlicher Reserven;

– *zweitens* in der Erörterung der Weiterentwicklung von Auffassungen über die Ein-

5 10. Tagung des ZK der SED, Dem 30. Jahrestag der DDR entgegen, Aus dem Schlußwort des Genossen Erich Honecker, Berlin 1979, S. 190.

heit materieller und finanzieller Prozesse in der Planung, Bilanzierung und Plandurchführung, wie sie durch die 10. Tagung des Zentralkomitees der SED, insbesondere mit dem Schlußwort des Generalsekretärs, Genossen Erich Honecker, aufgeworfen wurden;

– *drittens* in der Diskussion notwendiger Maßnahmen zur Ausgestaltung der Finanzwirtschaft der Kombinate und Betriebe im Zusammenhang mit der Weiterentwicklung der wirtschaftlichen Rechnungsführung und der Stärkung der Eigenverantwortung der Generaldirektoren der Kombinate.

Mit den Thesen haben wir den Versuch unternommen, näher zu begründen, daß alle Funktionen des Geldes und der Finanzen komplex wirken. Daraus folgt, daß diese Funktionen im Prozeß der sozialistischen erweiterten Reproduktion, bei der Planung, bei der Verwirklichung der wirtschaftlichen Rechnungsführung, der Stimulierung und der Kontrolle durch die Mark, also bei der Erwirtschaftung, Verteilung, Umverteilung und Verwendung des Nationaleinkommens bewußt immer zielgerichteter im Interesse der Steigerung der Effektivität und damit der Erhöhung des Reineinkommens ausgenutzt werden müssen, um die Hauptaufgabe in ihrer Einheit von Wirtschafts- und Sozialpolitik weiterhin konsequent zu verwirklichen. Diese aktive Rolle des Geldes und der Finanzen nimmt in dem Maße zu, wie sich die Bedeutung der qualitativen Prozesse in der Volkswirtschaft erhöht. Für die Wirkungsweise des Geldes und der Finanzen sind dabei Industriepreise, die sich in der Tendenz dem gesellschaftlich notwendigen Arbeitsaufwand annähern, eine wichtige Bedingung. In der gegenwärtigen Etappe geht es – wie auf dem 10. Plenum zum Ausdruck kam – um neue Größenordnungen bei der Entwicklung der ökonomischen Leistungskraft der Deutschen Demokratischen Republik durch allseitiges, effektives Wirtschaften, um die Verwendung des geschaffenen Produkts und die Mobilisierung aller Kräfte zu seiner Vergrößerung.

Unter den Bedingungen der unmittelbar gesellschaftlichen Produktion werden Geld und Finanzen planmäßig eingesetzt und spontane Wirkungen immer mehr zurückgedrängt. Dazu schafft die Planung im Wertausdruck gute Voraussetzungen, sie stellt die entscheidende Form der bewußten Ausnutzung der Geld- und Finanzkategorien für die weitere kontinuierliche Erfüllung der Hauptaufgabe dar. Geld und Finanzen sind also ökonomische Instrumente des sozialistischen Staates zur Durchsetzung der Planmäßigkeit und Proportionalität des Reproduktionsprozesses.

Ich möchte auf drei Probleme eingehen, die m. E. für die weitere theoretische und praktische Arbeit auf dem Gebiet der Finanzen von besonderer Bedeutung sind:

1. In bezug auf die weitere Vervollkommnung der zentralen finanziellen Planung wurde in den vorliegenden Thesen besonders die Bedeutung eines qualifizierten Planansatzes hervorgehoben. Wir gehen davon aus, daß die Planmäßigkeit der Entwicklung der Finanzressourcen der sozialistischen Gesellschaft vom Gesetz der planmäßigen proportionalen Entwicklung der Volkswirtschaft bestimmt wird. Durch die Finanz- und Kreditpolitik des sozialistischen Staates werden aber nicht nur die Wertproportionen, sondern auch die Naturalproportionen der gesellschaftlichen Reproduktion, insbesondere die Senkung des spezifischen Verbrauchs von Material, Energie und Rohstoffen und insgesamt des Produktionsverbrauchs, wirksam beeinflußt. Indem der Staat bei der Ausarbeitung der finanziellen Pläne die Erfordernisse der objektiven ökonomischen Gesetzmäßigkeiten berücksichtigt, fördert er aktiv das Wachstumstempo der Produktivkräfte und die Vervollkommnung der Produktionsverhältnisse.

Um in dieser Hinsicht die Rolle der Finanzen zu erhöhen, gewinnen bei der Durchführung der Beschlüsse des IX. Parteitages der SED die Ausarbeitung und Anwendung der Natural-Wert-Verflechtungsbilanz sowie ihre Entwicklung zu einem materiell-finanziellen Verflechtungsmodell immer mehr an Bedeutung. Im Vordergrund steht dabei die bessere Ausnutzung der Wechselwirkung zwischen materieller und finanzieller Planung auf volkswirtschaftlicher Ebene. Es geht darum, die mit dem Geld und den Finanzen verbundene Interessenwirkung in der Wirtschaft mit den Zielen des staatlichen Planes und den ihnen zugrunde liegenden gesamtgesellschaftlichen Erfordernissen noch wirksamer in Übereinstimmung zu bringen. Das Anliegen besteht dabei darin, mit dieser Form der finanziellen Bilanzierung aktiv auf die Senkung der Kosten und die Herstellung einer möglichst exakten Übereinstimmung zwischen Endprodukt und Endeinkommen einzuwirken.

Das ist eine der wichtigsten Seiten der aktiven Rolle der Finanzen, wie sie von den Finanz- und Bankorganen in Wahrnehmung ihrer volkswirtschaftlichen Verantwortung in der praktischen Arbeit durchzusetzen ist.

Welche Aufgaben dabei noch zu lösen sind, wird u. a. auch daraus ersichtlich, daß der Generalsekretär des Zentralkomitees der SED, Genosse Erich Honecker, auf der 8. Tagung des ZK der SED feststellen mußte, daß die volkswirtschaftlichen Ziele zur Senkung des spezifischen Materialverbrauchs noch nicht erreicht wurden. Betrachtet man dagegen die Inanspruchnahme der geplanten Kosten für Material in verschiedenen Bereichen der zentralgeleiteten Industrie, so zeigt sich, daß hier nicht unerhebliche Einsparungen gegenüber dem Plan – bezogen auf die tatsächlich erbrachten Leistungen – erreicht wurden. Das bedeutet, daß die volkswirtschaftlichen Ziele zur Senkung des spezifischen Materialverbrauchs auf der Grundlage der nur beschränkt zur Verfügung stehenden materiellen Ressourcen noch nicht voll mit der Planung der Materialkosten in den Kombinaten und Betrieben übereinstimmen. Solange solche Abweichungen zwischen der gebrauchswertmäßigen und wertmäßigen Planung bestehen, werden mit Hilfe der Kostenplanung keine richtigen Anforderungen an die Vertiefung der Intensivierung gestellt.

Das Beispiel zeigt auch, daß sich die aktive Rolle der Finanzen nicht, wie häufig noch angenommen, in der Bilanzierung aller Bestandteile der Finanzen erschöpfen darf. Eine solche Betrachtungsweise ist zu eng.

Wir müssen davon ausgehen, daß das Grundanliegen der aktiven Rolle der Finanzen im höchsten Nutzeffekt der eingesetzten gesellschaftlichen Ressourcen, in der Senkung der Kosten als wertmäßiger Ausdruck der Einsparung von Material, Energie, Rohstoffen, und zwar auf der Basis effektiver Preise, sowie an Arbeitszeit und in der Erhöhung des Gewinns besteht. Mehr noch: Dieser Nutzeffekt muß in den finanziellen Plänen zum Ausdruck kommen.

Das bedeutet, daß der Einfluß der finanziellen Planung insbesondere in folgender Richtung verstärkt werden muß:

– Die Methoden der finanziellen Planung in den Betrieben, Kombinaten und staatlichen Organen sind bei Senkung des dafür notwendigen Verwaltungsaufwandes so zu qualifizieren, daß alle Möglichkeiten der Erhöhung der Effektivität der Produktion mit dem Plan erfaßt werden.

– Die finanziellen Mittel für die erweiterte Reproduktion sind in Übereinstimmung mit der materiellen Planung konzentriert dort einzusetzen, wo die Voraussetzungen für die Erhöhung der materiellen Produktion geschaffen werden müssen. Generell ist bei der Planung finanzieller Mittel in allen Bereichen der Volkswirtschaft, auch bei den kulturellen und sozialen Einrichtungen und Maßnahmen, das Prinzip der sozialistischen

Sparsamkeit auf der Grundlage der Beschlüsse der Partei und der Anwendung fortgeschrittener Aufwandsnormen konsequent zu verwirklichen.

– Vom Plan her sind finanzielle Mittel nur für solche Maßnahmen bereitzustellen, die der Durchsetzung der Gesamtinteressen unseres Staates dienen.

Nur in dem Maße, wie es gelingt, die finanzielle Planung in diesen Richtungen zu qualifizieren, kann die finanzielle Bilanzierung zu einem wichtigen Kriterium für die Realität des Planes entwickelt werden. Das Kernproblem besteht also darin, aktiv mit dazu beizutragen, hohe und reale Maßstäbe für die Ausschöpfung aller Möglichkeiten für die Steigerung der Leistungskraft unserer Volkswirtschaft als Ganzes und jedes Verantwortungsbereichs zu bestimmen und durchsetzen zu helfen. Darauf sind alle Überlegungen zur Qualifizierung der finanziellen Planung und zur Vervollkommnung der finanzökonomischen Analyse, aber auch alle Vorschläge zur Weiterentwicklung der finanzrechtlichen Regelungen und die Erhöhung der Wirksamkeit der Finanzkontrolle in stärkerem Maße zu richten.

Eine wichtige Aufgabe bei der Weiterentwicklung der finanziellen Planung sehen wir über das in den Thesen Gesagte hinaus darin, in Übereinstimmung mit der volkswirtschaftlichen Aufgabenstellung des Fünfjahrplanes schrittweise zu einer längerfristigen finanziellen Planung auf der Basis grundlegender Hauptkennziffern, wie z. B. der Selbstkostensenkung, des Gewinnes, der Ex- und Importrentabilität, für einen Zeitraum von 2 bis 5 Jahren überzugehen. Auf dieser Basis wird es künftig besser möglich sein, auf die Projekte des Fünfjahrplanes und der jährlichen Volkswirtschaftspläne vom Standpunkt der Entwicklung des Geldes und der Finanzen Einfluß zu nehmen und vorausschauend volkswirtschaftliche Grundprobleme zu erkennen und konstruktiv an ihrer Lösung mitzuwirken. Gleichzeitig sollen damit bessere Voraussetzungen geschaffen werden, längerfristige Ausgangspunkte für die Erhöhung der Effektivität der Kombinate zu setzen und die Eigenverantwortung der Generaldirektoren auf diese Weise zu stärken.

Insgesamt zeigt sich also, daß die Qualifizierung der zentralen finanziellen Planung und Bilanzierung auf die stärkere Ausnutzung der Wechselbeziehungen zwischen materiellen und finanziellen Prozessen gerichtet sein muß, um die Bilanziertheit der Pläne als wichtige Voraussetzung für die Effektivität des Reproduktionsprozesses zu erhöhen. Dabei ist die Verstärkung des Einflusses der Finanzen auf die Reduzierung des Aufwandes für die gesellschaftliche Produktion und die Erhöhung des Reineinkommens die wichtigste Aufgabe sowohl für die Praxis als auch für die finanzökonomische Forschung.

2. Was die Rolle der Finanzen in der Plandurchführung angeht, so müssen wir, wie uns die 10. Tagung des Zentralkomitees der SED lehrt, der ständigen Kontrolle des effektiven Einsatzes der Finanzressourcen des Staates und in Einheit damit der Ausschöpfung der materiellen Ressourcen mit höchstem Nutzen für die Volkswirtschaft größere Aufmerksamkeit zuwenden. Wir stimmen mit der Auffassung von Abalkin überein, die er in seinem Artikel über die Intensivierung und Bilanzierung der Volkswirtschaft äußert, daß insbesondere durch die raschen Veränderungen in Wissenschaft und Technik, die Dynamik der gesellschaftlichen Produktion und die zunehmende internationale Arbeitsteilung die wirtschaftliche Entwicklung Elemente enthält, auf die in der Plandurchführung reagiert werden muß.

Ich denke daran, daß sich z. B. aus den Außenwirtschaftsbeziehungen Einflüsse und Probleme ergeben. Auch in den ersten Monaten dieses Jahres stiegen die Preise der Rohstoffe und Materialien, die wir aus dem NSW importieren müssen, erheblich.

Die Gewährleistung einer hohen Effektivität erfordert ein rasches Reagieren auf Veränderungen im Bedarf der Volkswirtschaft, der Bevölkerung und der Außenmärkte. Dazu gehören auch Konsequenzen, die sich aus dem Auftreten extremer Witterungsbedingungen, wie z. B. im I. Quartal 1979, ergeben. Auch die Über- bzw. Untererfüllung bestimmter Planziele muß im Interesse der Gewährleistung der Proportionalität der Entwicklung der Volkswirtschaft berücksichtigt werden.

Von diesen Überlegungen geht auch der in den Thesen enthaltene Vorschlag aus, künftig den Reservefonds der Generaldirektoren der Kombinate als eine stabilere Finanzierungsquelle auszugestalten.

Neben objektiv wirkenden Faktoren haben wir uns auch mit noch vorhandenen subjektiven Mängeln, wie Verstößen gegen die sozialistische Gesetzlichkeit, die Plan- und Finanzdisziplin, ungenügender Einsicht in die volkswirtschaftlichen Erfordernisse und Überbetonung betrieblicher oder territorialer Interessen, auseinanderzusetzen. Hier gilt es, mit der Autorität des sozialistischen Staates einen unversöhnlichen Kampf gegen Disziplinlosigkeit zu führen und eine ernsthafte Einstellung zu den Erfordernissen der Ökonomie durchzusetzen.

Bekanntlich übte der Generalsekretär des Zentralkomitees der SED, Genosse Erich Honecker, auf dem 10. Plenum ernste Kritik an der Durchführung von Investitionen außerhalb des Planes. Durchgeführt werden dürfen nur solche Investitionen, die im Plan bilanziert und bestätigt sind und die den notwendigen Effektivitätszuwachs bringen. Maßstab für die Durchführung von Investitionen muß ein rascher Zuwachs an Endprodukt sein. Unter diesen Gesichtspunkten sollten m. E. die Finanzierungsgrundsätze für Investitionen – unabhängig von der Finanzierungsquelle, ganz gleich, ob Eigenmittel, Mittel des Staatshaushaltes oder Kredite zum Einsatz kommen – neu festgelegt werden.

Erste Gedanken, die in diese Richtung gehen, sind in den Thesen ausgeführt. Auf der 10. Tagung des ZK wurde bekanntlich festgelegt, daß zur Stärkung des demokratischen Zentralismus unter Verantwortung des Ministerrates die einheitliche Leitung und Planung der Investitionen neu organisiert wird. Die Finanz- und Bankorgane wurden beauftragt, mit größerer Konsequenz den Mißbrauch von Fonds für ungeplante Bauten zu verhindern.

Daraus ergibt sich: Nicht nur bei der Planung, sondern auch bei der Plandurchführung muß immer aufs neue die Frage nach dem Verhältnis von Aufwand und Ertrag gestellt werden, um daraus in jedem Einzelfall Entscheidungen zur konsequenten Verwirklichung der Politik des IX. Parteitages abzuleiten. Das kann bis zu solchen Maßnahmen führen, daß ursprünglich vorgesehene Projekte nicht durchgeführt und nicht finanziert oder zeitweilig zurückgestellt werden, wenn der vorgesehene Aufwand nicht eingehalten bzw. das vorgesehene Ergebnis nicht erreicht wird. Das ist nicht nur eine Frage der Investitionen, sondern betrifft die gesamte Finanzierung. Natürlich haben die Investitionen dabei besonderes Gewicht, weil die Anwendung effektiver Produktionsmittel das Kardinalproblem der Intensivierung ist.

Ausgehend von den Erkenntnissen über die Rolle und Funktion der Finanzen als einer durch den Staat imperativ auszunutzenden Kategorie, kommt es darauf an, die finanzrechtlichen Bestimmungen und Regelungen so weiterzuentwickeln und auszugestalten, daß jeder Leiter in Staat und Wirtschaft die Möglichkeit erhält bzw. veranlaßt und erforderlichenfalls gezwungen wird, mit jeder Mark genau zu rechnen und ihren Wert zu schätzen. Das schließt ein, die Initiative der Werktätigen noch wirksamer auf die Verbesserung des Verhältnisses von Aufwand und Ergebnis zu lenken, aber auch mit solchen ideologischen Positionen aufzuräumen, daß das Geld keine Rolle spiele. Es darf nicht zugelassen werden, daß sich Geldfonds bilden, die materiell nicht gedeckt sind, oder Ausgabenansprüche stimuliert werden, die nicht mit den volkswirtschaftlichen Erfordernissen übereinstimmen. In diesem Zusammenhang sind weitere Arbeiten für die Erhöhung der Rolle des Staatshaushaltes und des Kredits vom Standpunkt des demokratischen Zentralismus erforderlich.

Die aktive Rolle der Finanzen im Prozeß der Plandurchführung zu realisieren, heißt in erster Linie,

- Plandisziplin durchzusetzen und damit die Gesamtinteressen der DDR zu verwirklichen und
- immer die Frage nach der Effektivität der einzusetzenden finanziellen Mittel zu stellen und sie nie aus dem Auge zu verlieren.

Aus allem bisher Gesagten wird deutlich: Die aktive Rolle der Finanzen muß durch das bewußte Handeln aller Leiter und aller Werktätigen

- sowohl bei der Erwirtschaftung der Finanzressourcen als auch bei der Finanzierung des Reproduktionsprozesses,
- sowohl bei der Ausarbeitung der Pläne auf allen Leitungsebenen als auch bei der Plandurchführung

verwirklicht werden.

Darin sehen wir die entscheidende Grundlage für die praktische Umsetzung der theoretischen These von der Übereinstimmung materieller und finanzieller Prozesse in der Volkswirtschaft. Zugleich wird damit der Kampf gegen solche Einstellungen geführt, die unter der Einheit von materieller und finanzieller Planung lediglich eine mehr oder minder formale und passive Übereinstimmung der methodischen und numerischen Verknüpfung von Kennziffern verstehen.

Durch diese dialektische Auffassung der Einheit von materiellen und finanziellen Prozessen und das entsprechende Handeln werden die erforderlichen Voraussetzungen und Bedingungen dafür geschaffen, daß Geld und Finanzen im gesellschaftlichen Reproduktionsprozeß besser zur Wirkung gebracht werden können.

3. Mit den vorliegenden Thesen haben wir unsere Erkenntnisse und Vorstellungen zur Gestaltung der Finanzwirtschaft der Kombinate dargelegt. In der Zwischenzeit hat der Ministerrat einen Beschluß für die Vervollkommnung der Leitung und Planung gefaßt, der uns verpflichtet, unsere Überlegungen in konkrete gesetzliche Regelungen kurzfristig umzusetzen.

Sicher ist damit die Weiterentwicklung der wirtschaftlichen Rechnungsführung der Kombinate noch nicht abgeschlossen.

Aus der Fülle der noch zu lösenden Fragen möchte ich auf einen Aspekt eingehen:

Der Generalsekretär des ZK der SED, Genosse Erich Honecker, unterstrich auf der 10. Tagung noch einmal, daß das dynamische Wachstum der Leistungen in der Volkswirtschaft und vor allem der Industrie, die erforderliche Zunahme des verteilbaren Endprodukts zur ausschlaggebenden Voraussetzung für die Lösung aller Fragen der gesellschaftlichen Entwicklung geworden sind.

Ich sehe darin eine Verpflichtung für die ökonomische Forschung, die Anstrengungen bei der Entwicklung von entscheidungsreifen Vorschlägen zur Anwendung des Endprodukts als Leistungsmaßstab für die Kombinate zu verstärken. (Dabei sehen wir das Endprodukt des Kombinats in der nach außen abgesetzen Produktion einschließlich eigener Investitionsleistungen.) Den dabei erreichten Stand und die notwendigen nächsten Schritte haben wir in einer Beratung des Wissenschaftlichen Rates für Fragen der Vervollkommnung der Planung und wirtschaftlichen Rechnungsführung mit Vertretern der Praxis gründlich behandelt.

Für die Stärkung der aktiven Rolle der Finanzen ergibt sich im Rahmen dieses Gesamtproblems, selbstverständlich unter Beibehaltung der ökonomischen und juristischen Selbständigkeit der Kombinatsbetriebe, folgende Fragestellung:

Ist es unter der Voraussetzung, daß das Endprodukt gegenüber der industriellen Warenproduktion ein geeigneterer Leistungsmaßstab ist, für das Kombinat richtig, weiterhin den Gewinn des Kombinats als Summe der Gewinne der Kombinatsbetriebe aufzufassen? Fassen wir den Gewinn der Kombinate weiterhin in diesem Sinne auf, werden wir nach meiner Meinung nicht dem Anspruch gerecht, der an uns in bezug auf die Einflußnahme zur Steigerung des real verteilbaren Endprodukts gestellt wird. Das ist deshalb so, weil in der Summe der Gewinne der Betriebe eines Kombinats auch solche Gewinne enthalten sein können, die aus Zulieferungen zwischen den Kombinatsbetrieben entstehen, aber nicht oder noch nicht mit dem Endprodukt des Kombinats gegenüber Abnehmern außerhalb des Kombinats tatsächlich realisiert worden sind. Das bedeutet: Wir stehen vor der Frage, ob es eine rationelle Möglichkeit gibt, nicht nur das Endprodukt des Kombinats, sondern auch die exakten Kosten dieses Endprodukts und den mit dem Endprodukt realisierten Gewinn zu erfassen, zu planen und abzurechnen.

Das Problem besteht darin, daß die Kosten und der Gewinn des Endprodukts des Kombinats insbesondere bei vertikal organisierten Kombinaten in der Regel weder mit der Summe der Kosten und der Gewinne der Betriebe des Kombinats und erst recht nicht mit den Kosten und dem Gewinn des Finalproduzenten im Kombinat identisch sind. Beim Gewinn des Finalproduzenten werden die Gewinne, die in den Vorstufen innerhalb des Kombinats erwirtschaftet wurden, als Kosten wirksam, und der bei ihm ausgewiesene Gewinn ist nur derjenige aus der letzten Kooperationsstufe. Dabei ist es durchaus denkbar, daß der Gewinn des Finalproduzenten sehr niedrig ist oder im Extremfall ein Erzeugnis in dieser Stufe sogar einen Verlust bringt, obgleich es sich aus der Sicht des Gesamtkombinats um ein sehr rentables Erzeugnis handelt. Gegenwärtig fehlen jedoch Methoden der Planung und Abrechnung, die eine Ermittlung der Kosten und der Gewinne des Endprodukts ermöglichen. Dazu ist es nicht notwendig, eine Kostenarten-, Kostenstellen- und Kostenträgerrechnung auf Kombinatsebene zu entwickeln. Diese Rechnungen müssen weiterhin in den Betrieben geführt werden. Es geht vielmehr darum, aus der Sicht des Gesamtkombinats Kosten und Gewinn für wichtige Erzeugnisse, die als Endprodukt das Kombinat verlassen, so zu ermitteln, daß das gesamte im Kombinat mit dem Endprodukt realisierte Reineinkommen unabhängig davon, in welcher Kooperationsstufe es erwirtschaftet wurde, als Gewinn des Endprodukts bei der Leitung des Kombinats erfaßt wird. Gelingt es, dafür brauchbare Lösungen zu entwickeln, die keinen zusätzlichen Verwaltungsaufwand erfordern, wäre es möglich, die Finanzwirtschaft der Kombinate stärker mit dem Gewinn des Endprodukts zu verknüpfen. Damit hätte der Generaldirektor des Kombinats auch eine wesentlich bessere Grundlage für Entscheidungen im Zusammenhang mit der Ausarbeitung langfristiger Konzeptionen zur Steigerung der Effektivität.

Ich bin der Auffassung, daß diese Frage auch insofern von prinzipieller Bedeutung ist, als es mit der Planung der Kosten und der Gewinne des Endprodukts besser möglich wäre, die kollektive materielle Interessiertheit der leitenden Kader des Kombinats mit den gesamtgesellschaftlichen Interessen zur Steigerung des verteilbaren Endprodukts als ausschlaggebender Voraussetzung für die Lösung aller Fragen der gesellschaftlichen Entwicklung in Übereinstimmung zu bringen.

Mit diesem Problem der Effektivität des Endprodukts ist eine weitere Frage verbunden, die ich nur andeuten möchte. Sie besteht in der Messung der Effektivität der Zunahme der innerkombinatlichen Verflechtungsbeziehungen. Das Problem ist deshalb so bedeutungsvoll, weil die Praxis beweist, daß nicht jede Ausdehnung der innerkombinatlichen Kooperationsbeziehungen effektiv ist und zur Steigerung des Endprodukts führt. Genosse Dr. Mittag ist auf dem seminaristischen Erfahrungsaustausch des Zentralkomitees der SED mit den Generaldirektoren im vorigen Jahr auf diese wichtige Frage eingegangen.

Wir stehen auf dem Standpunkt, daß die Entwicklung der innerkombinatlichen Kooperationsbeziehungen mit einer Kennziffer „innerkombinatlicher Verflechtungsgrad der Produktion“ gemessen werden könnte (diese Kennziffer soll das Verhältnis zwischen dem Volumen der innerkombinatlichen Kooperationslieferungen und dem Endprodukt des Kombinats ausdrücken). Die Zunahme der innerkombinatlichen Kooperation kann nach unserer Meinung dann als effektiv eingeschätzt werden, wenn der Kostensatz des Endprodukts als Ergebnis der zunehmenden Kooperation sinkt. Ich meine dabei den Kostensatz des Endprodukts. Ich bin davon überzeugt, daß es sich hier um einen Lösungsansatz handelt, bei dem es sich lohnt, weiter daran zu arbeiten.

Bei all denjenigen möchte ich mich herzlich bedanken, die uns bei der Ausarbeitung der Thesen und bei der Vorbereitung der heutigen Tagung des Wissenschaftlichen Rates für die wirtschaftswissenschaftliche Forschung unterstützt haben. Besonders wertvoll waren die Hinweise der Leitung des Wissenschaftlichen Rates für die wirtschaftswissenschaftliche Forschung unter dem Vorsitz von Genossen Professor Dr. Koziolek.

Unsere heutige Beratung wird dazu beitragen, effektive Wege zu finden, die in sozialistischer Gemeinschaftsarbeit zu fruchtbaren Ergebnissen bei der wirksameren Ausnutzung des Geldes und der Finanzen zur weiteren Erhöhung der Leistungskraft unserer Volkswirtschaft im Interesse der konsequenten Durchführung der Beschlüsse des IX. Parteitages führen.

3. Diskussion

K.-H. Stiemerling

Die Verwirklichung der Hauptaufgabe bei der Gestaltung der entwickelten sozialistischen Gesellschaft erfordert ökonomisches Wachstum und stabile Staatsfinanzen

Auf der 10. Tagung des ZK hob Genosse Erich Honecker, Generalsekretär des ZK der SED und Vorsitzender des Staatsrates der DDR, hervor, daß die Stärkung der ökonomischen Leistungsfähigkeit unseres Landes die zentrale Frage bei der weiteren Gestaltung der entwickelten sozialistischen Gesellschaft in der DDR ist.[1] Daraus ergeben sich für alle Bereiche, auch für die staatlichen Finanz-, Bank- und Preisorgane, höhere Anforderungen, denn es gilt, auch unter veränderten Reproduktionsbedingungen ökonomisches Wachstum und ökonomische Stabilität zu sichern, um das Ziel der sozialistischen Produktion zu realisieren. Das Thema dieser Ratstagung steht in unmittelbarem Zusammenhang mit den Aufgaben, wie sie kritisch und konstruktiv auf der 10. Tagung des ZK der SED dargelegt wurden. Dem Vorsitzenden des Rates für die wirtschaftswissenschaftliche Forschung bin ich für die Initiative und Konsequenz dankbar, die es ermöglichte, so gründliche Beratungen zu den Fragen des Geldes und der Finanzen im Sozialismus vorzubereiten. In den Ausführungen des Referenten der heutigen Tagung wurde die aktive Rolle der Finanzen in der sozialistischen Planwirtschaft bekräftigt. Solche wichtigen Aussagen im Referat und in den Thesen wie zu den Erfordernissen der Effektivitäts- und Leistungssteigerung, zur Erhöhung der Qualität der Planung, zur Unterstützung der Kombinate hinsichtlich der Kostenplanung und der Verwirklichung der wirtschaftlichen Rechnungsführung verdienen die uneingeschränkte Unterstützung. Andere Aussagen in den Thesen, wie zum Beispiel zur Rolle der zentralen Planung der Finanzen, zur Verstärkung der Finanzkontrolle, zu den Konsequenzen einer wachstums- und leistungsorientierten Finanz- und Kreditpolitik, sollten m. E. noch weiter präzisiert werden.

Insgesamt sollte die politökonomische Begründung des „Finanz- und Kreditmechanismus" vertieft werden, um die Erkenntnisse darüber zu verbreitern und seine Nutzung als Bedingung für die Verwirklichung von Wachstum, Wohlstand und Stabilität zu verbessern. Damit sind eine Reihe theoretischer, ideologischer und praktischer Fragen verbunden. Das betrifft die Verwirklichung des sozialistischen Leistungsprinzips, die Ausnutzung der Kategorie „Planmäßigkeit" und die Anerkennung des Wertes und des Wertgesetzes als Kategorien der sozialistischen Ökonomik. In ideologischer Hinsicht geht es insbesondere um die auf der 10. Tagung des ZK der SED begründeten Prioritäten: die Interessen des sozialistischen Staates, Kampf gegen jede Form von Verschwendung, Sicherung der Plandisziplin, Rolle der produktiven Akkumulation. Der Behauptung, „am Geld dürfe nichts scheitern", muß man die These entgegenstellen: „Am fehlenden Geld muß alles scheitern, was uneffektiv ist und nicht den Erfordernissen der Stabilität entspricht."

[1] Vgl. 10. Tagung des ZK der SED, Dem 30. Jahrestag der DDR entgegen, Aus dem Schlußwort des Genossen Erich Honecker, Berlin 1979, S. 190.

Die sozialistische Planwirtschaft ist wachstums- und leistungsorientiert. Das ergibt sich aus den gesamten gesellschaftlichen Verhältnissen im Sozialismus und aus der marxistisch-leninistischen Weltanschauung. Insbesondere die Konsequenzen aus den Erfordernissen des Systems der ökonomischen Gesetze des Sozialismus (vor allem des ökonomischen Grundgesetzes des Sozialismus, des Gesetzes der planmäßigen proportionalen Entwicklung, des Gesetzes der stetigen Steigerung der Arbeitsproduktivität, des Wertgesetzes, des Gesetzes der sozialistischen Akkumulation, des Gesetzes der wachsenden Bedürfnisse) machen deutlich, wie notwendig es ist, unabhängig von der Höhe der Zuwachsraten die notwendige ökonomische Stabilität zu gewährleisten.

Unser konstruktives Verhältnis zu den Fragen des ökonomischen Wachstums ist durch zwei Abgrenzungen charakterisiert. Einmal wollen wir das effektive ökonomische Wachstum aus eigener Kraft mit großen sozialen und ideologischen Wirkungen erzielen, ohne irgendeinem „Wachstumsfetischismus", einem „Wachstum um jeden Preis" nachzujagen. Zum anderen ist ökonomische Stabilität, die ein Erfordernis der Entwicklung in allen Perioden des sozialistischen und kommunistischen Aufbaus ist, nicht allein durch ökonomisches Wachstum zu gewährleisten. Richtige Proportionen, insbesondere auch zwischen den Geld- und finanziellen Fonds einer Volkswirtschaft, sind unerläßlich, um das ökonomische Wachstum möglichst mit hoher Kontinuität und Effektivität zu gewährleisten. Das Finanz-, Kredit- und Preissystem muß so gestaltet sein, daß es Wachstum, Leistungs- und Effektivitätssteigerung, Wohlstand und Stabilität stimuliert und garantiert. Das geht nur, wenn es gelingt, das Instrumentarium wirkungsvoll einzusetzen, um die von Karl Marx und W. I. Lenin begründete Gesetzmäßigkeit der sozialistischen Reproduktion, wonach die Summe der Werte mit der Summe der Preise gleich sei, im Interesse von Wachstum und Stabilität zu nutzen.[2] Sicher sind in diesem Zusammenhang noch viele theoretische Arbeiten und Diskussionen notwendig, um alle sich daraus ergebenden Konsequenzen in der Wirtschaftspraxis zu beachten. Doch die Dringlichkeit und die Bedeutung dieser Arbeiten ist nicht zu unterschätzen. In diesem Zusammenhang ist daran zu erinnern, daß W. I. Lenin prinzipiell hervorgehoben hat, daß „alle unsere radikalen Reformen zum Scheitern verurteilt sind, wenn wir in der Finanzpolitik keine Erfolge haben".[3]

Aus diesen Erfordernissen und in Anlehnung an die Funktion der Wertkategorien ist es m. E. nach wie vor richtig, von drei Funktionen der Finanzen zu sprechen.

Die Finanzen haben im Sozialismus die Aufgabe,
erstens den planmäßigen Ablauf des Reproduktionsprozesses zu finanzieren, das heißt die Geldfonds planmäßig zu bilden, zu verteilen und umzuverteilen sowie für die Erfüllung der in den staatlichen Plänen gestellten Aufgaben einzusetzen,
zweitens die Anstrengungen der Werktätigen zur Erhöhung der Effektivität des Reproduktionsprozesses zu stimulieren, das heißt die rationelle Verwendung der Geldfonds und den positiven Einfluß auf den wirkungsvollen Einsatz der materiellen Ressourcen durch die Hebelwirkung der Finanzkategorien zu sichern und schließlich
drittens die Bildung, Verteilung und Verwendung des gesellschaftlichen Produkts und des Volksvermögens zu kontrollieren, d. h., die Kontrolle der Geldeinnahmen und -aus-

[2] Vgl. W. I. Lenin, Karl Marx, in: Werke, Bd. 21, Berlin 1960, S. 55; K. Marx, Das Kapital, Erster Band, in: MEW, Bd. 23, Berlin 1962, S. 18; K. Marx, Das Kapital, Dritter Band, in: MEW, Bd. 25, Berlin 1964, S. 169 und 186.

[3] W. I. Lenin, Referat auf dem Gesamtrussischen Kongreß von Vertretern der Finanzabteilungen der Sowjets, in: Werke, Bd. 27, Berlin 1960, S. 377.

gaben des Staates, die Gewährung und Rückzahlung von Krediten usw. werden dazu benutzt, die Erfüllung der staatlichen Pläne zu unterstützen und die Ordnungsmäßigkeit der Verwendung staatlicher Mittel zu sichern.

Die Aufgaben der Finanzorgane bestehen vor allem darin, die Staatsfinanzen in ihrer Gesamtheit zu bilanzieren und ihre Entwicklung zu analysieren, die Stabilität der Staatsfinanzen und der Währung zu sichern und komplexe perspektivische Vorschläge für die effektive Gestaltung des volkswirtschaftlichen Reproduktionsprozesses auszuarbeiten.

Auf der Grundlage des gesellschaftlichen Eigentums an den Produktionsmitteln und der planmäßigen Leitung der Wirtschaft ist der Haushalt des sozialistischen Staates so zu führen, daß die notwendigen Ausgaben durch die Einnahmen gedeckt werden.

Die Organisation der Einnahmen und Ausgaben des Staatshaushaltes dient insbesondere auch der Stimulierung des Wachstums des Nationaleinkommens, der planmäßigen proportionalen Entwicklung der Volkswirtschaft, der rationellen Nutzung der Produktionsfonds und anderer gesellschaftlicher Fonds sowie der Steigerung der Produktivität der gesellschaftlichen Arbeit.

Die qualifizierte Aufstellung, Durchführung und Abrechnung des Staatshaushaltsplanes stärkt das politische Vertrauen der Bevölkerung zur Stabilität des sozialistischen Staates und dient damit zugleich der weiteren Entwicklung der sozialistischen Demokratie.

Beim sozialistischen Aufbau, insbesondere bei der Gestaltung der entwickelten sozialistischen Gesellschaft werden hohe Anforderungen an den Nutzeffekt der Wirtschaftstätigkeit der Betriebe, staatlichen Einrichtungen und Wirtschaftsorgane sowie an die Qualität der Planung des Staatshaushaltes gestellt. Das effektive und stabile ökonomische Wachstum erfordert die Reduzierung und den schrittweisen Abbau jener Staatshaushaltsausgaben an die Wirtschaft, die die Verwirklichung des Leistungsprinzips und die Erhöhung der Effektivität der gesellschaftlichen Arbeit nicht mehr fördern.

Bedeutende Aufgaben erwachsen den Finanzorganen aus der wissenschaftlich begründeten Ermittlung des gesellschaftlich notwendigen Reineinkommens, denn das gesellschaftlich notwendige Reineinkommen, das über den Preis realisiert wird, muß sichern, daß die wachsenden Akkumulations- und Konsumtionsaufgaben finanziert, aufgenommene Kredite zurückgezahlt und Reserven (Valuta- und Geldreserven) gebildet werden können.

Zu den wichtigsten Problemen des Reproduktionsprozesses gehört die Gestaltung der Wechselbeziehungen zwischen dem Kredit und dem Geldumlauf, das heißt zwischen der Gewährung von Krediten und der Bildung von Kreditquellen. Dabei sind Kreditvolumen und Geldumlauf beziehungsweise Geldvolumen zwei Seiten ein und desselben Prozesses. Der Emissionsmechanismus, von der Staatsbank realisiert, ergibt sich m. E. unmittelbar aus der Verteilungsfunktion der Finanzen. Er funktioniert im Sinne von Wachstum und Stabilität, wenn er stets an die Wachstums- und Verteilungsprozesse des Nationaleinkommens gebunden wird. In dieser Frage gibt es manche Mißverständnisse. Deshalb möchte ich hier kurz darauf eingehen.

Das Geldvolumen ist die Summe aller in der Volkswirtschaft vorhandenen Geldfonds, und das Kreditvolumen, quantitativ identisch mit dem Geldvolumen, ist die Summe aller in der Volkswirtschaft in den verschiedenen Kreditformen eingesetzten Geldfonds, weil in Höhe der gewährten Kredite durch die Geldemission immer entsprechende Geldfonds gebildet wurden. Jeder Betrieb entscheidet mit der Lohnzahlung, dem Einkauf von Material und mit dem Verhältnis von Aufwand und Ergebnis über die Inanspruchnahme der geplanten Kredite und – wenn die geplanten Lohnfonds und Bestandsnormative für Umlaufmittel und Investitionen überschritten oder nicht realisierbare Erzeugnise hergestellt werden – über die Bildung außerplanmäßiger Kredite und Geldfonds.

Die Geldemission, das In-Umlauf-Bringen von Geld, ist an den Prozeß der materiellen Produktion gebunden und unterliegt dem von Marx entdeckten Gesetz des Geldumlaufs. Nach diesem Gesetz darf nur so viel Geld im Umlauf sein, wie – unter Berücksichtigung der unterschiedlichen Umlaufgeschwindigkeiten des Geldes in den verschiedenen Bereichen und Wirtschaftszweigen – zur planmäßigen Realisierung des gesellschaftlichen Gesamtprodukts notwendig ist. Werden zuviel Geldfonds gebildet, so entsteht eine außerplanmäßige Nachfrage nach materiellen Fonds, insbesondere nach Investitions- und Konsumgütern.

Die quantitative Übereinstimmung von Geld- und Kreditvolumen bedeutet natürlich nicht, daß beide auch strukturell übereinstimmen. Vielmehr ist die Funktion des Geldes als Zahlungsmittel unter anderem ein Ausdruck dafür, daß Geldbedürfnisse und Geldquellen im volkswirtschaftlichen Reproduktionsprozeß strukturell und zeitlich nicht übereinstimmen, woraus sich die Möglichkeit und Notwendigkeit der Stimulierung materieller Prozesse durch Geld- und Finanzkategorien ergibt. Hier wird die relative Selbständigkeit der Geld- und Finanzkategorien besonders sichtbar.

Das Kreditsystem ist mit dem Wertbildungsprozeß eng verbunden. Es spiegelt einige volkswirtschaftliche Prozesse (Wachstum der Umlaufmittel, Einsatz der Kreditquellen für staatliche Aufgaben, Planabweichungen bei der Kreditgewährung, bei der Geldfondsbildung und andere) umfassend wider. Der Kredit existiert auf der Grundlage der Ware-Geld-Beziehungen und wirkt vor allem über den Zins und über die Bedingungen seiner Rückzahlung. Das unterscheidet ihn von den Haushaltsbeziehungen. Indem die Banken ihre Möglichkeit nutzen,

- Kredite nur für eine solche Produktion zu gewähren, die entsprechend den konkreten Bedingungen der einzelnen Zweige einen maximalen Zuwachs des Nationaleinkommens gewährleisten,
- Kredite zu verweigern, wenn der ökonomische Nutzen nicht nachgewiesen wird,
- Kredite ganz oder teilweise zurückzufordern, wenn der vereinbare Nutzen nicht eintritt oder gesetzliche Bestimmungen über die Ausreichung und Rückzahlung von Krediten verletzt wurden,

fördern sie mit dem Kredit die Effektivität der Volkswirtschaft.

Die Elastizität des Kreditvolumens ist ein echter Vorzug. Der Kredit kann, wenn er in Übereinstimmung mit dem Plan und den materiellen Prozessen richtig eingesetzt wird, schnell den veränderten Bedingungen des Reproduktionsprozesses Rechnung tragen und zusätzliche Reserven erschließen helfen. Den Kombinaten usw. können zum Beispiel zusätzliche Kredite bereitgestellt werden, wenn in kurzer Zeit realisierbare materielle Fonds geschaffen werden. Der Kredit bevorschußt dann sozusagen die für das Wachstum des Nationaleinkommens erforderlichen Mittel. Die produzierten realisierbaren Waren, Investitions- oder Konsumgüter, sind das Äquivalent für das in Umlauf gesetzte Geld. Hieraus wird die große Verantwortung der Banken bei der Kreditvergabe deutlich. Gewähren sie nämlich Kredite für Fonds, die sich nicht entsprechend den vereinbarten Fristen umschlagen (zum Beispiel für Überplanbestände an Rohstoffen, an unvollendeten und fertigen Erzeugnissen, für Ausrüstungen und Anlagen, die nicht die projektierten und in den Plan aufgenommenen Parameter erreichen), dann beeinträchtigt das nicht nur die Effektivität, sondern auch die Stabilität der Volkswirtschaft.

Die Banken müssen deshalb streng darauf achten, daß die Geldfonds in Übereinstimmung mit den materiellen Voraussetzungen gebildet werden. Zusätzliche Geldfonds erfordern zusätzlich realisierbare Waren, das heißt die bedarfs-, sortiments- und termingerechte Übererfüllung der Pläne. „Die planmäßige Ausnutzung von Kredit und Zins und die Kontrolle durch die Bank müssen wirksam dazu beitragen, die Intensivierung der gesellschaftlichen Produktion zu fördern und eine hohe volkswirtschaftliche Effektivität zu erzielen. Entsprechend dem Grundsatz, daß die Gesellschaft nur das verbrauchen kann, was vorher produziert ist, können wir auf die Dauer auch nicht mehr Geld- und Kreditfonds verbrauchen, als wir effektiv materiell erwirtschaften.“[4]

Die Klärung des Zusammenhangs und konsequente Beachtung von Kredit und Geldumlauf ist wesentlich für das ökonomische Wachstum und für die Stabilität der Staatsfinanzen und der Währung. Der Kredit ist eine objektive Bedingung des Reproduktionsprozesses und ein Stimulator des ökonomischen Wachstums. Deshalb muß das Wachstum der Kredite durch das ökonomische Wachstum und die Proportionalität des Reproduktionsprozesses begründet sein. Steigende Arbeitsproduktivität, wachsende Akkumulationsbedürfnisse und das ständig steigende Niveau der individuellen und der gesellschaftlichen Konsumtion erhöhen gesetzmäßig auch das Geld- und Kreditvolumen der Volkswirtschaft. Die Notwendigkeit der Geldemission über den Kredit ist objektiv mit den materiellen Bedingungen der erweiterten Reproduktion, mit dem Wertbildungsprozeß verbunden. Doch ihre quantitativen Grenzen sind objektiver Natur, wenn Wachstum und Effektivität, Kontinuität und Stabilität gewährleistet werden sollen.

Der bestimmende Einfluß auf das Wachstum des Kredit- beziehungsweise Geldvolumens geht von der Verteilung des Zuwachses des Nationaleinkommens zwischen den Nettogeldeinnahmen der Bevölkerung und den Einnahmen des Staates aus. Bereits in der Produktion und im Prozeß der Bildung der Geldeinnahmen der Bevölkerung wird entschieden, in welchem Umfang Kredite oder eigene Fonds des Staates für die Finanzierung gesellschaftlicher Aufgaben jeweils einzusetzen sind.

Das Hauptproblem bei der Bestimmung des Kreditvolumens besteht darin, ausgehend von der Entwicklung des Nationaleinkommens, ein optimales Wachstum und eine richtige Struktur der Kreditquellen und deren planmäßige und effektive Verwendung in der Weise zu sichern, daß das planmäßige Verhältnis zwischen dem Wachstum des Nationaleinkommens und dem Wachstum der Nettogeldeinnahmen der Bevölkerung in Übereinstimmung mit den zu befriedigenden Akkumulationsbedürfnissen hergestellt wird.

Für die zentralen staatlichen Organe besteht in diesem Zusammenhang die Aufgabe, zwischen dem Wachstum des Nationaleinkommens und der Nettogeldeinnahmen der Bevölkerung und den daraus entstehenden Kreditquellen (Spareinlagen, Gehaltskonten, Bargeldumlauf usw.) optimale Beziehungen anzustreben.

Der Kauffonds der Bevölkerung für Waren und Dienstleistungen und der Fonds für die Erfüllung gesamtgesellschaftlicher Aufgaben (Akkumulationsfonds, gesellschaftlicher Konsumtionsfonds) müssen mit den materiellen Realisierungsmöglichkeiten übereinstimmen. Die Stabilität der Staatsfinanzen und der Währung setzt voraus, daß eine mit den materiellen Realisierungsmöglichkeiten übereinstimmende Verteilung des Zuwachses an

[4] Bericht zur Direktive des VIII. Parteitages der SED zum Fünfjahrplan für die Entwicklung der Volkswirtschaft der DDR in den Jahren 1971 bis 1975, Berichterstatter: Genosse Willi Stoph, Berlin 1972, S. 32.

Nationaleinkommen auf den Kauffonds der Bevölkerung und den Fonds des sozialistischen Staates erfolgt.

Für die Beurteilung der Volkswirtschaft, ihrer Stabilität und Dynamik sind vor allem das Wachstum des Nationaleinkommens sowie Struktur und Effektivität der Volkswirtschaft bedeutsam. Diese Kriterien bestimmen auch maßgeblich die Stabilität von Finanzen und Währung, die ihrerseits wichtige Teilaspekte der Stabilität der Volkswirtschaft sind.

Eines der wichtigsten Kriterien für die Stabilität der Währung ist die Stabilität der Staatsfinanzen, die mit Hilfe der Finanzbilanz des Staates gesichert wird. Die mit der Entwicklung der Produktivkräfte stetig wachsenden finanziellen Fonds werden auf der Grundlage der staatlichen Pläne eingesetzt. Entsprechend diesen Bedingungen ist es notwendig, die finanziellen Fonds der Wirtschaft, den Staatshaushalt, die Kreditfonds und die Versicherungsfonds unter dem Gesichtspunkt der Stabilität der gesamten Staatsfinanzen und ihrer volkswirtschaftlich effektivsten Nutzung im Zusammenhang komplex zu betrachten. Die materielle und finanzielle Bilanzierung der Volkswirtschaft und ihrer Bereiche ist nicht problem- und widerspruchsfrei. Für den sozialistischen Staat ergeben sich hinsichtlich der Einheit von materieller und finanzieller Planung und der richtigen Gestaltung der Struktur der Finanzbedürfnisse und der Finanzquellen große Aufgaben. Im Planungsprozeß können Differenzen zwischen den Einnahmen und den Ausgaben des Staates auftreten, weil das relativ hohe ökonomische Wachstumstempo immer wieder strukturelle Veränderungen hervorruft und finanzielle Ansprüche stellt. Ergibt sich in der materiellen oder finanziellen Planung eine Differenz zwischen dem Aufkommen und der Verwendung der staatlichen Geldfonds (Defizit bzw. Überschuß), so sind die Ursachen im Planungsprozeß zu analysieren. Durch geeignete Maßnahmen sind höhere Einnahmen zu erreichen oder vermeidbare Ausgaben zu verhindern, das bedeutet, die Anforderungen an die Effektivität der Volkswirtschaft und an die Verwirklichung des Sparsamkeitsprinzips zu erhöhen. Doch auch Schlußfolgerungen für die weitere Vervollkommnung der Leitung, Planung und ökonomischen Stimulierung sind notwendig.

Die Stabilität der Währung wird u. a. dadurch charakterisiert, daß

- die vom Staat über das Finanzsystem eingesetzten Mittel für die Erhöhung der Effektivität der Volkswirtschaft genutzt, der Umfang der Produktion optimal ausgedehnt, die materielle und die wertmäßige Struktur des gesellschaftlichen Gesamtprodukts verbessert werden und das Lebensniveau der Werktätigen systematisch erhöht wird,
- richtige Wachstumsrelationen zwischen dem Nationaleinkommen und den Nettogeldeinnahmen der Bevölkerung bestehen,
- eine weitgehende Übereinstimmung von Kauffonds und Warenfonds hinsichtlich Umfang und Struktur geschaffen wird,
- sich die Sparquote optimal und abgestimmt mit der Preis- und Einkommensentwicklung bewegt,
- der Staatshaushalt real ausgeglichen wird.

Abschließend möchte ich darauf aufmerksam machen, daß die Verwirklichung des „Komplexprogramms für die weitere Vertiefung und Vervollkommnung der Zusammenarbeit und die Entwicklung der sozialistischen ökonomischen Integration der Mitgliedsländer des RGW“ sowie der Zielprogramme, wie sie von den letzten Tagungen des RGW gebilligt wurden, auch an die Ausnutzung der Geld- und Finanzkategorien neue Anforderungen stellt. Es wäre m. E. wünschenswert, wenn diese Fragen künftig in einer weiteren Beratung eingehender behandelt würden.

W. Schließer

Zu einigen politökonomischen Aspekten der aktiven Rolle der Finanzen im Sozialismus

Die Feststellung im Programm der SED, daß die Bedeutung des Staatshaushalts, des Geld- und Kreditwesens sowie des Preissystems für die effektive Produktion und die rationelle Verteilung und Verwendung des gesellschaftlichen Produkts und des Nationaleinkommens zunimmt,[1] ist wohl auch als Auftrag an die wirtschaftswissenschaftliche Forschung zu verstehen. Sie hat die Ursachen und Konsequenzen der in ihrer Bedeutung wachsenden aktiven Rolle von Geld, Kredit und Finanzen in der intensiv erweiterten sozialistischen Reproduktion aufzudecken. Dazu bieten die vorgelegten Thesen vielfältige Anregungen.

Zur theoretischen Grundposition hinsichtlich der aktiven Rolle von Finanzen und Kredit

Finanzen und Kredit als Geldbeziehungen sind Erscheinungsformen des Wertes. Um sie möglichst wirkungsvoll als Instrumente der sozialistischen Planwirtschaft für den Kampf um höhere Produktivität und Effektivität nutzen zu können, müssen Inhalt und Rolle von Wert und Geld in der sozialistischen Planwirtschaft richtig erkannt werden. Zugleich müssen theoretische Positionen über die Rolle von Wert und Geld überwunden werden, die diese nicht richtig widerspiegeln und der planmäßigen Ausnutzung der aktiven Rolle von Finanzen und Kredit hinderlich sind.

Ich gehe davon aus, daß Geld, Kredit und Finanzen als Formen des Wertes in der sozialistischen Produktionsweise sozialistischen Inhalt haben und Bestandteil des sozialistischen Systems von Produktionsverhältnissen und ökonomischen Kategorien sind.[2] Unter sozialistischen Bedingungen verkörpern Wertverhältnisse gesellschaftliche Beziehungen der von Ausbeutung befreiten und mit vergesellschafteten Produktionsmitteln kollektiv und planmäßig für sich und die ganze Gesellschaft produzierenden Werktätigen. Die Substanz des Wertes im Sozialismus ist daher keine andere als sozialistische Arbeit (als abstrakte Arbeit), die auf der Grundlage des gesellschaftlichen Eigentums an den Produktionsmitteln unmittelbar gesellschaftlichen Charakter hat, die sich im Produkt der sozialistischen Kombinate und Betriebe vergegenständlicht und die in Warenform vermittels des Geldes ausgetauscht wird.

Die Grundauffassung, wonach der Wert und seine Erscheinungsformen einen dem Sozialismus eigenen Inhalt haben und zur Festigung der planmäßigen Leitung der Volks-

[1] Vgl. Programm der Sozialistischen Einheitspartei Deutschlands, Berlin 1976, S. 36.

[2] Vgl. Wertgesetz und Wertkategorien in der sozialistischen Planwirtschaft, eine politökonomische Studie, Berlin 1979, S. 21/34.

wirtschaft und zur Förderung der Initiative in den Kombinaten und Betrieben nach den Grundsätzen der wirtschaftlichen Rechnungsführung genutzt werden können und müssen,[3] wurde m. E. in den vergangenen Jahren nach zwei Seiten hin erfolgreich verteidigt,

a) gegen rechte, marktwirtschaftliche Konzeptionen der auf die Ausnutzung der Marktkräfte orientierten Wirtschaftsregulierung vorrangig mittels monetärer Instrumente und unter Verzicht auf die verbindliche staatliche Planung der Volkswirtschaft;

b) gegen „linke", letztlich naturalwirtschaftliche Konzeptionen, die Sozialismus und Warenproduktion als Gegensätze begreifen und unmittelbar auf die „Abschaffung" von Wert und Geld im Sozialismus orientieren.

Aber auch heute gibt es theoretische Positionen, die der Erkenntnis und Ausnutzung der aktiven Rolle von Geld, Kredit und Finanzen im Sozialismus hinderlich sind.

Eine *erste* Position ist die sogenannte dualistische Theorie vom Sozialismus, mit der sich verschiedene sowjetische Ökonomen auseinandersetzen.[4] Nach dieser Theorie gäbe es zwei verschiedene Arten ökonomischer Beziehungen im Sozialismus: direkte ökonomische Beziehungen der unmittelbar gesellschaftlichen Arbeit (z. B. Verhältnisse der Planmäßigkeit) und indirekte ökonomische Beziehungen (z. B. Ware–Geld-Beziehungen), denen nicht die unmittelbare gesellschaftliche Arbeit zugrunde läge. Die direkten ökonomischen Beziehungen seien die bestimmenden, die indirekten ökonomischen Beziehungen die untergeordneten Beziehungen. Die dualistische Theorie behindert die planmäßige Ausnutzung der aktiven Rolle von Geld, Kredit und Finanzen, weil sie Planmäßigkeit und Wertform konfrontiert und die durch den Wert vermittelten ökonomischen Beziehungen als untergeordnete, weniger wichtige und schließlich entbehrliche erscheinen läßt. Gegen die „dualistische Theorie" ist einzuwenden: Nach der Übergangsperiode vom Kapitalismus zum Sozialismus, nachdem sich das gesellschaftliche Eigentum an Produktionsmitteln durchgesetzt hat, ist für den Charakter der sozialistischen Arbeit die unmittelbar gesellschaftliche Arbeit kennzeichnend. Die sozialistische Arbeit besitzt diese sozialökonomische Grundqualität im umfassenden ungeteilten Sinne. Insofern kann der Sozialismus, sobald er sich auf seiner eigenen Grundlage entwickelt, nicht zwei sozialökonomisch verschiedene Arten von Arbeit und demzufolge von ökonomischen Beziehungen aufweisen. Planmäßigkeit und Wert sind Erscheinungsformen derselben sozialistischen, in ihrer Grundqualität unmittelbar gesellschaftlichen Arbeit, sie stehen sich deshalb nicht als fremde, unvereinbare Prinzipien gegenüber.

„Wenn die Ware–Geld-Beziehungen im Sozialismus eine der Erscheinungsformen der unmittelbar gesellschaftlichen Arbeit sind, so sind sie auch eine der Formen der Planmäßigkeit und stehen dieser nicht als ein fremdes Prinzip entgegen."[5]

Eine *zweite* Position, die nicht wenig verbreitet ist, enthält die Anerkennung von Waren- und Geldzirkulation im Sozialismus bei gleichzeitiger (offener oder indirekter) „Ablehnung" von Warenproduktion.[6] Diese Position ist methodologisch unhaltbar. Karl

[3] Vgl. Die Direktiven des XXIV. Parteitages der KPdSU zum Fünfjahrplan für die Entwicklung der Volkswirtschaft der UdSSR in den Jahren 1971–1975, Referent: A. N. Kossygin, Moskau 1971, S. 57.

[4] Vgl. A. M. Rumjanzew, G. A. Koslow, M. S. Atlas, Methodologische Probleme der politischen Ökonomie des Sozialismus, in: Sowjetwissenschaft, Gesellschaftswissenschaftliche Beiträge, 3/1979, S. 247/248.

[5] Ebenda, S. 248.

[6] Terminologisch tritt die indirekte Ablehnung der Warenproduktion im Sozialismus darin in Erscheinung, daß der Marxsche Begriff der Warenproduktion vermieden und statt dessen der nicht von

Marx hat unwiderlegbar nachgewiesen, daß Waren- und Geldzirkulation auf der Warenproduktion beruhen.

Um jedem Mißverständnis vorzubeugen, sei hier angemerkt, daß die Warenform der Arbeitsprodukte und der Wert nicht das Wesen der Produktionsweise bestimmen, sondern umgekehrt: Die jeweilige Produktionsweise bestimmt den Charakter und die Wirkungsweise der Warenproduktion und der Wertverhältnisse.

„Die Warenproduktion unterstellt die Warenzirkulation, und die Warenzirkulation unterstellt die Darstellung der Ware als Geld, die Geldzirkulation; die Verdopplung der Ware in Ware und Geld ist ein Gesetz der Darstellung des Produkts als Ware."[7]

Die „Ablehnung" der Waren*produktion* bei Anerkennung von Waren- und Geld*zirkulation* verbannt quasi Ware, Wert und Geld aus der Produktion und in die Zirkulation und Distribution. Damit behindert diese Position das richtige Verständnis der aktiven Rolle von Geld, Kredit und Finanzen und deren umfassender planmäßiger Ausnutzung. Die aktive Rolle von Wert und Geld umfaßt alle Phasen des sozialistischen Reproduktionsprozesses – auch und gerade den Produktionsprozeß, der Arbeits- und Wertbildungsprozeß zugleich ist. So sind Kosten der Geldausdruck des Verbrauchs von vergegenständlichter und lebendiger Arbeit unmittelbar im Produktionsprozeß. Und was die aktive Rolle von Finanzen und Kredit als Kategorien der Verteilung und Umverteilung von Geld (und damit von Waren) betrifft, so reduziert sich diese keineswegs auf die Zirkulation und Distribution. Es geht vor allem um die aktive Rückwirkung der Kategorien der Verteilung auf alle Reproduktionsphasen und besonders auf die materielle Produktion und ihre Effektivität.

Eine *dritte* Position bezieht sich auf die Rolle von Wertkennziffern in der Planung. Wertkennziffern hätten danach Nachteile, weil sie angeblich den Gebrauchswert oder den Nutzen nicht richtig widerspiegeln. Nach dieser „Theorie" sollten sie Zug um Zug durch Naturalkennziffern ersetzt werden. Dieser Position liegt ein falsches Verständnis der Rolle des Wertes im Sozialismus zugrunde.

In Wirklichkeit besteht die objektiv bestimmte Rolle des Wertes, die es mit Hilfe der verschiedenen Wertformen und so auch mit Geld, Kredit und Finanzen auszunutzen gilt, darin, verschiedene Arbeitsprodukte als Werte aufeinander zu beziehen und damit qualitativ gleichzusetzen und quantitativ vergleichbar zu machen. Damit wird verschiedene konkrete Arbeit in gleiche (abstrakte) Arbeit verwandelt und ist so qualitativ gleich und quantitativ vergleichbar.[8]

Daß Plankennziffern, die die Wertseite der Produktion und Zirkulation von Waren zum Gegenstand haben, also den gesellschaftlich notwendigen Arbeitsaufwand der verschiedenen Waren erfassen und aggregieren, und nicht ihren Gebrauchswert oder Nutzen, ist ihre eigentliche Rolle, ihr Vorzug – und nicht ihr Nachteil. Ohne Wert, als welchen die Waren qualitativ gleich sind und quantitativ vergleichbar werden, können im Sozialismus höher aggregierte Plankennziffern nur selten gebildet werden. Wertkennziffern und Naturalkennziffern sind gleichermaßen Instrumente der volkswirtschaftlichen Planung, die sich auf die Gebrauchswert- und Wertseite des Produktionsprozesses und Produkts in ihrer Einheit bezieht. Wertkennziffern sind besonders für die volkswirtschaftliche Planung im Sozialismus unabdingbar und dürfen deshalb nicht geringgeschätzt werden.

den Klassikern verwandte Begriff der Ware–Geld-Beziehungen, der auf die Zirkulation von Waren und Geld zielt, verwandt wird.

[7] K. Marx, Das Kapital, Zweiter Band, in: MEW, Bd. 24, Berlin 1961, S. 355.

[8] Vgl. K. Marx, Das Kapital, Erster Band, in: MEW, Bd. 23, Berlin 1960, S. 109.

Zur gegenwärtigen theoretischen Diskussion in der marxistisch-leninistischen Geld-, Kredit- und Finanztheorie

Zur Vorbereitung dieser Tagung hat der Wissenschaftliche Rat für Politische Ökonomie des Sozialismus am 18. 5. 1979 eine Diskussion zu Fragen der marxistisch-leninistischen Geld-, Kredit- und Finanztheorie geführt. Es hat sich als notwendig und nützlich erwiesen, daß sich an der Diskussion der Politökonomen auch zahlreiche Finanzökonomen beteiligten. Das erleichterte die „Bestandsaufnahme", die zu dem Schluß führte, daß neben Gemeinsamkeit in den Auffassungen z. Z. noch unterschiedliche Meinungen zu einzelnen Fragen existieren.

Beispiele für noch nicht voll gelöste Fragen sind:

– Die Rolle des Geldes als Geldware im sozialistischen Währungssystem. Kernpunkte der Diskussion hierzu sind Fragen wie: Bleibt das Gold Maß der Werte, auch dann, wenn es in allen anderen Geldfunktionen vollständig durch Geldzeichen vertreten wird? Was ist Wertmaß, wenn nicht eine Ware, die selbst Wert und einen dafür geeigneten Gebrauchswert hat? Was bestimmt den Geldwert, wenn nicht der Wert der Geldware? Die wissenschaftliche Diskussion dieser Fragen hat zweifellos reale Gründe und erhebliche Bedeutung. Es geht um die Klärung der Rolle des Geldes als eines objektiven Wertmaßes, das im Interesse einer genauen Bewertung, Planung und Abrechnung ökonomischer Vorgänge funktionsfähig sein muß. Es geht ebenfalls um die Rolle des Geldes in den außenwirtschaftlichen Beziehungen. Und schließlich geht es um theoretischen Vorlauf für die Festigung und weitere Ausgestaltung der kollektiven Währung der Mitgliedsländer des RGW, den transferablen Rubel. Neue Aufgaben stellen hohe Ansprüche an die Weiterentwicklung und Anwendung der marxistisch-leninistischen Geldtheorie.

Die Diskussion ergab Einmütigkeit darüber, daß die aktuellen Probleme nur auf der Grundlage der Marxschen Geldtheorie wissenschaftlich gelöst werden können und daß aufmerksam und konsequent alten und neuen Versionen der Quantitätstheorie des Geldes sowie nominalistischer Geldtheorien entgegengetreten werden muß.

– Welchen Charakter trägt das Geld im Sozialismus? Ist es Papiergeld oder Kreditgeld oder beides? Reichen die traditionellen Begriffe Papiergeld und Kreditgeld überhaupt aus, um die Spezifik des Geldes im Sozialismus hinreichend zu erfassen? Auch dieses Problem hat erhebliche Konsequenzen, z. B. für die Bestimmung der Kriterien der Währungsstabilität und der Emissionspolitik des sozialistischen Staates.

– In welchem Verhältnis stehen Geldzirkulation und Kredit im Sozialismus? Ist der Kredit primär als spezifische Form der Umverteilung bereits vorhandener und zeitweilig freigesetzter Geldfonds oder ist er primär als Instrument der Geldemission zu bestimmen, wobei durch jede Kreditgewährung Geld emittiert und durch jede Kredittilgung Geld aus dem Umlauf gezogen wird? (In diesem Falle wäre die Kreditgewährung nicht an das Vorhandensein von Kreditquellen gebunden.)

– Worin bestehen die Gemeinsamkeiten und die Unterschiede von Finanzen und Kredit als objektive ökonomische Kategorien? Welche Konsequenzen ergeben sich aus der politökonomischen Bestimmung dieser Kategorien für ihre Ausnutzung bei der Finanzierung des Reproduktionsprozesses?

– Entsteht im Prozeß der sozialistischen ökonomischen Integration ein internationaler sozialistischer Wert? Gibt es angesichts der Existenz zweier entgegengesetzter Weltwirtschaftssysteme noch einen universellen Weltwert?

Welcher Wert verselbständigt sich im transferablen Rubel und welchen Wert drücken die RGW-Vertragspreise in dieser Währung aus?

Sicher ist diese Aufzählung z. T. noch offener Fragen der Geld- und Kredittheorie unvollständig. Sicherlich war auch nicht zu erwarten, daß die Diskussion auf einer Tagung ausreichte, um alle Fragen zu klären. Dennoch war unsere vorbereitende Beratung im Wissenschaftlichen Rat für Politische Ökonomie nützlich. Sie machte deutlich, daß im Interesse der wirkungsvolleren Ausnutzung von Finanzen und Kredit eine Reihe von vorgelagerten geldtheoretischen Fragen gelöst werden muß.

Zur Dialektik von gesamtstaatlicher Finanzwirtschaft und Finanzwirtschaft der Kombinate und Betriebe

Das dialektische Wechselverhältnis zwischen der gesamtstaatlichen Finanzwirtschaft und der Finanzwirtschaft der Kombinate und Betriebe hat wesentlichen Einfluß auf die aktive Rolle der Finanzen im Hinblick auf höhere Produktivität und Effektivität. So schaffen Stabilität der Staatsfinanzen, der Währung und des Preissystems sowie stabile, bilanzierte materielle und finanzielle zentrale Planaufgaben (möglichst für mehrere Jahre) günstige, stimulierende Bedingungen für den Kampf der Werktätigen in den Kombinaten und Betrieben um die Senkung des Aufwandes und höhere Leistungen sowie eine dementsprechende Gestaltung der Finanzwirtschaft der Kombinate und Betriebe. Umgekehrt schaffen hohe Effektivität und Rentabilität in den Kombinaten und Betrieben gute Voraussetzungen für die planmäßige Sicherung der Stabilität und Effektivität der gesamtstaatlichen Finanzwirtschaft.

Für die Gestaltung dieses dialektischen Wechselverhältnisses ist die Grundposition maßgebend, die Genosse Erich Honecker auf dem 10. Plenum des ZK der SED in bezug auf die Vorschläge zur Vervollkommnung der Leitung und Planung der Volkswirtschaft formulierte:

„Sie zielen darauf ab, die Wirksamkeit der zentralen staatlichen Planung zu erhöhen und sie noch stärker auf die bestimmenden volkswirtschaftlichen Prozesse zu konzentrieren. Sie stützen sich auf die größere gesamtwirtschaftliche Verantwortung der Kombinate, denn ihre Eigenverantwortung wird erhöht und die Papierwirtschaft eingeschränkt."[9] Die vorgelegten Thesen entsprechen m. E. dieser Grundposition. Sie finden meine Zustimmung.

Die Verbesserung der zentralen staatlichen Planung der Finanzen betrifft vor allem die Sicherung der Einheit von materieller und finanzieller Planung. Der Sache nach geht es zum einen um die Planung des materiellen Prozesses der Produktion und Zirkulation von Waren, also um die Gebrauchswert- und Wertseite dieses Prozesses. Zum anderen geht es um die Planung des Prozesses der gegenüber der Warenbewegung verselbständigten Geldbewegungen. Hierbei liegt das Kernproblem im unterschiedlichen Grad der relativen Verselbständigung der Geldbewegungen. Bei Kauf und Bezahlung von Waren besteht ein direkter, sichtbarer Zusammenhang zwischen der jeweiligen Warenbewegung und der entsprechenden Geldbewegung. Bei der finanziellen Umverteilung des Nationaleinkommens durch vielfältige Geldbewegungen ist dieser Zusammenhang für die *einzelne* Geldbewegung nicht mehr sichtbar.

[9] 10. Tagung des ZK der SED, Aus dem Schlußwort des Genossen Erich Honecker, Berlin 1979, S. 195.

Für die volkswirtschaftliche Planung ergeben sich hieraus folgende Schlußfolgerungen:

1. Die relativ verselbständigten Geldbewegungen sind spezielle, eigenständige Gegenstände der Planung, z. B. Planung der Geldzirkulation, Kreditplanung, Haushaltsplanung, Planung der Gewinne und Gewinnfonds der Kombinate und Betriebe, Valutaplanung. Die Pläne der Geldzirkulation, des Kredits und der Finanzen sind wichtige, zu integrierende Bestandteile der umfassenden Volkswirtschaftsplanung. Dem wird mit der Planungsordnung Rechnung getragen.

2. Entscheidendes Kriterium für die Übereinstimmung der (verselbständigten) Geldbewegungen mit den zugrunde liegenden Prozessen der Warenproduktion und -zirkulation und in diesem Sinne für die Einheit von materiellen und finanziellen Prozessen ist die vollständige wechselseitige Realisierbarkeit der Warenfonds und der Geldfonds, in gewisser Weise des Endprodukts und der Endeinkommen.

Diese wechselseitige Realisierbarkeit, die selbst ein wichtiges Element planmäßiger Proportionalität ist, kann und muß durch die volkswirtschaftliche Planung gewährleistet werden. Dazu sind meines Erachtens zwei Wege zur Verbesserung der Volkswirtschaftsplanung besonders wichtig:

Der erste Weg ist die bessere planerische Beherrschung der finanziellen Umverteilung des Nationaleinkommens durch Vervollkommnung der finanziellen Bilanzierung. Dafür sind die Arbeiten an der Natural-Wert-Verflechtungsbilanz sehr wichtig und zu fördern. Die in den Thesen dazu geäußerten Überlegungen und Vorschläge verdienen allseitige Unterstützung.

Der zweite Weg ist der Aufbau einer finanziellen Fünfjahrplanung, mit deren Hilfe die materiellen und finanziellen Zusammenhänge der mehrjährigen reproduktiven Prozesse besser erfaßt und planmäßig gestaltet werden könnten. Zwar ist es zutreffend, wenn in den Thesen festgestellt wird, daß gegenwärtig in der DDR noch keine ausreichenden Voraussetzungen für eine mehrjährige Finanzplanung bestehen. Indes besteht darüber hinausgehend die Aufgabe der ökonomischen Forschung darin, entsprechenden theoretischen Vorlauf zu schaffen.

Was nun die Finanzwirtschaft der Kombinate und ihr Wechselverhältnis zur gesamtstaatlichen Finanzwirtschaft betrifft, so gehen die Thesen davon aus, die Finanzwirtschaft der Kombinate auf deren wirtschaftlicher Rechnungsführung aufzubauen. Dieser Grundposition stimme ich aus zwei Gründen zu:

1. Die Herausbildung der Kombinate als große, leistungsstarke Wirtschaftseinheiten ist ein gesetzmäßiger Prozeß fortschreitender gesellschaftlicher Arbeitsteilung, Spezialisierung, Kooperation und Konzentration, wie er für die Gestaltung der Wirtschaft des entwickelten Sozialismus notwendig und charakteristisch ist. Die Wirtschaftsführung in diesen Wirtschaftseinheiten ist durch die objektiven ökonomischen Gesetze des Sozialismus determiniert und nicht beliebig gestaltbar. Sie ist bereits durch Lenin als wirtschaftliche Rechnungsführung bestimmt und hat sich als solche in jahrzehntelanger Praxis als notwendig und unersetzbar erwiesen. Mehr noch: Gerade in großen, leistungsstarken Wirtschaftseinheiten wie den Kombinaten, die ökonomisch und von der Qualität und Erfahrung der Leitungskader her in der Lage sind, die volle Verantwortung gegenüber der Gesellschaft für die effektive Gestaltung ihres Reproduktionsprozesses als Teil des volkswirtschaftlichen Gesamtprozesses wahrzunehmen, vermag die wirtschaftliche Rechnungsführung ihre Vorzüge und stimulierende Wirkung vollständig zu entfalten.

2. Damit die wirtschaftliche Rechnungsführung mit Hilfe ihrer Kategorien die Erhöhung der Produktion entsprechend dem Bedarf, die Produktivitätssteigerung, die Sen-

kung des Aufwandes sowie die Steigerung der Rentabilität und der Akkumulation wirkungsvoll stimulieren kann, muß die Gestaltung der Finanzwirtschaft der Kombinate den Erfordernissen der wirtschaftlichen Rechnungsführung entsprechen. Dies betrifft vor allem die Planung der Kosten und Gewinne, die Bildung und Verwendung der finanziellen Fonds des Kombinats und insgesamt die Erwirtschaftung der Mittel für die einfache und erweiterte Reproduktion. Meines Erachtens entsprechen die in den Thesen unterbreiteten Vorschläge für die Gestaltung der Finanzwirtschaft der Kombinate in der Grundtendenz den genannten Erfordernissen und tragen damit dazu bei, die aktive Rolle der Finanzen noch wirksamer auszunutzen.

W. Ehlert

Zur aktiven Rolle des Geldes bei der Entwicklung von Leitung, Planung und ökonomischer Stimulierung

Ich bin der Auffassung, daß es von prinzipieller Bedeutung ist, den Charakter des Geldes im Sozialismus theoretisch richtig zu bestimmen und das Geld und die Finanzen im gesamtgesellschaftlichen Reproduktionsprozeß für neue Größenordnungen bei der Entwicklung der ökonomischen Leistungskraft der DDR zu nutzen. Das hat für die Erziehung und Ausbildung der Studenten auf theoretisch hohem Niveau, mit großer Praxisnähe und Ausrichtung des Nachwuchses der ökonomischen Kader auf das wirtschafts- und sozialpolitische Programm der Partei, auf die Erziehung zur vollständigen und konsequenten Ausnutzung der Kategorien der Ware–Geld-Beziehungen für die Erfüllung der Pläne und der ökonomischen Kampfaufgaben in der Volkswirtschaft große Bedeutung.

Es kann nicht anders sein, als daß die gründliche theoretische Ausbildung unserer Studenten die Funktion haben muß, in unserer Gesellschaft, in unserer Volkswirtschaft die Möglichkeiten der sozialistischen Produktionsweise vollständig für hohe Produktivität und Effektivität auszuschöpfen. Und da ist es nicht unwichtig, so meinen wir, wie die Theorie aussieht, wie die inhaltlichen Positionen zu den hier aufgeworfenen Grundproblemen sind und wie wir es verstehen, unsere ganze inhaltliche Arbeit und die Erziehung und Ausbildung unserer Studenten so zu gestalten, daß sie in jedem Fall unseren Praxispartnern für die Lösung ihrer komplizierten Aufgaben dienen. Was die Erziehung und Ausbildung unserer Studenten angeht, so ist uns nach der 10. Tagung des ZK noch bewußter geworden, daß wir uns energischer und erfolgreicher darum bemühen müssen, den Studienprozeß so anzulegen, daß unsere Studenten bereits während ihrer Ausbildung lernen, aktiv mit den Wertkategorien umzugehen, begonnen werden muß, diese praktisch beherrschen zu lernen. Die praktikable Gestaltung einer solchen Erziehungs- und Ausbildungskonzeption muß u. a. auch dafür Voraussetzungen schaffen, daß die gesellschaftliche Wirksamkeit der Absolventen bei der Durchsetzung der aktiven Rolle der Finanzen erhöht wird.

Die in den Thesen behandelten Probleme schlagen sich auch in einer Reihe von Forschungsthemen und Forschungsaufgaben unserer Sektion im Fünfjahrplan 1976 bis 1980 nieder. So werden im Rahmen des Themas „Einheit von materiellen und finanziellen Prozessen" Forschungsberichte und Publikationen durch die Sektion erbracht, die außerordentlich wichtig und nutzbringend für die Ausbildung und Erziehung der Studenten sind und der Praxis helfen.

So sind wir heute in der Lage, alle Aufgabengebiete des Finanzwesens durch neue Lehrbücher zu untersetzen. Das betrifft z. B. den Staatshaushalt, das Geld- und Kreditwesen, die Versicherung und andere Teilgebiete. Gleichzeitig wurden mehrere Fachbücher bzw. Monographien, die zum Teil mit sowjetischen Wissenschaftlern erarbeitet wurden, vorgelegt sowie eine große Anzahl Artikel zu Grundfragen von Finanzen und Kredit in der Fachpresse veröffentlicht. Diese Voraussetzungen ermöglichen es, in den Vorlesungen und Seminaren sowie in den Übungen unmittelbar zur Problembehandlung auf der Grundlage aktueller Fragestellungen einzugehen. Als ein Kernproblem unserer finanztheoretischen Forschung stellt sich seit dem VIII. und IX. Parteitag die Sicherung der Einheit von materiellen und finanziellen Prozessen dar. Alle Grundfragen der Finanzen haben ihren Ausgangspunkt und die wichtigsten Motive ihrer Umsetzung in dieser Problematik. Das 10. Plenum des Zentralkomitees der SED bestätigt uns darin, diese Arbeitslinie auch weiterhin in das Zentrum unserer Forschungsarbeit zu stellen. Wichtige Ergebnisse der jetzt erfüllten Forschungsaufgaben sind u. a. folgende:

1. Die aktive Rolle der Finanzen bei der Vorbereitung der Planung und der planmäßigen Entwicklung der materiellen Produktion ist zu verstärken. Die Sicherung der geplanten Akkumulations- und Investitionsaufgaben sowie die Erreichung ihrer höchsten Effektivität müssen die Finanzen immer mehr zu einem Instrument machen, das die Wirkung ihrer Distributionsrolle nicht einseitig nach Vollzug der Produktion, sondern bereits bei ihrer planmäßigen Vorbereitung gewährleistet.

2. Damit ist auf das engste die Einbeziehung des Planes Wissenschaft und Technik in die Finanzkontrolle verbunden. Alle Maßnahmen der Finanzierung werden auch durchgängig vom Niveau dieser Planaufgaben beeinflußt, unabhängig davon, ob dieser Bereich direkt oder indirekt Gegenstand der Finanzierung ist. Wir stellen jedoch in unseren Analysen immer wieder fest, daß die Grundzusammenhänge dieses Planteiles zu anderen Plänen oft ungenügend beachtet, der Effekt der einzelnen Planaufgaben nur teilweise nachgewiesen wird und demzufolge die ökonomische Stimulierung dieses wichtigen Bereiches noch wenig effektiv ist.

3. Als außerordentlich bedeutsam erweist sich die planmäßige Bestimmung des Geld- und Kreditvolumens in Abhängigkeit von den objektiven Prozessen der materiellen Produktion und ihrer geldmäßigen Vermittlung. Die Entwicklung des Geldvolumens – das u. a. über die Spareinlagen wichtige Akkumulationsquellen ermöglicht – ist heute von ausschlaggebender Bedeutung für das gesamte Niveau der finanziellen Planung und Stimulierung und nicht nur eine Frage des Niveaus der Kreditarbeit, obwohl sie sehr wichtig dafür ist. Man kann ohne Übertreibung sagen, daß die schädliche These „am Geld ist bis jetzt nichts gescheitert“ Ausdruck einer unwissenschaftlichen Herangehensweise ist, wodurch das Sparsamkeitsprinzip verletzt und die Möglichkeit der ökonomischen Stimulierung herabgesetzt wird.

Im Rahmen dieses Themenkomplexes wurden viele weitere Fragen – wie die Finanzierung des kulturell-sozialen Bereiches, die Entwicklung der internationalen Währungsbeziehungen bis zu Fragen der Ökonomie des Umweltschutzes – untersucht. Die Grundrichtung der Qualifizierung von Leitung, Planung und ökonomischer Stimulierung wird auch durch die Bestimmung des Charakters des Geldes in unserer Gesellschaft berührt. Aus der Bestimmung des Inhalts und der Funktionen der Wertkategorien der Warenproduktion im Sozialismus ergeben sich ihr Platz und ihre Wirksamkeit im sozialistischen Reproduktionsprozeß, der ein geplanter Reproduktionsprozeß ist, dessen Grundlagen von Erfordernissen objektiv wirkender ökonomischer Gesetze der sozialistischen Produktionsweise gekennzeichnet sind.

Wir stimmen deshalb den Aussagen im vorliegenden Thesenmaterial zu, daß der sozialistische Produktionsprozeß Arbeits- und Wertbildungsprozeß ist und die Arbeitsaufwendungen in Natural- und Wertform auftreten und daß das Geld Gegenstand und Instrument der gesellschaftlichen Leitung und Planung ist.

Wir meinen, daß es dialektische Wechselwirkungen gibt zwischen der historisch-logischen Entwicklung des Geldes aus dem Kapitalismus bis in den Sozialismus hinein und den heutigen Anforderungen an die Leitung und Planung mit dem Geld, also seine *aktive Rolle* im sozialistischen Reproduktionsprozeß.

Bekanntlich hat sich die metallische Geldzirkulation zur Papiergeld- bzw. Kreditgeldzirkulation entwickelt. Diese historisch-logischen Abläufe über die

- Trennung des Nominalgehalts vom Realgehalt der Münzen,
- Verdrängung des Geldmaterials aus den inneren Umläufen,
- über den Zusammenbruch der Konvertibilität der Banknoten in Gold mit Beginn der allgemeinen Krise des Kapitalismus
- und schließlich der Verdrängung des Goldes aus den internationalen Umläufen

setzen objektiv die Planung und Bilanzierung der Grundproportionen der Volkswirtschaft auf die Tagesordnung, in der das Geld Gegenstand und Instrument der Planung sein muß. Das erfordert objektiv die bewußte Herstellung der Einheit von materiellen und finanziellen Prozessen über die Einheit von materieller und finanzieller Planung und bedingt objektiv die Bestimmung der ökonomisch gerechtfertigten Geldmenge für die Volkswirtschaft. Das heißt, es entsteht die Lage, daß die aktive Rolle des Geldes bei der Leitung, Planung und ökonomischen Stimulierung des Reproduktionsprozesses nur noch auf der Grundlage und in Ausnutzung der ökonomischen Gesetze des Sozialismus möglich ist.

Die Erfordernisse der ökonomischen Gesetze des Sozialismus veranlassen die Gesellschaft, die ökonomischen und politischen Verhältnisse so zu gestalten, daß die Wertkategorien eine aktive Rolle im gesellschaftlichen Reproduktionsprozeß spielen können. Das legt der sozialistischen Gesellschaft Verhaltenszwänge auf, z. B., den Geldumlauf so zu organisieren, daß die Warenkonvertibilität ständig gesichert ist, womit der eigentliche Inhalt des Geldes gesellschaftlich nützlich hervortritt.

Die Warenkonvertibilität für die in Umlauf befindliche Geldmenge stets zu sichern bedeutet, ein Grunderfordernis für die planmäßig proportionale Entwicklung zu erfüllen und die wesentlichen Voraussetzungen für einen stabilen Geldumlauf zu schaffen. Dieser stabile Geldumlauf ist dann meines Erachtens selbst eine wichtige Grundlage für die aktive Rolle des Geldes und der Finanzen bei der Leitung, Planung und ökonomischen Stimulierung. Die Entwicklung des Geldumlaufs gibt Auskunft über die Kontinuität in der wechselseitigen Auflösung von Waren- und Geldfonds, über die Beschaffenheit verschiedener wichtiger Proportionen der Volkswirtschaft in qualitativer, quantitativer und struktureller Hinsicht. Im Mittelpunkt aller Fragen und Probleme steht dabei die Stabilität des Geldes, das infolge seiner vielschichtigen Verflechtung mit der gesamten Ökonomie nur als Ergebnis des wachsenden und stabilen gesellschaftlichen Reproduktionsprozesses existiert. Die Stabilität unseres Geldes und unserer Finanzen ergibt sich aus der sozialistischen Produktionsweise und ihren ökonomischen Gesetzmäßigkeiten und ist gleichzeitig die primäre Voraussetzung für ihre aktive Nutzung bei der Gestaltung einer hocheffektiven Reproduktion. Dabei sind objektive Grundlagen für das Verständnis des Wertes, des Geldes und der Finanzen vor allem der Doppelcharakter der sozialistischen Arbeit und der sozialistische Produktionsprozeß als Einheit von Arbeits- und Wertbildungsprozeß. Sie sind objektive Grundlagen im Sinne der Voraussetzung für eine aktive Rolle des Wertes und der Kategorien des Wertes. Ihre aktive Nutzung auf der Grundlage ihrer stabilen Entwicklung ist jedoch ein subjektiver, ein politisch-juristischer Vorgang. Die aktive Rolle der Wertkategorien muß gesellschaftlich organisiert werden. Dieses lehrt uns auch mit allem Nachdruck die 10. Tagung des Zentralkomitees der SED.

H. Richter

Die Bestimmung des Inhalts und Platzes der Warenproduktion im Sozialismus

Die heutige Tagung des Wissenschaftlichen Rates für die wirtschaftswissenschaftliche Forschung ist einem Thema gewidmet, das sowohl für die Wirtschaftspraxis als auch für die theoretische Arbeit von immenser Bedeutung ist.

Die zur Diskussion vorgelegten Thesen über die aktive Rolle der Finanzen und ihre Ausnutzung bei der weiteren Erhöhung der Leistungskraft der sozialistischen Wirtschaft berühren ein Kardinalproblem der politischen Ökonomie des Sozialismus, nämlich die Bestimmung des Inhalts und Platzes der Warenproduktion im Sozialismus. Um diesen Problemkreis wurde seit langem eine heftige Diskussion geführt, dabei wurden wichtige Erkenntnisse für die politische Ökonomie des Sozialismus erzielt. Im Unterschied zur Sowjetunion gab es bei uns jedoch weniger Diskussionen über Grundfragen der Warenproduktion und der mit ihnen verbundenen Ware–Geld-Beziehungen, beispielsweise der politökonomischen Bestimmung des Geldes im Sozialismus, deren Klärung aber für die praktische Ausnutzung der Ware–Geld-Beziehungen unerläßlich ist. So ist ein echter Nachholebedarf entstanden, für dessen Aufholung die heutige Ratstagung wie auch die kürzliche Beratung des Rates für politische Ökonomie des Sozialismus als wichtige Beiträge angesehen werden können.

Ich möchte zu einigen theoretischen Fragen der Warenproduktion im Sozialismus sprechen, denn – wie auch die Handhabung der Finanzen und des Kredits als Geldbeziehungen zeigt – geht die Lösung praktischer Fragen um so reibungsloser vonstatten, wenn wir über eine solide Theorie verfügen. Schließlich spielt die Klärung der theoretischen Fragen der Warenproduktion auch für unsere pädagogische Arbeit, für die Ausbildung unserer Studenten eine große Rolle, die auf ihre künftige Tätigkeit so vorzubereiten sind, daß sie den hohen theoretischen Ansprüchen unserer sozialistischen Praxis gewachsen sind.

Wie die Geschichte der politischen Ökonomie des Sozialismus zeigt, zählt die wissenschaftliche Klärung des Platzes und Inhalts der Warenproduktion im Sozialismus mit zu den kompliziertesten Aufgaben der politischen Ökonomie des Sozialismus. Der gesamte Aufbau der politischen Ökonomie des Sozialismus, Logik und Struktur dieser Wissenschaft werden maßgeblich mit von der richtigen Einordnung der Warenproduktion in das System der sozialistischen Produktionsverhältnisse bestimmt.

Die Klassiker des Marxismus-Leninismus trafen, ausgehend von der Analyse der kapitalistischen Produktionsweise, in genialer Weise die Voraussage, daß der Reproduktionsprozeß einer auf gesellschaftlichem Eigentum an den Produktionsmitteln beruhenden Wirtschaft nicht anders funktionieren kann, als daß er planmäßig gelenkt und geleitet wird. Engels bemerkt im Anti-Dühring: „Die Anarchie innerhalb der gesellschaftlichen Produktion wird ersetzt durch planmäßige bewußte Organisation."[1] Die vorsozialistischen Produktionsverhältnisse ließen es nicht zu, ebenso vorauszusagen, daß der Reproduktionsprozeß der sozialistischen Wirtschaft ohne Warenproduktion, ohne Ware-Geld-Beziehungen nicht funktionieren kann. Erst der praktische Aufbau des Sozialismus, die Ingangsetzung des sozialistischen Reproduktionsprozesses warf die völlig neue Frage des Verhältnisses einer auf gesellschaftlichem Eigentum an den Produktionsmitteln beruhenden und planmäßig verlaufenden Wirtschaft zur Warenproduktion, zum Markt, zur Ausnutzung der Ware-Geld-Beziehungen, darunter auch der Finanzen auf. W. I. Lenin bemerkte im Herbst 1921 zu den Anfängen des Aufbaus einer sozialistischen Wirtschaft im Frühjahr 1918: „... wir stellten überhaupt nicht die Frage, in welchem Verhältnis unsere Wirtschaft zum Markt, zum Handel stehen werde."[2] Es ist das große Verdienst von Lenin, daß er, die Praxis des sozialistischen Aufbaus tiefschürfend analysierend, die Frage des Verhältnisses der proletarischen Staatsmacht zur Ausnutzung der Kategorien der Warenproduktion schon frühzeitig im Sinne ihrer positiven Beantwortung gestellt und vor allem im Zusammenhang mit der Einführung der Neuen Ökonomischen Politik wissenschaftlich fundiert gelöst hat. In Lenins Plan des sozialistischen Aufbaus bildet die Ausnutzung der Ware-Geld-Beziehungen einen wichtigen Bestandteil.

Gleichzeitig erhebt sich die Frage, wie die Ware-Geld-Beziehungen in das System der sozialistischen Produktionsverhältnisse einzuordnen sind. Sind sie ein fremdes Element, haben sie „Übergangscharakter" oder sind sie ein wesenseigener Bestandteil der sozialistischen Produktionsverhältnisse? Wie tief sind die Ware-Geld-Beziehungen im System der sozialistischen Produktionsverhältnisse verwurzelt?

Für die Einordnung der Ware-Geld-Beziehungen in das System der sozialistischen Produktionsverhältnisse ist folgender Leninscher Hinweis von methodologischer Bedeutung, den er in seiner Arbeit „Über die Bedeutung des Goldes jetzt und nach dem vollen Sieg des Sozialismus" im Herbst 1921, d. h. nach der Einführung der Neuen Ökonomischen Politik gab: „Prinzipiell hat sich nichts geändert, aber in der Form tritt eine Veränderung ein, die Marx persönlich nicht voraussehen konnte, der man sich jedoch nur auf dem Boden der Philosophie und Politik des Marxismus bewußt werden kann."[3]

Die Klärung der Frage, welchen Platz die Warenproduktion in der sozialistischen Wirtschaft einnimmt, hat sowohl theoretisch-ideologische als auch wirtschaftspolitische Bedeutung. Theoretisch-ideologisch insofern, als es nach wie vor darum geht, sämtliche revisionistischen Varianten zu widerlegen, die die Absicht verfolgen, durch Entfesselung der spontanen Marktkräfte und den Abbau der zentralen staatlichen Planung eine sogenannte sozialistische Marktwirtschaft einzuführen. Die bürgerliche Ökonomie versucht vergeblich „nachzuweisen", daß wir erst dann die erstrebte hohe Effektivität unserer Wirtschaft erzielen würden, wenn die zentrale staatliche Planung abgebaut und den Marktkräften, der Spontaneität mehr Raum gegeben würde.

Auf der 10. Tagung des ZK der SED wurde im Schlußwort des Genossen Honecker mit Nachdruck festgestellt: „Die Wirtschaft der DDR ist eine Planwirtschaft. Sie arbei-

[1] F. Engels, Herrn Eugen Dührings Umwälzung der Wissenschaft („Anti-Dührimg"), in: MEW, Bd. 20, Berlin 1962, S. 264.

[2] W. I. Lenin, VII. Moskauer Gouvernements-Parteikonferenz, 29. bis 31. Oktober 1921, in: Werke, Bd. 33, Berlin 1962, S. 69.

[3] W. I. Lenin, Über die Bedeutung des Goldes jetzt und nach dem vollen Sieg des Sozialismus, in: Werke, Bd. 33, Berlin 1962, S. 96/97.

tet auf der Grundlage der Aufgabenstellungen der Partei nach staatlichen Direktiven und Weisungen und verbindlichen Planaufgaben. Ihre Kraft schöpft sie vor allem aus der bewußten Initiative und dem volkswirtschaftlichen Denken und Handeln der leitenden Kader, der Millionen Werktätigen unserer Republik."[4]

Gleichzeitig ist es notwendig, sich mit „links"opportunistischen Auffassungen auseinanderzusetzen, die in der Existenz der Warenproduktion im Sozialismus und in der verstärkten Anwendung der Kategorien der Warenproduktion im Wirtschaftsmechanismus der sozialistischen Länder eine Rückkehr zum Kapitalismus erblicken.

Wirtschaftspolitisch orientiert die Beantwortung der Frage nach dem Platz der Warenproduktion in der sozialistischen Wirtschaft darauf, beim Aufbau der entwickelten sozialistischen Gesellschaft ein richtig abgestimmtes Verhältnis zwischen Planung und Ausnutzung der Ware–Geld-Beziehungen herzustellen. Eine Überbetonung der Warenproduktion im Sozialismus würde in der Tat dazu führen, daß im konkreten Wirtschaftsleben die Ware–Geld-Beziehungen überbewertet werden. Das hätte zur Folge, daß die dem Sozialismus eigenen Vorzüge und Formen des Wirtschaftens wie die zentrale staatliche Planung, die freie schöpferische Kollektivarbeit, die Verbindung der materiellen und moralischen Stimuli, die mobilisierende Rolle der Arbeitskollektive, der sozialistische Wettbewerb oder das Neuererwesen nicht voll zur Geltung kämen. Das heißt, die Triebkräfte der sozialistischen Wirtschaft könnten nicht voll genutzt werden. Eine Unterschätzung der Warenproduktion und der mit ihr verbundenen Ware–Geld-Beziehungen kann zur Untergrabung des Systems der wirtschaftlichen Rechnungsführung, zur Einschränkung der materiellen Interessiertheit führen, was dem Sozialismus ebenfalls Schaden zufügen würde.

Die richtige Bestimmung des Platzes und des Inhalts der Warenproduktion im Sozialismus hat somit Bedeutung für die volle Ausschöpfung der Vorzüge der sozialistischen Wirtschaft, für den theoretischen und praktischen Nachweis der Überlegenheit der sozialistischen Planwirtschaft über das System der kapitalistischen Profitwirtschaft und für die Auseinandersetzung mit den Gegnern der sozialistischen Planwirtschaft.

Von Bedeutung für die planmäßige Ausnutzung für die Ware–Geld-Beziehungen ist die exakte Bestimmung ihres neuen, sozialistischen Inhalts. Im Programm der KPdSU ist folgende Formulierung enthalten, die heute in den theoretischen Bestand der politischen Ökonomie des Sozialismus aufgenommen worden ist: „Beim kommunistischen Aufbau sind die Ware–Geld-Beziehungen entsprechend dem neuen Inhalt, der ihnen in der Periode des Sozialismus eigen ist, voll auszunutzen."[5] Es erhebt sich die Frage nach der Bestimmung dieses neuen Inhalts. Hierzu einige Überlegungen.

Meiner Ansicht nach ist es notwendig, daß wir für die Bestimmung des neuen Inhalts der Ware–Geld-Beziehungen bzw. der Warenproduktion im Sozialismus der Analyse des sozialistischen *Produktionsprozesses,* der Untersuchung seiner ökonomischen Form größere Aufmerksamkeit schenken. Natürlich ist der sozialistische Produktionsprozeß zugleich Arbeits- und Wertbildungsprozeß. Diese Charakteristik reicht aber für die politökonomische Bestimmung des neuen Inhalts der Warenproduktion und der Ware–Geld-Beziehungen im Sozialismus nicht aus. Es geht vielmehr darum, die „wesentliche Verschiedenheit" des sozialistischen Produktionsprozesses herauszuarbeiten, die auch den Ware–Geld-Beziehungen zugrunde liegt, weil erst durch sie, die Verschiedenheit, die

[4] 10. Tagung des ZK der SED, Dem 30. Jahrestag der DDR entgegen, Aus dem Schlußwort des Genossen Erich Honecker, Berlin 1979, S. 195.

[5] Programm und Statut der Kommunistischen Partei der Sowjetunion, Berlin 1961, S. 85.

Zweckbestimmung der Ware-Geld-Beziehungen im Sozialismus erklärt werden kann. Zweifellos sind die sozialistischen Finanzen beispielsweise eine besondere Form der relativ verselbständigten Geldbewegung, wie das in den Thesen festgestellt wurde. Sie führen im gewissen Sinne auch ein „Eigenleben", das es zu erforschen gilt. Dieses „Eigenleben" kann damit verbunden sein, daß Finanzen für Zwecke verwendet werden, die der planmäßig proportionalen Entwicklung der sozialistischen Wirtschaft nicht entsprechen. Die 10. Tagung des ZK der SED hat auf diesen Umstand mit Nachdruck aufmerksam gemacht und entsprechende Konsequenzen für die planmäßige Verwendung der Finanzen, für ihren zielgerichteten Einsatz zur Leistungssteigerung unserer Wirtschaft gezogen.

Bei der Bestimmung des neuen Inhalts der Warenproduktion und der Ware-Geld-Beziehungen im Sozialismus ist meiner Ansicht nach methodologisch von folgenden zwei Prämissen auszugehen:

1. Das Wesen einer solchen komplizierten Erscheinung, wie des sozialistischen Produktionsprozesses, ist durch mehrere Stufen, Ordnungen gekennzeichnet, die mehr oder weniger weit von der Oberfläche entfernt sind. Folgender Hinweis von Lenin ist in diesem Zusammenhang von Interesse: „... unendlich (ist) der Prozeß der Vertiefung der Erkenntnis des Dings, der Erscheinungen, Prozesse usw. durch den Menschen, von der Erscheinung zum Wesen und vom weniger tiefen zum tieferen Wesen."[6] Oder: „Das menschliche Denken vertieft sich unaufhörlich von der Erscheinung zum Wesen, vom Wesen sozusagen, erster Ordnung zum Wesen zweiter Ordnung usw. *ohne Ende.*"[7]

2. Der Sozialismus ist in seiner historischen Stellung in der kommunistischen Gesellschaftsformation durch Wesensmerkmale gekennzeichnet, die beiden Phasen der einheitlichen kommunistischen Formation eigen sind. Sie bringen das tiefere Wesen der neuen Gesellschaftsordnung zum Ausdruck.

Das *erste* Wesensmerkmal der sozialistischen Produktion besteht darin, daß sie im diametralen Gegensatz zum Kapitalismus, direkt und unmittelbar auf die Bedürfnisbefriedigung gerichtet ist. Nicht die Wertbildung oder das Verwertungsprinzip stehen im Mittelpunkt der Produktion, sondern die Herstellung von Gebrauchswerten, die der immer besseren Befriedigung der materiellen und kulturellen Bedürfnisse der Menschen dienen.

Das *zweite* Wesensmerkmal der sozialistischen Produktion ist die Planmäßigkeit. Sie ergibt sich direkt aus dem unmittelbar gesellschaftlichen Charakter der Arbeit. In ihr besteht einer der größten Vorzüge des Sozialismus. Ebenso wie die Profitproduktion in ihrem Wesen mit ökonomischer Spontaneität verbunden ist, ist eine auf die Bedürfnisbefriedigung gerichtete Produktion ohne Planmäßigkeit undenkbar.

Das *dritte* mit dem konsequenten Übergang zur intensiv erweiterten Reproduktion immer stärker in den Vordergrund rückende Merkmal des sozialistischen Produktionsprozesses ist die rationelle, den gesellschaftlichen Interessen entsprechende Nutzung der natürlichen Ressourcen. Erst im Sozialismus sind durch das gesellschaftliche Eigentum an den Produktionsmitteln die Voraussetzungen gegeben, den sozialistischen Produktionsprozeß als Stoffwechselprozeß zwischen Mensch und Natur in Übereinstimmung mit den Reproduktionserfordernissen der natürlichen Umwelt durchzuführen. Bei der Ressourcennutzung liegen bekanntlich bedeutende Reserven, die es auf dem Weg der Intensivierung des Reproduktionsprozesses zu erschließen gilt.

[6] W. I. Lenin, Konspekt zu Hegels „Wissenschaft der Logik", in: Werke, Bd. 38, Berlin 1964, S. 213.

[7] Ebenda, S. 239/240.

Diese Merkmale der sozialistischen Produktion gehören zum tieferen Wesen des sozialistischen Produktionsprozesses, es sind Merkmale der Produktion der einheitlichen kommunistischen Formation.

Gleichzeitig ist der sozialistische Produktionsprozeß durch eine Besonderheit gekennzeichnet. Die von den Betrieben erzeugten Produkte verhalten sich im sozialistischen Reproduktionsprozeß nicht schlechthin als Erzeugnisse, die einfach auf die einzelnen Bedarfsträger verteilt werden, sondern sie sind Waren. Die Betriebe sind Warenproduzenten. Das System der sozialistischen Produktionsverhältnisse ist durch die Existenz von Ware-Geld-Beziehungen gekennzeichnet. Diese Ware-Geld-Beziehungen sind ebenfalls Wesensbeziehungen der sozialistischen Produktion, allerdings Wesensbeziehungen, die näher an der Oberfläche liegen und durch die tieferliegenden Merkmale bestimmt werden, durch sie ihren neuen Inhalt erhalten, ohne dabei eine bestimmte Eigenständigkeit und Funktion zu verlieren.

Vom Standpunkt der Wesensbeziehungen, die näher an der Oberfläche der Erscheinung liegen, ist es daher durchaus gerechtfertigt, von der Warenproduktion im Sozialismus zu sprechen. Warenproduktion und Ware-Geld-Beziehungen sind insofern im sozialistischen Produktionsprozeß nichts Äußerliches, sie sind keine passive Reflexion von Produktions- und Austauschbeziehungen, sie sind keine formalen Rechnungsgrößen, sondern verkörpern sozialistische Produktionsverhältnisse und wirken auf spezifische Art und Weise in ihrer Meß-, Stimulierungs- und Verteilungsfunktion aktiv auf den Produktions- und Reproduktionsprozeß ein.

Für die Leitung, Planung und ökonomische Stimulierung hat die politökonomische Analyse der ökonomischen Form der sozialistischen Produktion und die damit im Zusammenhang stehende Bestimmung des Platzes der Warenproduktion im sozialistischen Produktionsprozeß insofern prinzipielle Bedeutung, als aus ihnen hervorgeht, daß der sozialistische Produktionsprozeß nur dann planmäßig geleitet und gesteuert werden kann, wenn in der gesamten Leitungs- und Planungstätigkeit die Kategorien im Blickfeld der Aufmerksamkeit stehen, die nicht nur an der Oberfläche der Erscheinung existieren, sondern vor allem die, die sich aus dem Wesen der sozialistischen Produktion ergeben. Erst durch ihre Beherrschung ist es möglich, den eigentlichen Zweck der sozialistischen Produktion immer besser zu realisieren. Daß dabei nicht auf die Ausnutzung der Kategorien verzichtet werden kann, die direkt oder näher an der Oberfläche des sozialistischen Produktionsprozesses liegen, versteht sich von selbst. Sich aber nur auf sie zu beschränken, würde bedeuten, nur die Erscheinung, nicht aber das Wesen, den inneren Zusammenhang, die Gesetze zu erfassen und zu beherrschen.

Meiner Ansicht nach geht es bei der weiteren Vervollkommnung der Leitung, Planung und ökonomischen Stimulierung gerade mit um die Meisterung dieses Problems. Ausgehend vom neuen Inhalt der Warenproduktion, sind die Ware-Geld-Beziehungen so zu gestalten und planmäßig auszunutzen, daß sie die Wesenszüge der sozialistischen Produktion mit ausprägen helfen. Die in den Thesen getroffene Feststellung, daß die aktive Rolle der Finanzen bereits in der Planansatzphase zur Wirkung zu bringen ist, gilt generell für die bewußte Ausnutzung der Ware-Geld-Beziehungen. Sie müssen bereits im Plan so angesetzt werden, daß sie auf die Gebrauchswertherstellung entsprechend den Bedürfnissen orientieren, die Planmäßigkeit und Proportionalität mit durchsetzen und zum rationellsten Ressourceneinsatz, der Verbesserung des Verhältnisses von Aufwand und Ergebnis mit beitragen.

Die Eigenart oder Besonderheit des sozialistischen Produktionsprozesses, daß sich trotz gebrauchswertorientierter und planmäßig vonstattengehender Produktion die Produktion und Zirkulation der Produkte in Waren- und Geldform vollzieht, ergibt sich aus der inneren Struktur des gesellschaftlichen Eigentums an den Produktionsmitteln, die darin besteht, daß im Rahmen des gesamtgesellschaftlichen Produktions- und Aneignungsprozesses die Betriebe relativ selbständig sind. In der Beziehung zwischen gesamtgesellschaftlichem Eigentum und relativ ökonomischer Selbständigkeit der Betriebe liegt eine wesentliche Ursache dafür, warum im Rahmen des Volkseigentums an den Produktionsmitteln das von den Betrieben hergestellte Produkt Warenform annimmt und als Ware realisiert wird.

Angesichts der Tatsache, daß im Sozialismus Warenproduktion existiert, daß der sozialistische Produktionsprozeß ebenfalls Einheit von Arbeits- und Wertbildungsprozeß ist, der Produktionsprozeß in seiner Gesamtheit planmäßig vonstatten geht, ist die Planung zugleich Einheit von Gebrauchswert- und Wertplanung. Im Rahmen der Volkswirtschaft müssen materielle und finanzielle Planung bilanzieren. Doch darüber gibt es keinerlei Zweifel. Die Einheit von Gebrauchswert- und Wertplanung schließt aber darüber hinaus mit ein, daß bei der planmäßigen Festlegung und Gestaltung der volkswirtschaftlichen Proportionen die Interessen der Betriebe als *Warenproduzenten* zu berücksichtigen sind. Das materielle Interesse der Betriebe als Warenproduzenten ist mit Hilfe der Ware–Geld-Beziehungen, darunter der Finanzen und des Kredits, auf die Erfüllung der in den Plänen festgelegten Ziele auszurichten. Dies erfordert ebenso die strikte Einhaltung der Gesetze der Warenproduktion in der Planung. Eine ungenügende Beachtung dieser Gesetze hätte zur Folge, daß betriebliche materielle Interessiertheit und die planmäßig festgelegten Entwicklungsziele nicht übereinstimmen. Es können Verstöße gegen die Planmäßigkeit insofern auftreten, als einerseits im Plan Aufgaben enthalten sind, an deren Erfüllung seitens der Betriebe wenig Interesse besteht, andererseits die Betriebe an der Herstellung von Erzeugnissen interessiert sind, die nicht im Plan vorgesehen sind. Eine Schmälerung der Effektivität der Produktion wäre dann die Folge.

Das in der Warenproduktion eingeschlossene, mit Hilfe der Ware–Geld-Beziehungen wirksam zu machende Interesse besteht darin, die Produzentenkollektive anzuregen, nicht schlechthin Arbeit zu leisten für die Gesellschaft, sondern Erzeugnisse mit dem geringsten Aufwand an lebendiger und vergegenständlichter Arbeit herzustellen, für die ein gesellschaftliches Bedürfnis besteht. Dieser materielle Anreiz und Zwang sind dadurch wirksam zu machen, daß die einzelnen Betriebe nur die Arbeit vergütet bekommen, die sich entsprechend dem Plan in einem gesellschaftlich nützlichen Produkt zu gesellschaftlich gültigen Normen vergegenständlicht hat. Dies wirft die Frage der Leistungsbewertung der Betriebe als Warenproduzenten nach der abgesetzten, vertraglich vereinbarten Warenproduktion auf. Nur dann, wenn der Betrieb eine Ware mit gesellschaftlich notwendigem Arbeitsaufwand herstellt und diese Ware absetzt, hat er Anspruch auf ein entsprechendes Äquivalent für seine Arbeit.

Die Warenform der Produkte, die damit verbundenen Ware–Geld-Beziehungen haben im Sozialismus die gesellschaftliche Funktion, die Betriebe materiell verantwortlich zu machen und daran zu interessieren, im Rahmen der Planaufgaben bedarfsgerecht mit dem geringsten Aufwand zu produzieren.

Abschließend sei festgestellt, Warenproduktion und Ware–Geld-Beziehungen haben im Sozialismus dazu beizutragen, die Erfordernisse des ökonomischen Grundgesetzes des Sozialismus zu erfüllen, die Planmäßigkeit in der Entwicklung der Volkswirtschaft durchzusetzen und den Ressourceneinsatz so rationell wie möglich zu gestalten. Durch diese ihnen objektiv zudiktierten Aufgaben sind ihr Platz und Inhalt im System der sozialistischen Produktionsverhältnisse bestimmt.

D. Hunstock

Die Ausnutzung der Finanzen bei der volkswirtschaftlichen Planansatzrechnung

In den Thesen zur aktiven Rolle der Finanzen und ihrer Ausnutzung bei der weiteren Erhöhung der Leistungskraft der sozialistischen Wirtschaft wird die Bedeutung der Finanzen bei der Erarbeitung des zentralen volkswirtschaftlichen Planansatzes hervorgehoben. Damit wird deutlich gemacht, daß die aktive Rolle der Finanzen unmittelbar mit der zentralen Planung verbunden ist und bereits in den ersten Stadien der zentralen Bestimmung der volkswirtschaftlichen Wachstums- und Effektivitätsziele einsetzt. Die Finanzen schon in dieser ersten Phase der zentralen Planung auszunutzen, trägt dazu bei, der im Parteiprogramm der SED gestellten Forderung gerecht zu werden und über den Staatshaushalt und das Geld- und Kreditwesen einen aktiven Einfluß auf die effektive Produktion und die rationelle Verteilung und Verwendung des gesellschaftlichen Gesamtproduktes und des Nationaleinkommens auszuüben.[1]

Mit der Ausnutzung der Finanzen in der volkswirtschaftlichen Planansatzrechnung wird der in der Planungsordnung festgelegte Grundsatz verwirklicht, daß die sich aus der Staatshaushaltsbilanz und der Kreditbilanz ergebenden Anforderungen bei der Bestimmung der Effektivitätsziele und bei der Planung der volkswirtschaftlichen Grundproportionen zu berücksichtigen sind.[2] Im Lichte des 10. Plenums des ZK der SED gewinnen diese Forderungen an Bedeutung. Die Ausnutzung der Finanzen in der volkswirtschaftlichen Planansatzrechnung muß dazu beitragen, die auf dem 10. Plenum geforderte Wirksamkeit der zentralen staatlichen Planung zu erhöhen und sie noch stärker auf die bestimmenden volkswirtschaftlichen Prozesse zu konzentrieren. Für die Ausnutzung der Finanzen in der volkswirtschaftlichen Planansatzrechnung gilt in vollem Umfang der auf dem 10. Plenum vom Genossen Honecker formulierte Grundsatz, daß unsere Ziele rationeller und mit weniger Fonds zu meistern sind.[3]

Unter dieser Zielsetzung bedarf es jedoch konkreter Vorstellungen, welche spezifischen Entscheidungskriterien das Finanzwesen anwenden muß, um auf die in der volkswirtschaftlichen Planansatzrechnung fixierten Wachstums- und Effektivitätsziele einzuwirken und zur optimalen Planung der Grundproportionen beizutragen. In dieser Hinsicht ist eine Ergänzung und Präzisierung der in den Thesen gegebenen Orientierung notwendig. Meines Erachtens muß das Finanzwesen vor allem unter drei Aspekten aktiv auf das Entstehen des volkswirtschaftlichen Planansatzes einwirken.

1. Im Prozeß der Ausarbeitung des volkswirtschaftlichen Planansatzes muß durch das Finanzwesen geprüft werden, welche Kosten- und Reineinkommensentwicklung die vor-

[1] Vgl. Programm der Sozialistischen Einheitspartei Deutschlands, Berlin 1976, S. 36.

[2] Vgl. Anordnung über die Ordnung der Planung der Volkswirtschaft der DDR 1976 bis 1980, in: GBl. Sonderdruck Nr. 775 a, S. 209.

[3] 10. Tagung des ZK der SED, Dem 30. Jahrestag der DDR entgegen, Aus dem Schlußwort des Genossen Erich Honecker, Berlin 1979, S. 195.

gesehene Planansatzvariante anstrebt. Um die Bedeutung dieses Entscheidungskriteriums zu charakterisieren, soll zunächst an eine Bemerkung von Lenin zur Rolle des Mehrprodukts angeknüpft werden. In seiner Auseinandersetzung mit Bucharin schrieb er: „... wo das Mehrprodukt nicht der Klasse der (kapitalistischen) Eigentümer zufließt, sondern allen Werktätigen ... befriedigt (es) ebenfalls gesellschaftliche Bedürfnisse".[4] In der Tat ist das Mehrprodukt bzw. seine finanzielle Widerspiegelung als Reineinkommen eine entscheidende Voraussetzung zur Befriedigung der gesellschaftlichen Bedürfnisse. Das Reineinkommen ist die wichtigste finanzielle Quelle der vom 10. Plenum erneut geforderten Weiterentwicklung der materiell-technischen Basis und zur Verwirklichung der sozialpolitischen Zielsetzung des sozialistischen Staates. Es ist die entscheidende finanzielle Grundlage zur Sicherung der erweiterten Reproduktion der produktiven Grund- und Umlaufmittelfonds und zur Bereitstellung der erforderlichen Forschungs- und Bildungsfonds. Aus dem Reineinkommen werden ferner zum großen Teil die finanziellen Mittel für den Wohnungsbau und zur Entwicklung der materiell-technischen Basis der kulturell-sozialen Bereiche mobilisiert. Ebenso hängen einkommenspolitische Maßnahmen für die nicht unmittelbar produktiv Tätigen sowie das Ausmaß der Leistungen und Zuwendungen des Staates aus gesellschaftlichen Fonds wesentlich vom Volumen des erwirtschafteten Reineinkommens ab. Schließlich hat der sozialistische Staat aus dem Reineinkommen die finanziellen Mittel zum Schutz der Errungenschaften der sozialistischen Gesellschaft bereitzustellen. Die Höhe des Reineinkommens, das bei einer angenommenen Variante des Wachstumstempos der Produktions- und Außenhandelsstruktur, des Ressourceneinsatzes und der Akkumulation erreichbar ist, muß demzufolge stets ein Entscheidungskriterium der Optimalität des Planansatzes sein. Dabei geht es vor allem um folgende Einschätzungen:

– Zunächst einmal ist die Entwicklung des Reineinkommens der Höhe des *laufenden Aufwandes* gegenüberzustellen. Die prinzipielle Forderung muß darauf gerichtet sein, den Reineinkommensertrag je Einheit laufenden Aufwands zu erhöhen und die selbstkostenbezogene Reineinkommensrate zu steigern.

Unter den Bedingungen der Intensivierung und unter Berücksichtigung der sozialpolitischen Zielsetzung des sozialistischen Staates, die wachsende Anforderungen an die gesellschaftliche Konsumtion und die Entwicklung der materiell-technischen Basis der Volkswirtschaft stellen, muß sich die Optimalität des Planansatzes in einem wachsenden Reineinkommen als wesentliche Quelle der allseitigen gesellschaftlichen Bedürfnisbefriedigung widerspiegeln.

– Weiterhin ist die Entwicklung des Reineinkommens der Höhe des *einmaligen Aufwandes,* d. h. den Fondsvorschüssen gegenüberzustellen. Es ist davon auszugehen, daß mit wachsender Fondsausstattung die Effektivität der lebendigen Arbeit steigt. Darauf hat bereits Marx hingewiesen, als er schrieb: „In dem Maße aber wie die große Industrie sich entwickelt, wird die Schöpfung des wirklichen Reichtums abhängen, weniger von der Arbeitszeit und dem Quantum angewandter Arbeit als von der Macht der Agenzien, die während der Arbeitszeit in Bewegung gesetzt werden."[5] Daraus ergibt sich zunächst einmal, daß die Gesellschaft ihre Forderungen an die Effektivität auch in bezug auf das Reineinkommen unter Berücksichtigung der vorgeschossenen produktiven Fonds stellen muß.

[4] W. I. Lenin, Bemerkungen zum Buch von Bucharin, Die Ökonomik der Transformationsperiode, in: W. I. Lenin, Sammelband XI, S. 381/382 (russ.).

[5] K. Marx, Grundrisse der Kritik der Politischen Ökonomie, Berlin 1953, S. 592.

So wie sich unter den Bedingungen der Intensivierung die Arbeitsproduktivität schneller als die Fondsausstattung erhöht, muß finanziell auch das Reineinkommen überproportional zum Fondsvorschuß anwachsen, d. h. die Forderung des Finanzsystems muß auf eine steigende fondsbezogene Reineinkommensrate gerichtet sein.

– Schließlich muß das Finanzsystem die spezifischen Fragen der *Außenhandelsrentabilität* einschätzen. Anzustreben ist, daß der sozialistische Staat, gemessen an dem im Landesmaßstab als gesellschaftlich notwendig anerkannten Arbeitsaufwand, ein größeres Äquivalent an Valutagegenwerten realisiert, d. h. eine positive Außenhandelsrentabilität erreicht und damit zur Mehrung des Reineinkommens beiträgt. Die sozialistische ökonomische Integration und die damit verbundene Spezialisierung und Kooperation fördern diesen Prozeß, da sie Produktionen in größeren Dimensionen und damit zu kostengünstigeren Bedingungen ermöglichen.

Ausgehend von der Bedeutung, die das Reineinkommen als Finanzierungsquelle der sozialistischen Volkswirtschaft hat, muß das Finanzsystem aus der Sicht der selbstkosten- und fondsbezogenen Reineinkommensrate und unter dem Blickwinkel der erzielbaren Außenhandelsrentabilität seine Forderungen hinsichtlich der Wachstumsziele, Produktions- und Außenhandelsstruktur und des Ressourceneinsatzes geltend machen und auf die Bestimmung des Verhältnisses von Akkumulation und Konsumtion sowie auf den Nutzeffekt der Akkumulation Einfluß nehmen.

Es muß sich dabei auf seine Erkenntnis aus der Wahrnehmung der Kontrollfunktion gegenüber den Betrieben und Kombinaten stützen und zur Optimalität des Planes dadurch beitragen, daß es die Fragen der Kostensenkung und der Reineinkommenserwirtschaftung in den Mittelpunkt stimulierender Regelungen stellt.

2. Ein weiteres Entscheidungskriterium des Finanzwesens im Prozeß der volkswirtschaftlichen Planansatzrechnung ist die Bilanzierung des Finanzbedarfs mit den Finanzierungsquellen. Dem sozialistischen Staat stehen im Prinzip für die Finanzierung der erweiterten materiellen Reproduktion zwei Hauptfinanzierungsquellen zur Verfügung.

– Das sind erstens die dem sozialistischen Staat nach Abschluß der Umverteilung aus dem Reineinkommen verbleibenden Reineinnahmen. Sie sind wesentlich durch das Wachstumsverhältnis zwischen dem Nationaleinkommen, dem Reineinkommen und den Nettogeldeinnahmen der Bevölkerung bestimmt. In den Reineinnahmen des Staates kreuzen sich somit wichtige Effektivitäts- und Verteilungssproportionen.

– Das sind zweitens die inneren volkswirtschaftlichen Quellen des Kreditsystems, die durch zeitweilig zur Verfügung stehende äußere Kreditquellen ergänzt werden.

Im Prozeß der volkswirtschaftlichen Planansatzrechnung muß das sozialistische Finanzwesen darauf einwirken, daß das Volumen dieser Finanzierungsquellen mit dem sich aus der materiellen Planansatzrechnung ergebenden Finanzbedarf bilanziert und zwischen diesen Hauptfinanzierungsquellen notwendige Entwicklungsrelationen eingehalten werden.

Eine grundsätzliche Aufgabe besteht in diesem Zusammenhang darin, die Reineinnahmen des sozialistsischen Staates als Hauptfinanzierungsquelle weiter zu stärken. Aus dem nach Abschluß der Umverteilung verbleibenden Reineinnahmen finanziert der sozialistische Staat den Hauptteil der produktiven Akkumulation und der materiellen Aufwendungen in den nichtproduzierenden Bereichen. Vor allem die auf dem 10. Plenum vorrangig geforderte Stärkung der produktiven Akkumulation verlangt ein zunehmendes Wachstum der Reineinnahmen des Staates. Die Finanzorgane müssen darauf ihre Forderungen bei der Bestimmung der Effektivitätsziele konzentrieren. Zugleich müssen sie darauf einwirken, daß bei vorrangiger Entwicklung der materiellen Akkumulation in der produktiven Sphäre die materiellen Aufwendungen für die nichtproduzierenden Bereiche im Rahmen der durch die Leistungsentwicklung der Volkswirtschaft gesetzten Grenzen bleiben.

Zusätzlich zu den Reineinnahmen des Staates stehen der sozialistischen Volkswirtschaft Quellen des Kreditsystems zur Verfügung. Im Zusammenhang mit diesen Kreditquellen wird mitunter von einer spezifischen Emissionsfunktion des Kredites gesprochen. Auf den Zusammenhang zwischen Kredit- und Geldemission hinzuweisen, ist zunächst richtig. Damit wird deutlich gemacht, daß jede Kreditausweitung mit Geldemission verbunden ist. Das unterstreicht, daß man das Kreditvolumen nicht beliebig erweitern kann. Es bekräftigt die oben getroffene Feststellung, daß die Reineinnahmen des Staates die Hauptfinanzierungsquelle der Volkswirtschaft sein müssen.

Jedoch ist es m. E. gleichzeitig notwendig, den unmittelbaren Zusammenhang zwischen der Verteilungsfunktion der Finanzen und der Emissionsfunktion des Kredites zu betonen und dabei zu zeigen, daß die Emissionsfunktion des Kredites nichts anderes ist, als die spezifische Art und Weise, mit der der Kredit an der Verteilungsfunktion der Finanzen teilnimmt. Wird dieser Zusammenhang nicht deutlich genug gezeigt, so erweckt dies den Anschein, als ob man Finanzierungslücken, die durch die Verteilung über die Finanzen nicht zu schließen sind, über die Emission von Geld abdecken könnte. Faktisch steht jedoch hinter jedem Emissionsakt ein Prozeß der Verteilung gesellschaftlicher Fonds, und deshalb kann man nicht unabhängig oder ergänzend zur Verteilungsfunktion der Finanzen von einer Emissionsfunktion des Kredites sprechen. Die Emission von Geld über den Kredit ist stets als Teil der Verteilungsfunktion der Finanzen zu betrachten. In der volkswirtschaftlichen Planansatzrechnung ist davon auszugehen, daß die Verteilung von gesellschaftlichem Gesamtprodukt eben stets das Emissionsproblem einschließt und die Ausweitung des Kreditvolumens zu einem gleich wachsenden volkswirtschaftlichen Nutzeffekt führen muß.

3. Ein weiteres Kriterium der volkswirtschaftlichen Planansatzrechnung ist darin zu sehen, daß das Finanzwesen die in Aussicht genommene Variante der Verteilung der gesellschaftlichen Arbeit unter der Sicht ihrer Wirkungen auf die Stabilität der Währung einzuschätzen hat. Es muß das Ziel des sozialistischen Staates sein, ein schnelles Wirtschaftswachstum bei gleichzeitiger Einhaltung der Währungsstabilität zu sichern. Dabei ist unter Währungsstabilität zu verstehen, daß

– die *Geldeinkommen* leistungsgerecht und in Übereinstimmung mit der sozialpolitischen Zielsetzung des sozialistischen Staates gebildet werden und mit den materiellen Realisierungsbedingungen in Einklang stehen,

– das Volumen der in der Volkswirtschaft vorhandenen *Geldfonds,* d. h. der volkswirtschaftliche Geldumlauf mit den materiellen Grundproportionen bilanziert und entsprechend den Erfordernissen des Reproduktionsprozesses auf ein ökonomisch gerechtfertigtes Maß begrenzt bleibt,

– der *Geldwert,* d. h. der in der einzelnen Geldeinheit verkörperte Anspruch auf gesellschaftliches Gesamtprodukt im Bevölkerungsbereich stabil bleibt und im Bereich der Wirtschaft dem leistungsgerechten Austausch von Ware und Geld entsprechend der in ihnen verkörperten Arbeit dient.

Diese drei Kriterien der Währungsstabilität sind stets in ihrer organischen Einheit zu bewerten. Stabile Preise als Erscheinungsform des Geldwertes sind also für sich allein genommen kein ausreichender Indikator stabiler Währungsbeziehungen, wenn nicht gleichzeitig die Bildung und Realisierung der Geldeinkommen und der Umschlag der Geldfonds den Erfordernissen des Geldumlaufgesetzes entspricht. Deshalb muß jede materielle Planvariante unter der Sicht eingeschätzt werden, wie sie auf die Entwicklung des zirkulierenden Geldvolumens wirkt.

Dabei ist prinzipiell davon auszugehen, daß die Produktion des Nationaleinkommens objektiv mit dem Einfließen von Geld in die Kanäle der Geldzirkulation verbunden ist. Im Prozeß der Umverteilung des Nationaleinkommens muß sich dieses Geld mehrfach umschlagen, um schließlich im Endverwendungsprozeß des Nationaleinkommens seinen Kreislauf durch die Umwandlung der Wertgestalt des Nationaleinkommens in seine Gebrauchswertgestalt abzuschließen.

Die dabei erzielbare Geschwindigkeit des Geldumlaufs ist in entscheidendem Maße materiell determiniert:

– Sie hängt wesentlich davon ab, welche Geldeinkommen in Verbindung mit dem laufenden Aufwand gebildet werden und wie sich diese Geldeinkommen materiell realisieren lassen.

– Ebenso reflektiert die Geschwindigkeit des Geldumlaufes den einmaligen Aufwand, indem sie von der Höhe des Fondsvorschusses und der Geschwindigkeit seines Rückflusses abhängt.

– Schließlich drücken sich in der Geschwindigkeit des Geldumlaufs die Ergebnisse des materiellen Reproduktionsprozesses insofern aus, als nur bedarfsgerecht strukturierte Größen des Nationaleinkommens, des Endproduktes und des Konsumtionsfonds in der Lage sind, das in die Zirkulation eingeflossene Geld zu absorbieren.

Ausgehend von der Widerspiegelung der materiellen Prozesse in der Geschwindigkeit des Geldumlaufes, ist daher zu prüfen, zu welchen Umschlagsgeschwindigkeiten des Geldes eine bestimmte Variante der Wachstumsziele, der Produktions- und Außenhandelsstruktur, des Ressourceneinsatzes und der Verteilung der Fonds auf die Akkumulation und Konsumtion führt. Dabei geht es im wesentlichen um zwei Aufgaben:

Erstens ist die Übereinstimmung von Kauf- und Warenfonds zu sichern. Das ist eine wesentliche Bedingung zur Sicherung einer planmäßigen Geldzirkulation. Die Einschätzung der Übereinstimmung von Kauf- und Warenfonds erstreckt sich auf alle Bereiche des Reproduktionsprozesses. Sie schließt die Sicherung entsprechender Proportionen sowohl im produzierenden und nichtproduzierenden Bereich wie auch im Bereich der Bevölkerung ein.

Zweitens ist die Höhe der sich bildenden Geldfonds einzuschätzen und zu sichern, daß diese Geldfondsbildung nur die planmäßig und bewußt erfolgende Zurückstellung von Realisierungsansprüchen ausdrückt und nicht Widerspiegelung zeitweilig fehlender materieller Realisierungsmöglichkeiten ist. Unter diesem Blickwinkel ist beispielsweise die Geldfondsbildung bei den Betrieben, aber auch die Geldfondsbildung bei der Bevölkerung und die damit verbundene Sparquote einzuschätzen.

Aus der notwendigen Sicherung der Übereinstimmung von Kauf- und Warenfonds und der Einschätzung der sich bildenden Geldfonds sind durch das Finanzsystem gegebenenfalls Forderungen hinsichtlich der materiellen Wachstumsziele, der Effektivität und der Verteilung der Fonds auf die Akkumulation und Konsumtion zu erheben. Zugleich hat das Finanzsystem auch hier durch seine aktive Einwirkung die Übereinstimmung von Kauf- und Warenfonds und den planmäßigen Umschlag der Geldfonds zu unterstützen. Das geschieht vor allem, indem bereits im Produktionsprozeß Geld nur für eine bedarfsgerechte Produktion bereitgestellt wird und damit das Einfließen von

Geld in die Zirkulationskanäle nur in dem Maße erfolgt, wie durch die Sicherung einer bedarfsgerechten Produktion die materiellen Potenzen für die Realisierung der sich bildenden Geldeinkommen geschaffen werden.

Zusammenfassend läßt sich feststellen, daß die Ausnutzung der Finanzen im Prozeß der volkswirtschaftlichen Planansatzrechnung von einer Einschätzung der Kosten- und Reineinkommensentwicklung, der Entwicklung der Finanzierungsquellen und Finanzstrukturen sowie von der Entwicklung des Geldumschlages ausgehen. Die Planungsordnung legt deshalb auch fest, daß die Planung der Wachstums- und Effektivitätsziele in Zusammenarbeit zwischen der Staatlichen Plankommissison, dem Ministerium der Finanzen und der Staatsbank zu erfolgen hat. Die entscheidenden Instrumente des Finanzsystems sind dabei die Finanzbilanz des Staates und die Staatshaushaltsbilanz mit ihren komplexen Aussagen über die Reineinkommenserwirtschaftung und die Finanzierungsstruktur und die Kreditbilanz mit ihren Aussagen über das Volumen der zirkulierenden Geldfonds und die Geldemission.

W. Maier

Die Senkung der Selbstkosten pro Erzeugnis und wissenschaftlich-technischer Fortschritt

Ich knüpfe an jene Teile der Thesen an, in denen sich die Autoren mit den Selbstkosten beschäftigen. Mit dem Inhalt dieser Thesen bin ich einverstanden. Das betrifft insbesondere die zentrale Aussage, wonach die Entwicklung der Kosten ein unbestechlicher Maßstab für die Wirksamkeit der Intensivierung ist.

Mit den planmäßigen Industriepreisänderungen, wie sie bei uns in der DDR in den Jahren seit 1976 durchgeführt werden, ist es uns zunehmend besser gelungen, den volkswirtschaftlichen Aufwand in den Industriepreisen auszudrücken. Die gewachsenen außenwirtschaftlichen Belastungen für Erdöl, Erdgas, Eisenerz, Wolle, Baumwolle, Leder usw., die hohen Aufwendungen für die Förderung der Braunkohle und nicht zuletzt die steigenden Ausgaben für den Umweltschutz beim Bau von Kraftwerken usw. spiegeln sich in den neuen Industriepreisen wider. Die neuen Industriepreise machen insbesondere die großen außenwirtschaftlichen Belastungen, die unsere Volkswirtschaft in den letzten Jahren zu tragen hat, sichtbar. Somit haben die neuen Industriepreise wichtige Voraussetzungen für einen richtigen Ausweis der Selbstkosten in den Folgestufen und damit verbunden für den Kampf um die Senkung der Selbstkosten geschaffen.

Das der Tagung vorliegende Material befaßt sich mit den Selbstkosten vor allem vom Standpunkt des Betriebes und der Kostenarten. Das äußert sich in der exponierten Behandlung der Kennziffer Kostensatz und in der Betrachtung der Selbstkosten nach Aufwandsarten. Dieses Herangehen hat seinen festen Platz im Kampf um die Senkung der Selbstkosten.

Es ist jedoch notwendig, in Verwirklichung der Beschlüsse der 10. Tagung des ZK der SED mit gleichem Gewicht die Kosten pro Erzeugnis bzw. die Selbstkosten pro Gebrauchswerteinheit ins Licht zu rücken. Es handelt sich hierbei um ein entscheidendes Feld, auf dem sich die Leitung, Planung und ökonomische Stimulierung und die Initiative der Werktätigen um die Senkung der Selbstkosten realisieren. Die Spezifik *dieser* Betrachtungsweise besteht darin, daß sich hierin umittelbar die Einheit von Wert und Gebrauchswert manifestiert. Eigentlich zeigt sich erst in der Einheit von Wert und Gebrauchswert (praktisch gefaßt als die Selbstkosten pro Erzeugnis), mit welchem Erfolg und mit welchem Nutzen für die Volkswirtschaft die Entwicklung und Produktion der Erzeugnisse erfolgt.

Bei der Preisbildung ist es ganz zwangsläufig notwendig, den Zusammenhang zwischen Aufwand und Gebrauchswert *erzeugnisbezogen* zu betrachten. Da der Preis jeweils für ein konkretes Erzeugnis gebildet wird, ergibt sich als notwendige Voraussetzung, daß die Selbstkosten pro Erzeugnis exakt berechnet werden müssen. Bei einer repräsentativen Analyse hat sich gezeigt, daß beim größten Teil der neuen und weiterentwickelten Erzeugnisse, die 1979 in die Produktion überführt werden, die Selbstkosten pro Gebrauchswerteinheit unter 90% des Vergleichserzeugnisses liegen. 1977 war der

Anteil von Erzeugnissen mit einem so günstigen Verhältnis von Gebrauchswert und Selbstkosten noch niedriger. Das widerspiegelt die Wirksamkeit des wissenschaftlich-technischen Fortschrittes zum Nutzen unserer Volkswirtschaft. Dabei hat sich besonders positiv ausgewirkt, daß der Anteil von Erzeugnissen mit einer starken Gebrauchswertsteigerung größer geworden ist. Es zeigt sich als Tendenz, daß bei neuen und weiterentwickelten Erzeugnissen das Verhältnis der Selbstkostenentwicklung zur Gebrauchswertentwicklung um so günstiger ist, je höher der Gebrauchswertzuwachs ist. Das heißt, daß ein hohes wissenschaftlich-technisches Niveau mit guten ökonomischen Resultaten verbunden ist.

Bei der Ermittlung der Selbstkosten pro Gebrauchswerteinheit wird vorausgesetzt, daß die Gebrauchswerteigenschaften des jeweiligen Erzeugnisses quantifiziert werden. Die Selbstkosten des Erzeugnisses beziehen sich dann auf die Summe der Gebrauchseigenschaften, die in einer Kennziffer, dem Realkostenindex, ausgedrückt werden. Dieses Verhältnis zwischen den Selbstkosten und dem Gebrauchswertzuwachs des neuen gegenüber dem alten Erzeugnis ist ein Ausdruck dafür, was der wissenschaftlich-technische Fortschritt die Volkswirtschaft der DDR kostet und was er bringt. Vermittels des Realkostenindex wird wie kaum durch ein anderes Maß sichtbar, mit welchem Erfolg der Kampf gleichzeitig um hohe Gebrauchswerte und um niedrige Selbstkosten pro Erzeugnis geführt wird.

Die Preisbildung nach dem Preis–Leistungs-Verhältnis, wie sie seit 1976 in unserer Volkswirtschaft praktiziert wird, hat in diesem Kampf echte Fortschritte gebracht. Es wird analysiert, wie sich für neue und weiterentwickelte Erzeugnisse die Selbstkosten, der Gebrauchswert und die Industriepreise zueinander verhalten und dadurch neue Initiativen zur Senkung der Selbstkosten pro Gebrauchswerteinheit ausgelöst werden. Diese Feststellung wird u. a. dadurch belegt, daß bei den analysierten neuen und weiterentwickelten Erzeugnissen, für die Industriepreise entsprechend dem Preis–Leistungs-Verhältnis festgelegt wurden, die Gebrauchswertparameter im Verhältnis zu den Vergleichserzeugnissen 1978 rascher gestiegen sind als 1977. Der Anteil der neuen und weiterentwickelten Erzeugnisse, deren Gebrauchswert über 100 bis 150% gestiegen ist, war 1978 ebenfalls größer als 1977. Bei diesen Erzeugnissen stellt sich auch die Kostenentwicklung günstiger dar als bei neuen Erzeugnissen, deren Gebrauchswert im Vergleich zum bisherigen Erzeugnis nur unwesentlich oder überhaupt nicht gestiegen ist. Daraus wird sichtbar, daß der Kampf um hohes wissenschaftlich-technisches Niveau zumindest einen dreifachen Effekt bringt:

– Es wird den Forderungen der Abnehmer in der eigenen Volkswirtschaft nach guten Erzeugnissen und den Erfordernissen des Weltmarktes besser entsprochen.

– Über den Erlös höherer Industriepreise oder über höhere Valutaerlöse werden Vorteile in der Leistungsbewertung der Betriebe und Kombinate wirksam.

– Die materiellen Ergebnisse werden mit niedrigerem volkswirtschaftlichem Aufwand erzielt, was der ökonomischen Stärkung unserer Volkswirtschaft zugute kommt.

Dieser Zusammenhang von Selbstkosten, Gebrauchswert und Preis wird speziell bei der erzeugnisbezogenen Kostenrechnung, wie sie für die Preisbildung unerläßlich ist, in den Vordergrund gerückt. Daraus abgeleitet ergeben sich Schlußfolgerungen für die dringend erforderliche weitere ökonomische Durchdringung der technischen Politik mancher Betriebe und Kombinate.

Die auf das Erzeugnis bzw. auf den Gebrauchswert des Erzeugnisses bezogenen Kosten weisen auch Mängel aus, die in der organischen Verbindung von Wissenschaft,

Technik und Ökonomie noch bestehen. Bei jenen neuen und weiterentwickelten Erzeugnissen, die nur einen geringen Gebrauchswertzuwachs aufweisen, sinken die Selbstkosten pro Gebrauchswert meist nur geringfügig, manchmal überhaupt nicht. Von den untersuchten Erzeugnissen gab es auch einige, deren Kosten je Gebrauchswerteinheit rascher gestiegen sind als der Gebrauchswert. Das heißt, der reale Kostenindex liegt über 1,0. Hieraus wird ersichtlich, daß bei diesen neuen und weiterentwickelten Erzeugnissen der wissenschaftlich-technische Fortschritt wahrscheinlich mit zu hohem Aufwand erkauft wurde. Auch bei solchen Erzeugnissen, deren Selbstkosten etwa in gleichem Maße gestiegen sind wie der Gebrauchswert des neuen Erzeugnisses, entspricht der ökonomische Effekt der neuen Technik nicht den Maßstäben der 10. Tagung des ZK der SED.

Solche, für die ökonomische Stärkung der DDR nachteiligen Entwicklungen entstehen meist dann, wenn Technik und Ökonomie nicht als untrennbare Einheit behandelt werden und die Ökonomie vernachlässigt wird. Wenn für wichtige neue und weiterentwickelte Erzeugnisse nicht bereits in der Entwicklungsstufe K 2 Kostenvorgaben und Preisvorgaben erarbeitet werden, entsteht die Gefahr, daß in der Erzeugnisentwicklung, in der Technik, in der Produktion Prämissen geschaffen werden, die zu einem späteren Zeitpunkt nur schwer korrigiert werden können und für die gesamte Laufzeit eines Erzeugnisses ungenügende Effektivität bringen. Diese teilweise Vernachlässigung der Ökonomie beinhaltet von vornherein den Keim ungenügender Effektivität der neuen Technik in sich.

Es zeigt sich, daß die erzeugnisbezogene, gebrauchswertbezogene Betrachtungsweise der Selbstkosten einer weiteren theoretischen Durchdringung und praktischen Vervollkommnung bedarf. Das betrifft u. a.:

— die Quantifizierung der Gebrauchswertparameter und deren Aggregation, wobei keine Illusion besteht, daß perfekte Lösungen möglich sind;
— das Verhältnis zwischen dem Gebrauchswert, wie wir ihn quantifiziert der Industriepreisbildung zugrunde legen, und dem ökonomischen Nutzeffekt, den der Anwender des neuen Erzeugnisses realisiert;
— die Synchronisation von Selbstkosten, Gebrauchswert und Industriepreis zwischen Zuliefererzeugnissen und den Finalerzeugnissen.

An diesen Problemen wird weiter gearbeitet mit dem Ziel, mittels der Kosten und Preise den ökonomischen Nutzeffekt des wissenschaftlich-technischen Fortschrittes im Interesse der Volkswirtschaft der DDR in raschem Tempo weiter zu erhöhen.

D. Lüddeke

Zu einigen Erfahrungen aus der Arbeit mit finanziellen Fonds im Kombinat und zur Tätigkeit des Hauptbuchhalters

Die in meinem Diskussionsbeitrag behandelten Erfahrungen und Schlußfolgerungen beziehen sich auf materielle und leitungsmäßige Bedingungen im VEB Schwermaschinenbau-Kombinat „Ernst Thälmann" Magdeburg (SKET), welches seit dem Jahre 1969 besteht. Zu unserem Kombinat gehören 13 Wirtschaftseinheiten mit insgesamt 26 000 Beschäftigten. Das Stammwerk Magdeburg umfaßt etwa 50% des Produktionsvolumens und der Beschäftigten des Kombinats. Im Stammwerk Magdeburg sind die Produktionsstufen Gießerei, Schmiede und Maschinenbau vereinigt. Neben dem vorherrschenden Maschinenbau und der Konzentration auf den Industrieanlagenbau, welcher durch spezialisierte Kombinatsbetriebe unterstützt wird, verfügt der Kombinatsbetrieb VEB Heinrich Rau Wildau ebenfalls über die Produktionsstufen Schmiede und Maschinenbau und der VEB DRAWEBA Neustadt über die Produktionsstufen Gießerei und Maschinenbau. In sämtlichen produzierenden Wirtschaftseinheiten ist die langfristige Einzelfertigung vorherrschend, wobei eine Konzentration auf die Erzeugnislinien Anlagen für Walzwerke, Anlagen für die Verseil- und Kabelindustrie und Zementanlagenbau typisch ist. Das Kombinat wird in der sogenannten Einebenenleitung geführt, d. h., die Fachdirektoren der Kombinatsleitung sind gleichzeitig Fachdirektoren des Stammwerkes.

Hinsichtlich der Wirtschaftsführung des Kombinats wird durch die Leitung des SKET die Auffassung vertreten, daß ein sozialistisches Kombinat als Grundeinheit der wirtschaftlichen Rechnungsführung anzusehen ist und die Erfordernisse der wirtschaftlichen Rechnungsführung bereits über den Plan durchzusetzen sind. Diese Auffassung stützt sich u. a. auf die Tatsache, daß dem Generaldirektor die Verantwortung für die Gestaltung des Reproduktionsprozesses des Kombinats übertragen worden ist. Daraus ergibt sich die Notwendigkeit, die Methode der Wirtschaftsführung des Kombinats dieser vom Staat übertragenen Aufgabe anzupassen.

Im Interesse einer Nutzung der Potenzen der im Kombinat vereinigten Wirtschaftseinheiten sind die Entscheidungen über Grundfragen der wissenschaftlich-technischen Entwicklung, wie z. B. über Forschung und Entwicklung und Investitionen, für sämtliche Wirtschaftseinheiten des Kombinats beim Generaldirektor konzentriert. Dies wird aus der Notwendigkeit abgeleitet, den arbeitsteiligen Prozeß innerhalb des Kombinats insgesamt zu optimieren. Der Generaldirektor entscheidet nach Beratung mit den zuständigen Fachgremien, gestützt auf die festgelegte Kombinatsstrategie sachbezogen, d. h. unabhängig von den verfügbaren finanziellen Mitteln der einzelnen Betriebe. Um diese Form der Wirtschaftsführung durchsetzen zu können, wurden seit Gründung des Kombinats alle entscheidenden finanziellen Fonds in der Kombinatsleitung konzentriert. Diese zentrale Disposition der finanziellen Fonds wird damit richtigerweise den inhaltlichen Erfordernissen untergeordnet. Diese Unterordnung steht nicht im Widerspruch zu der mit Recht geforderten aktiven Rolle der Finanzen. Gerade die Konzentration schafft die Voraussetzungen für eine Erhöhung des Nutzens je eingesetzter Mark finanzieller Fonds und unterstützt gleichzeitig die Kontrollbedürfnisse der Kombinatsleitung.

Es muß darauf hingewiesen werden, daß diese Konzentration der finanziellen Fonds durch das geltende Recht unterschiedlich gestützt wird. Während in der Verordnung über die Aufgaben, Rechte und Pflichten der volkseigenen Betriebe, Kombinate und VVB vom 28. 3. 1973 diese Konzentration der Mittel gefordert wird, folgt die zur Zeit geltende Finanzierungsrichtlinie für die volkseigene Wirtschaft vom 15. 5. 1975, insbesondere im Hinblick auf die Bildung und Verwendung des Investitionsfonds, dieser Aufgabenstellung nicht. Eine Weiterentwicklung dieses Gedankens bei der Gestaltung künftiger Finanzierungsrichtlinien wäre daher m. E. günstig.

Aus der praktischen Arbeit mit ausgewählten finanziellen Fonds möchte ich einige Beispiele anführen. Für die *Finanzierung von Forschung und Entwicklung* ist im Kombinat folgende Arbeitsweise entwickelt worden. Die Kombinatsleitung entscheidet unter Berücksichtigung der Kombinatsstrategie und der in den Kombinatsbetrieben angesiedelten Forschungspotenzen über die in einem Wirtschaftsjahr durchzuführenden Forschungs- und Entwicklungsaufgaben unabhängig von der Finanzierungskraft der einzelnen Betriebe. Das Instrument für die Auswahl und die Entscheidung über die zu lösenden Forschungsaufgaben ist der Forschungsrat des Kombinats, der jährlich einmal unter Leitung des Generaldirektors und unter Teilnahme der Mitglieder der Kombinatsleitung einschließlich der Technischen Direktoren der Kombinatsbetriebe tagt. Dieser Forschungsrat legt unter Berücksichtigung der Erfordernisse des Weltmarktes und des zu erreichenden Standes der wissenschaftlich-technischen Entwicklung die Forschungsaufgaben fest. Die Kombinatsbetriebe führen die nach dem geltenden Recht möglichen Zuführungen zum Fonds Wissenschaft und Technik ohne Einschränkungen an die Kombinatsleitung ab.

Auf der Grundlage monatlicher Abrechnungen über die Erfüllung der von der Kombinatsleitung bestätigten Forschungsaufgaben erhalten die Kombinatsbetriebe unabhängig von den selbst getätigten Abführungen ihre Aufwendungen im Rahmen der im Finanzierungsplan festgelegten Aufwendungen erstattet. Durch Kontrollberatungen informiert sich die Kombinatsleitung über den Arbeitsfortschritt bei der Erfüllung der Forschungs- und Entwicklungsaufgaben. Für den Zeitraum vom 1. 9. bis 31. 12. wird ein verstärktes Vorschausystem über Aufkommen und Verwendung der finanziellen Mittel zur Anwendung gebracht, um zu gewährleisten, daß die verfügbaren Mittel voll zum Einsatz kommen können bzw. der zu erwartende Übertrag für die Planung des Folgejahres mit hoher Sicherheit bestimmt werden kann. Planabweichungen beim Aufkommen der finanziellen Mittel treten insbesondere durch Vorziehen oder durch Verzögerung des Verkaufs von Versuchsmustern bzw. durch zeitliche Abweichungen bei der Ablösung von Grundmitteln auf.

Der *Investitionsfonds* wird ebenfalls zentralisiert eingesetzt. Der Investitionsplan sämtlicher Kombinatsbetriebe wird vom Direktor für Grundfondswirtschaft der Kombinatsleitung entsprechend den Erfordernissen der Kombinatsstrategie bestätigt. Für die finanzielle Abwicklung der Investitionen werden den Kombinatsbetrieben entsprechend dem erarbeiteten Finanzierungsmodell für die Grundfondsreproduktion Investmittel zur Verfügung gestellt. Unabhängig vom Aufkommen der Investitionsmittel werden mit dem Finanzierungsmodell die Mittel zwischen den Wirtschaftseinheiten des Kombinats umverteilt. Dadurch ist gewährleistet, daß die Investitionen im Kombinatsinteresse unabhängig von der Reproduktionskraft des einzelnen Kombinatsbetriebes durchgeführt werden können.

Als finanzielle Fonds zur Erhaltung der Stabilität des Reproduktionsprozesses werden der *Reserve- und Risikofonds* eingesetzt. Entsprechend der dargelegten Grundauffassung zur Verantwortung des Kombinats sind die Mittel des Reservefonds und des Risikofonds bei der Kombinatsleitung konzentriert. Über die Verwendung dieser Mittel entscheidet im Auftrage des Generaldirektors für den Reservefonds der Direktor für Ökonomie der Kombinatsleitung und für den Risikofonds die Risikokommission. In der Risikokommission wirken der Direktor für Technik, der Direktor für Ökonomie und andere Fachleute der Kombinatsleitung gemeinsam. Durch diese Verfahrensweise ist gewährleistet, daß über die Kontrolle der Anträge die aktive Rolle der Finanzen verwirklicht wird.

Einerseits werden negative Wirkungen von Risiken, die im Interesse des Kombinats eingegangen worden sind, ohne Belastung der betroffenen Wirtschaftseinheit ausgeglichen, andererseits ermöglicht die straffe Kontrolle und das Antragsverfahren eine eindeutige Ursachenwirkungsforschung und verhindert damit eine Wiederholung gleichartiger Vorgänge. Im Interesse der Reduzierung nicht eingesetzter finanzieller Fonds wäre es m. E. notwendig zu prüfen, was einer Vereinigung beider Fonds entgegensteht.

Der auf Grundlage gesetzlicher Bestimmungen zu bildende *Valutafonds* und der *Fonds Exportsonderprämie* sind ebenfalls in der Kombinatsleitung konzentriert. Damit ist gewährleistet, daß diese finanziellen Fonds optimal zur Förderung des NSW-Exportes in den Wirtschaftseinheiten der Kombinatsbetriebe eingesetzt werden können, unabhängig von dem jeweiligen Aufkommen der einzelnen Kombinatsbetriebe. Über ein Antragsverfahren wird analog der Verfahrensweise beim Reserve- und Risikofonds die aktive Rolle der Finanzen gesichert.

Die *Fonds der materiellen Interessiertheit*, der Prämienfonds, der Kultur- und Sozialfonds und der Leistungsfonds, werden in den einzelnen Kombinatsbetrieben dezentral gebildet und verwendet. Dies entspricht voll den Erfordernissen der wirtschaftlichen Rechnungsführung.

Typisch für das organisierte Zusammenwirken der Wirtschaftseinheiten eines Kombinats ist, daß Leistungseffekte des gemeinsamen Zusammenwirkens in jeder der Wirtschaftseinheiten sichtbar werden können. Das trifft z. B. zu, wenn mehrere Wirtschaftseinheiten eines Kombinats Zulieferungen für den Anlagenexport oder für den Export von Einzelmaschinen tätigen. Das geltende Recht sieht z. Z. exportabhängige Zuführungen zum Prämienfonds des exportierenden Betriebes vor.

Bei der weiteren Gestaltung der Finanzierungsrichtlinien sollte dies m. E. berücksichtigt werden, d. h., den Generaldirektoren sollte das Recht eingeräumt werden, die Leistungsanteile der zuliefernden Wirtschaftseinheiten durch entsprechende Umverteilung der durch diese Sonderstimulierung erzielten Mittel vornehmen zu können.

Zur Bestimmung der *Stellung des Hauptbuchhalters in den sozialistischen Kombinaten* sollten m. E. folgende Gedanken berücksichtigt werden. Die zur Zeit in der Diskussion befindliche neue Fassung der Hauptbuchhalter-Verordnung zwingt zu einigen Überlegungen über die Stellung des Hauptbuchhalters in der volkseigenen Wirtschaft und speziell in einem sozialistischen Kombinat. Aufbauend auf Erfahrungen in der langjährigen Tätigkeit als Hauptbuchhalter sind für die Bestimmung der Stellung des Hauptbuchhalters m. E. folgende Fakten entscheidend.

1. Der Hauptbuchhalter steht im Kollektiv der Kombinatsleitung und nutzt als Fach-

direktor seine spezifischen Kenntnisse und die ihm zugeordneten Instrumentarien (Rechnungsführung, Finanzkontrolle, Statistik) für die reale Widerspiegelung des Reproduktionsprozesses. Von dieser Basis ausgehend, hat er mit Hilfe von Wirtschaftlichkeitsberechnungen und durch Maßnahmen der Finanzkontrolle aktiv auf die Gestaltung des Reproduktionsprozesses seines Verantwortungsbereiches (Kombinat bzw. Betrieb) Einfluß zu nehmen.

2. Der Hauptbuchhalter hat auf Grund seiner Aufgabenstellung über die Einhaltung der sozialistischen Gesetzlichkeit auf dem Gebiet der Finanzen und über die Sicherung des Volkseigentums zu wachen. Genauso eindeutig muß jedoch sein, daß jeder andere Fachdirektor aktiv das sozialistische Recht durchzusetzen hat. Die Praxis stellt in der Durchsetzung der sozialistischen Gesetzlichkeit und bei der Wahrung der Grundsätze der strengsten Sparsamkeit hohe Anforderungen an die politisch-ideologische Haltung und an die Flexibilität des Hauptbuchhalters. Zum Beispiel ist die Praxis dadurch gekennzeichnet, daß Störungen in der materiellen Bilanzierung oder in der materiellen Versorgung und damit Abweichungen vom geplanten technologischen Lauf des Reproduktionsprozesses auftreten können. Alle Maßnahmen zur Beseitigung dieser Störungen bzw. zur Aufholung der Rückstände sind in der Regel dadurch gekennzeichnet, daß sie kostenmäßig entweder nicht geplant sind oder die gesetzten Normative überschreiten. Bei der notwendigen Entscheidung über die Zulässigkeit von solchen Sondermaßnahmen zur Aufholung der Rückstände muß der Hauptbuchhalter eindeutig Position beziehen, inwieweit das geltende Recht und die Grundsätze der sozialistischen Sparsamkeit diese Sondermaßnahmen zulassen.

Bei der Anleitung der Hauptbuchhalter der Kombinate gilt es meines Erachtens folgende Probleme zu berücksichtigen: Die derzeitigen Leitungslinien sind dadurch gekennzeichnet, daß für die Anleitung der Hauptbuchhalter der Kombinatsbetriebe mehrere zentrale Staatsorgane zuständig sind. Das bezieht sich z. B. auf Anleitungsfunktionen durch die Staatliche Zentralverwaltung für Statistik oder durch das Ministerium der Finanzen und durch einen Sektorenleiter der Abteilung Plandurchführung des zuständigen Industrieministeriums. Diese Aufgabenteilung hat nach meiner Auffassung negative Wirkungen sowohl auf die Lösung von Grundsatzfragen als auch insbesondere auf die Zuständigkeit für die Schaffung der personellen Voraussetzungen für die Funktion des Hauptbuchhalters.

Es sollte angestrebt werden, diese Leitfunktion einheitlich zu gestalten und Maßnahmen einzuleiten, um an den Hochschulen gezielter den Nachwuchs für die Funktion des Hauptbuchhalters auszubilden. Zugleich geht es um anwendbare Forschungsergebnisse, die die Tätigkeit des Hauptbuchhalters unterstützen.

H. Brandt

Zur Ausnutzung der Finanzen bei der weiteren Vervollkommnung der wirtschaftlichen Rechnungsführung

Die vorliegende Ausarbeitung des Finanzökonomischen Forschungsinstituts beim Ministerium der Finanzen verdient große Beachtung, sowohl für die weitere theoretische Arbeit – insbesondere zur Wirkungsweise der Wertkategorien im Sozialismus – als auch für die unmittelbare praktische Arbeit in der sozialistischen Wirtschaft und hier wiederum in den Kombinaten und Kombinatsbetrieben. In seinem Schlußwort auf der 10. Tagung des Zentralkomitees der SED begründete der Generalsekretär des ZK, Genosse Erich Honecker, daß die Stärkung der ökonomischens Leistungsfähigkeit unseres Landes die zentrale Frage bei der weiteren Gestaltung der entwickelten sozialistischen Gesellschaft ist. „Es geht um neue Größenordnungen bei der Entwicklung der ökonomischen Leistungskraft der DDR durch allseitiges effektives Wirtschaften, um die Verwendung des geschaffenen Produkts und die Mobilisierung aller Kräfte zu seiner Vergrößerung. Das dynamische Wachstum der Leistungen in der Volkswirtschaft und vor allem der Industrie, die erforderliche Zunahme des verteilbaren Endprodukts sind zur ausschlaggebenden Voraussetzung für die Lösung aller Fragen der gesellschaftlichen Entwicklung geworden."[1] Von dieser umfassenden Bedeutung der Ökonomie für die weitere Gestaltung der entwickelten sozialistischen Gesellschaft müssen auch alle Vorschläge, Maßnahmen und Anstrengungen zur weiteren Vervollkommnung und Entwicklung der wirtschaftlichen Rechnungsführung ausgehen.

Die Entfaltung und Realisierung des gesellschaftlichen Eigentums an den Produktionsmitteln erfordert und ermöglicht die wirtschaftliche Rechnungsführung. Sie ist die Form des Wirtschaftens, die den sozialistischen Produktionsbedingungen entspricht. Durch sie werden auf der Basis der sozialistischen Warenproduktion alle Möglichkeiten genutzt, den Produktionsprozeß in seiner Einheit von Arbeits- und Wertbildungsprozeß mittels des Planes so zu gestalten, daß eine hohe Effektivität der gesellschaftlichen Arbeit gewährleistet wird. Sie wirkt unter Nutzung der Ware–Geld-Beziehungen aktiv auf die Gestaltung der materiellen Prozesse im Interesse der gesellschaftlichen Entwicklung ein.

Von diesen bekannten allgemeinen Zusammenhängen muß bei der tieferen Erforschung der Wirkungsweise der Wertkategorien und ihrer bewußten Nutzung für die Gestaltung des Reproduktionsprozesses ausgegangen werden. Größere theoretische Klarheit über die Kategorien Wert, Preis, Selbstkosten und Gewinn, Geld, Finanzen und Kredit und die wirtschaftliche Rechnungsführung tragen sicherlich auch dazu bei, die politisch-ideologische Arbeit weiterhin zu qualifizieren, die ökonomischen Zusammenhänge und Wirkungen in ihrer politischen Tragweite richtig einzuschätzen.

[1] 10. Tagung des ZK der SED, Dem 30. Jahrestag der DDR entgegen, Aus dem Schlußwort des Genossen Erich Honecker, Berlin 1979, S. 190.

Die Zielsetzung der wirtschaftlichen Rechnungsführung ist insbesondere durch

- den Kampf um eine hohe Effektivität des Reproduktionsprozesses in den Betrieben und Kombinaten entsprechend den geplanten gesamtgesellschaftlichen Aufgaben,
- die Verbindung der auf einen hohen Nutzeffekt der Arbeit gerichteten Entwicklung der sozialistischen Gesellschaft mit den materiellen Interessen der Kollektive und Werktätigen an einer bedarfsgerechten, rentablen Produktion und überhaupt
- die Verwirklichung der Ökonomie der Zeit in den warenproduzierenden sozialistischen Wirtschaftseinheiten im Interesse der gesellschaftlichen Gesamtentwicklung

gekennzeichnet.

Es ist erkennbar, daß die wirtschaftliche Rechnungsführung in immer stärkerem Maße zu Recht in ihrer Produktivitäts- und Effektivitätsbezogenheit begründet wird und es darum geht, für sie im System der Leitung, Planung und ökonomischen Stimulierung entsprechende Wirkungsbedingungen zu sichern. Das zeigt sich zum Beispiel auch darin, wie es verstanden wird, die Ware–Geld-Beziehungen – die Wirkungsweise der Wertkategorien – immer besser mit der materiellen Interessiertheit zu verbinden. Das Entscheidende ist, daß die wirtschaftliche Rechnungsführung immer qualifizierter der unmittelbaren Freisetzung und dem Wirksamwerden der wichtigsten Triebkräfte der gesellschaftlichen Entwicklung dient.

In gleichem Zusammenhang sind die eindeutigen Feststellungen in den Thesen zu unterstreichen, die die Tatsache noch stärker bewußt werden lassen, daß der sozialistische Staat die wirtschaftliche Rechnungsführung konsequent zur planmäßigen Leitung der sozialistischen Wirtschaft nutzt. Durch gesetzliche Bestimmungen, Anordnungen, Normative und andere Regelungen legt der sozialistische Staat fest, wie die wirtschaftliche Rechnungsführung in den Wirtschaftseinheiten wirksam werden soll. Dazu gehören verbindliche Plankennziffern und Kennziffern zur Beurteilung der Leistungen der Kombinate und Betriebe ebenso wie die staatlichen Anforderungen an die einheitliche Gestaltung von Planung, Abrechnung und Statistik.

Auf dieser Grundlage wird die wirtschaftliche Rechnungsführung als Methode der sozialistischen Wirtschaftsführung in den Kombinaten und Betrieben genutzt, wird den Generaldirektoren der Kombinate und den Leitern der Kombinatsbetriebe der Raum gegeben, die wirtschaftliche Rechnungsführung differenziert und zielgerichtet zur besseren Ausschöpfung aller Konzentrationseffekte entsprechend den konkreten Belangen der durch sie zu leitenden Reproduktionsprozesse anzuwenden.

In allen wissenschaftlichen Diskussionen zu Fragen der Finanzen und des Geldes, der Preise und der wirtschaftlichen Rechnungsführung spielen immer wieder Fragen der Funktionsbestimmung eine Rolle. In der Regel wird dabei so verfahren, wie es auch die Verfasser der vorliegenden Thesen tun, daß die Funktionen in der Einheit von Verteilung, Stimulierung und Kontrolle gesehen werden. Ich möchte zur Funktionsbestimmung zwei Gedanken äußern.

Erstens werden für alle Wertkategorien wie Preis, Gewinn und Selbstkosten, Geld, Finanzen und Kredit und auch für die wirtschaftliche Rechnungsführung – zumindest in der Mehrzahl der Veröffentlichungen – die gleichen Funktionen genannt und beschrieben. Das hat sicherlich seinen Grund in der Wirkungsweise des Wertes im Arbeits- und Wertbildungsprozeß überhaupt. Wäre es darum nicht konsequent, auch von einer einheitlichen Bestimmung der Funktionen aller Wertkategorien auszugehen? Viel notwendiger als eine Differenzierung der Funktionsbestimmung nach einzelnen Wertkategorien scheint mir die verstärkte Untersuchung der Wirkungsweise der Wertkategorien und ihrer Beziehungen zueinander unter den Bedingungen der entwickelten sozialistischen Gesellschaft zu sein.

Zweitens möchte ich zur Art der Funktionsbestimmung folgendes ausführen. Um die Funktionen des Verteilens und des Stimulierens ausüben zu können, müssen ökonomische Vorgänge und Tatbestände mittels des Geldes unter Nutzung der Ware–Geld-Beziehungen gemessen werden. Diese Meßfunktion aller Wertkategorien ist m. E. durch die Funktionen der Verteilung, Stimulierung und Kontrolle inhaltlich und begrifflich nicht oder zumindest nicht vollständig abdeckbar. In Verbindung mit dem ersten Gedanken würde ich deshalb für eine Funktionsbestimmung „Messen – Verteilen – Stimulieren" plädieren. Es ist dann sekundär, ob die Meßfunktion so weit gefaßt wird, daß sie die Kontrolle einschließt, oder ob die Kontrolle explizit bei der Bestimmung der Funktionen herausgehoben wird.

Um nicht mißverstanden zu werden, möchte ich ausdrücklich betonen, daß ich es in voller Übereinstimmung mit den Thesen in jedem Falle für wichtig halte, die Konsequenzen herauszuarbeiten, die sich für die bewußte Ausnutzung der Wertkategorien in der sozialistischen Wirtschaftspraxis ergeben. Es geht in der Tat nicht um einen scholastischen Meinungsstreit, sondern um das prägnante, wissenschaftlich begründete Sichtbarmachen dessen, was alle Wertkategorien und damit auch die Finanzen objektiv für die Wirtschaftspraxis zu leisten vermögen.

„Wir betrachten den ständigen Kampf um die Senkung der Kosten nach wie vor als ein Kernstück der wirtschaftlichen Rechnungsführung", betonte Genosse Günter Mittag in seinem Artikel in der Einheit.[2] Deshalb gehört die weitere Entwicklung der Kostenplanung, der Kostenrechnung und der Kostenanalyse – der gesamten Kostenarbeit – zu den wichtigsten Aufgaben bei der weiteren Vervollkommnung der wirtschaftlichen Rechnungsführung. Lösungswege für diese umfassende und auch schwierige Aufgabe aufzuzeigen, ist ein wesentliches Verdienst der gesamten zur Diskussion stehenden Vorlage. Die Vorschläge zur Arbeit mit Kostensätzen, wie sie in den Thesen zum Ausdruck gebracht werden, sollten jedoch m. E. nochmals gründlich durchdacht werden. Es ist die Frage zu stellen, ob Kostensätze in der vorgeschlagenen Form überhaupt dem Anliegen entsprechen können, den unmittelbaren Einfluß auf die Senkung der Selbstkosten zu erhöhen. Es ist zu klären, ob sie gegenüber den anderen zentralen Kennziffern tatsächlich zusätzliche Wirkungen auf die Selbstkostenentwicklung erzielen können und wo gegebenenfalls die Grenzen solcher Wirkungen liegen.

Der Kostensatz – die Kosten je 100 Mark Warenproduktion – bindet die zentrale Kostenvorgabe an die Höhe der Warenproduktion. Damit nimmt diese Kennziffer zunächst auch alle Grenzen der Aussagekraft der Kennziffer Warenproduktion in sich auf. Alle Aussagen, die durch zusätzliche Kennziffern über die Wirkungsweise der Sortimente, der Bedarfsgerechtheit der Produktion und der Qualität (um nur die wenigsten zu nennen) getroffen werden müssen, sind auch für die Aussagekraft des Kostensatzes in Parallele zur Warenproduktion wichtig. Im Kostensatz wird indirekt die Höhe des Gewinnes ausgedrückt. Auf den Gewinn und auch auf den Kostensatz wirken jedoch zugleich zwei ganz unterschiedliche Einflußsphären. Die Höhe des Gewinns und des Kostensatzes wird erlösseitig durch den Preis der Erzeugnisse und die Höhe und Struktur des Umsatzes bestimmt, kostenseitig durch die Höhe der Selbstkosten. Allein daraus ergibt sich, daß unmittelbare Wirkungen mit zwingendem Charakter durch den Kosten-

[2] G. Mittag, Zielstrebige Verwirklichung der Hauptaufgabe, in: Einheit: 10/1978, S. 989.

satz auf die Selbstkostensenkung nur sehr eingeschränkt erzielt werden können. Anders ausgedrückt: Der Kostensatz kann sich auch positiv entwickeln, ohne die Selbstkosten in dem für die Gesellschaft notwendigen Maße zu senken. Damit bleibt die Frage offen, welche erheblichen zusätzlichen Wirkungen durch die zentrale Planung des Kostensatzes gegenüber der zentralen Ergebnisplanung erzielt werden können.

Es kommt hinzu, daß das gleiche Sortiment beziehungsweise die gleiche Sortimentsänderung über die Höhe des Umsatzes auf den Gewinn ganz anders wirkt als über die Höhe der Selbstkosten, weil die Strukturierung der Preise der Erzeugnisse nicht mit der Strukturierung der Selbstkosten der Erzeugnisse übereinstimmt beziehungsweise nicht parallel verläuft. Die Wirkungen hinsichtlich der indirekten und direkten Kostenbeeinflussung, die im volkswirtschaftlichen Interesse erzielt werden müssen, sind auch unter diesem Aspekt mit Hilfe von Kostensätzen nicht stimulierbar.

Wenn konsequent mit zentralen Kennziffern auf die Entwicklung der Selbstkosten unmittelbar eingewirkt werden soll, dann ist das m. E. nur über eine Planung der Selbstkostensenkung möglich, bei gleichzeitiger Nutzung der Aussagen von Kostenkalkulationen für die Preisbildung neuer Erzeugnisse in der Selbstkostenplanung, letzteres hauptsächlich wegen der Problematik der Vergleichbarkeit der Selbstkosten der Erzeugnisse für die Selbstkostensenkung.

Die hier am Beispiel des Kostensatzes angedeutete Problematik zeigt sehr deutlich, wie notwendig es ist, sich grundsätzlich stärker kostentheoretischen Fragen zu widmen. Dazu gehören dann ganz sicher weitergehende grundsätzliche Problemstellungen wie die tiefere Durchdringung von Fragen, die das Verhältnis von gesellschaftlichen Produktionskosten und Selbstkosten betreffen, die kostentheoretische Wertung des Verhältnisses von einmaligem und laufendem Aufwand und viele andere Fragen, deren Beantwortung wesentlich dazu beitragen könnte, auch die Planungsmethodik weiter zu verbessern.

W. Stoll

Bewußte Ausnutzung der Finanzen durch den sozialistischen Staat für hohe gesellschaftliche Effektivität

Die Leitung der Staatsbank der DDR begrüßt, daß auf der Grundlage der vorliegenden Thesen eine schöpferische Diskussion ausgelöst wurde, die dazu dienen muß, den auf dem IX. Parteitag der SED insbesondere mit unserem Parteiprogramm gestellten Anforderungen zur bewußten Ausnutzung der Finanzen in der entwickelten sozialistischen Gesellschaft noch besser zu entsprechen.

Die Thesen begründen die objektiven Grundlagen der Finanzen und ihren Platz in der sozialistischen Gesellschaft.

Die gesellschaftliche Praxis bestätigt: *Bewußte Ausnutzung der sozialistischen Finanzen verlangt, sie stets mit dem Blick auf das gesellschaftliche Ganze anzuwenden.* Unter unseren sozialistischen Produktionsverhältnissen wurden dazu in den zurückliegenden 30 Jahren durch eine hohe Vergesellschaftung von Geldfonds und ihre Konzentration in den Händen des Staates entsprechende Bedingungen geschaffen. Ein Wesenszug sozialistischer Finanzen besteht folglich darin, mitzuhelfen, auf der Grundlage des Planes stets gesamtgesellschaftliche Anforderungen auf die warenproduzierenden Kombinate und Betriebe zu transformieren, die Übereinstimmung zwischen den gesellschaftlichen Erfordernissen und den betrieblichen Interessen mit durchzusetzen und auftretende Probleme in Richtung der gesellschaftlichen Zielstellungen zu lösen.

Dieser Prozeß vollzieht sich in der Praxis nicht konfliktlos. Dabei erweist sich der Kredit als Kategorie der Finanzen als ein bewegliches Instrument, um auf progressive Prozesse zur Erschließung von Reserven rasch zu reagieren, aber auch nachdrücklich wirtschaftlichen Mängeln zu begegnen. Wir ziehen aus dem 10. Plenum des ZK der SED die Schlußfolgerung in dieser Richtung – ausgehend von unserer Verantwortung für die bei uns konzentrierten Mittel der Volkswirtschaft und der Bevölkerung –, eine höhere Konsequenz in der Bankarbeit durchzusetzen.

Bewußte Ausnutzung der Finanzen verlangt im besonderen, die gesellschaftlichen Anforderungen und Maßstäbe an unsere sozialistische Ökonomie voll zur Geltung zu bringen. Wir werden die Bereitstellung und den Einsatz von Geldfonds, wie sie in unseren Banken konzentriert sind und durch Kredite zur Verfügung gestellt werden, noch wirkungsvoller an gesellschaftlich begründete Leistungsziele binden. Oft werden in der Praxis noch subjektive Maßstäbe für Aufwand und Ergebnis aus der Sicht von Ressortinteressen dem Einsatz von Finanzmitteln zugrunde gelegt, da die Ausarbeitung gesellschaftlicher Normen auf einigen Gebieten – insbesondere was den Bereich der Investitionen anbelangt – nicht genügend vorankommt. Wir treffen in der Praxis zuweilen Einstellungen zu den Geldfonds der Gesellschaft an, die darauf hinauslaufen, Aspekte der Planerfüllung der Finanzen in erster Linie in der maximalen Verwendung der Mittel, nicht aber am erreichten Ergebnis zu messen. Ein Grundzug der bewußten Ausnutzung der Finanzen besteht deshalb in der konsequenten Bindung des Einsatzes von Finanzmitteln an gesellschaftlich begründete Leistungsziele, die durch qualitative Faktoren der Intensivierung bestimmt werden. Mit Recht muß unsere Gesellschaft verlangen, daß für unser gutes Geld auch entsprechende Leistungen gebracht werden. Einige Erscheinungen in der Praxis zeigen, daß diese notwendige Einstellung zu unserem Geld – auch mit den Mitteln der staatlichen Autorität – vertieft werden muß.

Bewußte Ausnutzung der Finanzen kann sich unter den Bedingungen der sozialistischen Planwirtschaft nur auf der Grundlage und mit Hilfe des Planes vollziehen. Die Finanzen als aktives Instrument des Staates müssen dabei zur konsequenten Durchsetzung des demokratischen Zentralismus, der Staats- und Plandisziplin beitragen. In der Praxis kommt es z. T. vor, daß nicht benötigte Geldfonds entgegen den Zielen des Planes für andere Zwecke mit niedrigerer Effektivität eingesetzt werden. Das 10. Plenum des ZK der SED analysierte hierzu kritisch eine Reihe von Erscheinungen auf dem Gebiet der Investitionen. Ein Merkmal der Finanzen im Sozialismus und ihrer bewußten Ausnutzung ist u. E. ihr planmäßiger und damit streng zweckgebundener Charakter. Dieses Prinzip der Zweckgebundenheit sozialistischer Finanzmittel ist eine notwendige Konsequenz der Planung und muß stets in Übereinstimmung mit dem System der Leitung und Planung ausgestaltet werden. Die Banken müssen künftig entsprechend diesem Grundsatz z. B. auf dem Gebiet der Investitionen die Finanzmittel ausschließlich für die im Plan durch Titellisten bestätigten Vorhaben bereitstellen bzw. freigeben. Der schädlichen Praxis einer Umverteilung von nicht verbrauchten Geldmitteln für ständig neue Objekte mit den negativen Folgen der Zersplitterung und ihren Wirkungen auf Bauzeit, Aufwand und Nutzeffekt ist ernsthaft zu begegnen.

Analysiert man die Praxis der Ausnutzung der Finanzen, so zeigt sich, daß ein hartnäckiger Kampf geführt werden muß, um die den sozialistischen Finanzen als objektive Kategorie innewohnenden Möglichkeiten und Vorzüge voll zur Wirkung zu bringen. Die Dialektik von materiellen und finanziellen Prozessen voll auszuschöpfen, erfordert, die Finanzen für das Herausarbeiten und Realisieren hoher Leistungsziele in der Planung und ihrer Vorbereitung sowie im Prozeß der Plandurchführung auszunutzen und über materielle und finanzielle Fragen gleichzeitig und in Wechselwirkung zu entscheiden. Diese Dialektik kann nicht bedeuten, daß aus einseitigen materiellen Überlegungen automatisch Ansprüche an staatliche Geldmittel abgeleitet werden können. Ein solcher Automatismus, wie er im Denken und Handeln mitunter anzutreffen ist, schwächt die aktive Rolle der Finanzen.

In den Thesen wird u. E. zu Recht die Rolle der Finanzen im Prozeß der zentralen staatlichen Leitung und Planung betont. Das betrifft ihre Wirkung auf die volkswirtschaftliche Effektivität, Proportionalität und Stabilität. Die Erfahrungen der Praxis bei der Planung der Kreditressourcen und Kredite und damit des volkswirtschaftlichen Geldvolumens zeigen, daß z. B. die Bestimmung

— des volkswirtschaftlichen Grades der Eigenfinanzierung der erweiterten Reproduktion aus den Quellen des gesellschaftlichen Reineinkommens einerseits und
— die Ausdehnung der Kredite über die Geldemission und damit aus solchen Quellen wie den Ersparnissen der Bevölkerung oder anderen Mitteln andererseits

wichtige Maßstäbe für die volkswirtschaftliche Effektivität, Proportionalität und Stabilität setzen und den notwendigen Blick für die Erschließung von Reserven schärfen. Diese Erfahrungen bestätigen mit Dringlichkeit die Aussagen im Referat des Genossen Dr. Groche über die Notwendigkeit eines höheren Wachstumstempos des gesellschaftlichen Reineinkommens, in dem sich wichtige Intensivierungsfaktoren in Mark und Pfennig für unsere Gesellschaft niederschlagen müssen.

Die Gewährleistung ausgewogener Proportionen zwischen den materiellen und finanziellen Prozessen, die eine leistungsgerechte Bildung von Geldeinnahmen und ihre bedarfsgerechte Realisierung entsprechend dem Plan sichern, schafft wichtige Bedingungen für die Stabilität der Staatsfinanzen und erweist sich auch als eine Grundlage für die gesellschaftliche Wirksamkeit der aktiven Rolle der Finanzen.

In der Praxis führen z. B. Überplanbestände oder Schwarzinvestitionen, in denen außerplanmäßig auch staatliche Finanzmittel gebunden sind, sowie Bilanzdefizite und nicht bedarfsgerecht realisierte Finanzmittel zu Störungen. Sie schwächen den konsequenten Kampf um hohe Ökonomie und schränken die Wirksamkeit der Finanzen ein. Deshalb ist die Erhöhung der Qualität der zentralen staatlichen Planung der Finanzen als Teil der volkswirtschaftlichen Gesamtrechnung eine wichtige Bedingung für die aktive Rolle der Finanzen und eine notwendige Konsequenz aus den Beschlüssen des 10. Plenums zur Vervollkommnung der Leitung und Planung der Volkswirtschaft.

Qualitativ höhere Anforderungen an die Ausnutzung der Finanzen im Rahmen der wirtschaftlichen Rechnungsführung – die mit Recht in den Thesen einen breiten Raum einnehmen – ergeben sich gegenüber den Kombinaten. Sie bewirken, daß die dort geschaffenen materiellen, finanziellen und geistigen Potenzen zu der für die Erfüllung der Hauptaufgabe notwendigen Leistungssteigerung führen. Deshalb sehen wir eine wichtige Seite darin, zur Herausarbeitung der Leistungsziele und Mobilisierung von Reserven in engem Zusammenhang mit der Erwirtschaftung und Verwendung der Finanzen beizutragen und die Vorzüge und Möglichkeiten eines konzentrierten Einsatzes der materiellen und finanziellen Ressourcen zur Erhöhung der Effektivität zu unterstützen.

Aus der Sicht der Bank werden wir die gesellschaftlichen Kreditfonds dazu über die konkreten Kreditbedingungen der Hergabe, Tilgung und Verzinsung noch enger an die qualitativen Faktoren der Intensivierung entsprechend dem Plan binden. Der Kredit ist kein globaler Geldfonds. Er ist zweck- und objektgebunden entsprechend den Zielen des Planes, seiner konkreten Struktur und der dort festgelegten staatlichen Rang- und Reihenfolge und leistungsgebunden entsprechend den Erfordernissen der Intensivierung. Werden diese Anforderungen nicht erfüllt, so ist es gesellschaftliche Pflicht, staatliche Kredite zu verweigern oder zurückzufordern und gleichzeitig hartnäckig den Kampf zur Beseitigung der Verlustquellen zu organisieren. Das bedeutet, auch über die Bereitstellung oder ggf. Verweigerung von Finanzmitteln die gesellschaftlichen Leistungsanforderungen bewußt zu machen. Wirksamkeit der Finanzen muß bereits in der Vorbereitungsphase von Entscheidungen einsetzen und von den Leitern auf allen Ebenen genutzt werden. Unsere Erfahrungen zeigen, daß Mängel in der Vorbereitung, z. B. auf dem Gebiet der Investitionen, sich grundsätzlich negativ auf die Ökonomie auswirken. Deshalb ist auch in dieser Hinsicht der Einfluß auf staatliche Ordnung und Disziplin Voraussetzung für die Bereitstellung und den effektiven Einsatz staatlicher Geldmittel.

Unter diesen Gesichtspunkten organisieren wir die Weiterentwicklung der Bankkontrolle. Unsere Aufmerksamkeit ist in diesem Zusammenhang darauf gerichtet, positive Erfahrungen, die das gesellschaftlich Progressive aufzeigen, schneller verallgemeinern zu helfen und über Mängel zugleich mit Lösungsvorschlägen rasch zu informieren. Das staatlich sozialistische Banksystem mit seinen Niederlassungen macht es möglich, Leistungen zwischen Betrieben und Zweigen zu vergleichen, die Kontrolle über die Effektivität zeitlich von der Vorbereitung von Maßnahmen über die Planung bis zu ihrer Realisierung zu verfolgen und Kontrollergebnisse zu volkswirtschaftlichen Schwerpunkten rasch für die Führungstätigkeit der Partei und des Staates zu verdichten und zu verallgemeinern. Auch das ist ein wichtiger Aspekt der bewußten Ausnutzung der Finanzen mit ihren objektiven Funktionen.

Die Erfahrungen in den zurückliegenden 30 Jahren zeigen, daß sozialistische Produktionsverhältnisse neue Wirkungs- und Ausnutzungsbedingungen auch für die sozialistischen Finanzen hervorbringen. Sie schließen auch eine neue Qualität in der Ausschöpfung der Dialektik zwischen den objektiven Grundlagen der Finanzen und ihrer gesellschaftlich bewußten Ausnutzung ein, worauf mit diesem Diskussionsbeitrag aus der Sicht der Praxis besonders aufmerksam gemacht werden sollte.

Die bewußte Ausnutzung der Finanzen auf der Grundlage des Planes als Instrument unseres Staates in Verbindung mit unserer sozialistischen Demokratie schaffen Notwendigkeit und Möglichkeit für eine hohe gesellschaftliche Wirksamkeit auch der Finanzen. Sie voll in die Wirklichkeit umzusetzen ist unsere gemeinsame Pflicht.

M. Heuer

Die Erhöhung der Wirksamkeit der Kostenarbeit – eine Voraussetzung zur weiteren Vertiefung der Intensivierung

Den vorgelegten Thesen stimme ich prinzipiell zu. Als Ergebnis einer fundierten Analyse werden Vorschläge zur Weiterentwicklung auf dem Gebiet der Finanzen unterbreitet. Ich möchte einige Bemerkungen insbesondere zu den Thesen zur weiteren Qualifizierung der Kostenarbeit machen.

Den Ausführungen soll eine kurze Charakteristik des Kombinates VEB Kabelwerk Oberspree „Wilhelm Pieck" vorangestellt werden. Das Kombinat VEB Kabelwerk Oberspree „Wilhelm Pieck" wurde im Jahre 1967 als eines der ersten in der DDR gegründet. Ich gestatte mir an dieser Stelle aus der „Geschichte der SED" zu zitieren:

„Die Erfahrung auswertend und Entwicklungstendenzen berücksichtigend, hatte das Politbüro im Herbst 1966 beschlossen, schrittweise volkseigene Kombinate zu bilden. Zu den ersten gehörte das Kabelkombinat Berlin-Oberspree . . ."[1]

Im Kombinat sind die über das gesamte Territorium verteilten 13 Kabelwerke der DDR mit insgesamt 17 000 Werktätigen vereinigt. Das Kombinat wird durch den Generaldirektor geleitet, der in Personalunion gleichzeitig für die Leitung des Stammwerkes als größtem Kabelwerk (dem VEB Kabelwerk Oberspree mit 6500 Werktätigen) verantwortlich ist. Die Wahrnehmung der Doppelfunktion trifft auf die übrigen Leitungskader des Stammwerkes ebenfalls zu.

Die volkseigenen Betriebe des Kombinates werden durch Werkdirektoren geleitet; sie sind ökonomisch und juristisch selbstständig und arbeiten voll nach dem Prinzip der wirtschaftlichen Rechnungsführung.

Das Produktionssortiment der Kabelindustrie umfaßt etwa 10 000 Einzelerzeugnisse. Die Haupterzeugnisse der Kabelindustrie sind Kabel, Leitungen und Wickeldrähte.

Es soll erwähnt werden, daß das Kombinat VEB KWO seit seiner Gründung im Jahre 1967 auf eine kontinuierliche Planerfüllung und -übererfüllung zurückblicken kann, mehrmaliger Wettbewerbsaufrufer der Republik war, Träger des Karl-Marx-Ordens und anderer hoher Auszeichnungen ist und am 4. Januar 1976 mit dem Ehrennamen „Wilhelm Pieck" ausgezeichnet wurde.

Zum Begriff Kostenarbeit

Unter Kostenarbeit verstehe ich sowohl den Komplex der leistungsbezogenen Planung, Abrechnung, Kontrolle und Analyse der Kosten, als auch die dadurch initiierte bewußte Beeinflussung des Verhältnisses von laufendem Aufwand und Ergebnis durch alle Werktätigen. Eine wesentliche Aufgabe der wirtschaftlichen Rechnungsführung ist es, in die-

[1] Geschichte der Sozialistischen Einheitspartei Deutschlands, Berlin 1978, S. 49.

sem Zusammenhang solche Bedingungen zu schaffen, daß sich jeder Werktätige, vornehmlich jeder Leiter, mit diesem Grunderfordernis des planmäßigen und sparsamen Wirtschaftens bei jeder seiner Entscheidungen und Handlungen voll identifiziert und dieses qualitative Erfordernis gegenüber den quantitativen stärker zum bestimmenden Motiv seines Handelns herausgebildet wird.

Wesentlich erscheint mir immer wieder die Herausstellung der Forderung, daß die Kostenarbeit generell nicht isoliert als Ressortarbeit der Spezialisten der planenden und abrechnenden Struktureinheiten betrieben wird, die Entwicklung des Verhältnisses von Aufwand und Ergebnis darf kein anonymer Vorgang sein.

Wir haben in unserem Kombinat eine Konzeption zur Qualifizierung der Kostenarbeit. Sie geht davon aus, daß die Arbeit jedes Werktätigen und insbesondere die jedes Leiters zugleich über das Entstehen und die Höhe von Kosten entscheidet und darüber, ob ein günstiges Verhältnis von Aufwand und Ergebnis erreicht wird. In Durchsetzung der Konzeption haben wir zum Beispiel generelle Voraussetzungen durch eine exakt geregelte Kostenverantwortlichkeit geschaffen.

Die verantwortlichen Leiter der 1. und 2. Leitungsebene sind für die Entwicklung z. B. ausgewählter Kostenarten rechenschaftspflichtig und unterliegen einem exakten Rapportsystem. Gleiche straffe Grundsätze werden durch das Kombinat gegenüber den Werken durchgesetzt.

Unter Nutzung bekannter betriebswirtschaftlicher Methoden ist es dem Kombinat seit Jahren gelungen, die Selbstkostensenkung zu erfüllen. Für die Phase der Produktionsvorbereitung sind in letzter Zeit gesetzliche Regelungen geschaffen worden, die der Bedeutung der Kosten stärker gerecht werden. Ich denke dabei z. B. an die Pflichtenheftordnung, die Durchsetzung des Preis-Leistungsverhältnisses u. a. Unser Kombinat selbst hat durch die Entwicklung der „Nutzensbuchführung“[2] im Rahmen der Nutzensrechnung vornehmlich für Investitionen ein Leitungs- und Kontrollinstrument geschaffen, um der in der letzten ZK-Tagung erhobenen Kritik auf dem Gebiet des Investitionsgeschehens Rechnung zu tragen und der Unplanmäßigkeit im Sinne Schwarzinvestitionen, der Überschreitung des Aufwandes, dem Nichterreichen des Ergebnisses und der Überziehung von festgelegten Terminen entgegenzuwirken.

Bei der weiteren Vertiefung der Kostenarbeit geht es nach meiner Meinung jedoch auch in erster Linie um die Leiter in der vordersten Linie, um die Meister und Brigadiere. Diese Kader sind nicht von Hause aus Finanzexperten. Hier ist ein wichtiger Ansatzpunkt, da in der Phase der Produktionsdurchführung über einen entscheidenden Teil der Selbstkostensenkung entschieden wird. Wir versuchen, die Durchsetzung der innerbetrieblichen wirtschaftlichen Rechnungsführung durch eine systematische Schulung dieser Kader zu vertiefen. Hierzu werden zum Beispiel die Meistertage genutzt und es wurde ein „Handbuch zur Kostensenkung für Meister und Brigadiere“ erarbeitet, in dem in einer verständlichen Form die Methoden der Kostensenkung erläutert werden und gleichzeitig die Möglichkeiten der materiellen und moralischen Stimulierung aufgezeigt werden. Im Rahmen des persönlichen Kontaktes mit den Meistern konnte ich feststellen, daß gerade zu den Regelungen der wirtschaftlichen Rechnungsführung, den Bildungskriterien für den Prämien- und Leistungsfonds noch unzureichende Kenntnisse bei ihnen vorlagen.

[2] M. Heuer, Wirksamere Kontrolle stärkt Einfluß auf Intensivierung, in: Sozialistische Finanzwirtschaft, 2/1977, S. 14.

Ich möchte auch sagen, daß auf Grund der Vielfalt der Zuführungskriterien und der an sie geknüpften Restriktionen die Berechnung der Zuführung Spezialisten vorbehalten ist, so daß im Rahmen der innerbetrieblichen wirtschaftlichen Rechnungsführung eine Transmission zur Nutzung der Stimulierungsfunktion der Fonds der wirtschaftlichen Rechnungsführung gefunden werden muß. Darum sollten meines Erachtens hinsichtlich der Bildung der Fonds der materiellen Interessiertheit Möglichkeiten der Vereinfachung angestrebt werden.

Zu den Methoden der Kostenanalyse

In den Thesen wurde auf das Problem verwiesen, wonach gegenwärtig auf Grund fehlender Voraussetzungen lediglich die jährliche Planung die Grundlage der Ausnutzung der Stimulierungsfunktion der Finanzen bildet. Gerade hier erscheint es mir dringend erforderlich, daß durch Rechnungsführung und Statistik ein wesentlicher Beitrag mit Hilfe der stärkeren Nutzung der Methode der Zeitreihenanalyse zu leisten ist.

Wir können die Betrachtungsweise der finanziellen Widerspiegelung des Reproduktionsprozesses, der Entwicklung und Wirkung des wissenschaftlich-technischen Fortschritts nicht auf die Jahresscheibe reduzieren, in dem wir hauptsächlich den Plan-Ist-Vergleich eines Jahres analysieren und alle finanzökonomischen Regelungen daran knüpfen. Wir müssen davon ausgehen, daß wir Prozesse betrachten müssen, die einen Perspektivplanzeitraum in der Regel erreichen oder sogar überschreiten.

Und hier bin ich an einem Punkt, den die Rechtsvorschriften über Rechnungsführung und Statistik eindeutig fordern, wo wir aber gegenwärtig noch Mängel haben. Sie verlangen die Arbeit mit Zeitreihen, den Zeitreihenvergleich, die Ableitung von Entwicklungstendenzen, sei es zurück oder in die Zukunft. Das schließt m. E. das Rechnen mit Kosten ein.

Wir konnten im Kombinat auf dem Gebiet der Grundfondsökonomie wichtige Erkenntnisse sammeln. Sicherlich sind die grundfondsökonomischen Prozesse, der einmalige Aufwand, besser zu überschauen als die Kosten in ihrer Vielfalt. Ich betrachte es als Aufgabe der Kostenrechnung, der Leitung und Planung solche Informationen bereitzustellen, die sie befähigen, Kostenbetrachtungen über einen längeren Zeitraum vornehmen zu können. Das schließt das Verhältnis Kosten zur Leistung, die Vergleichbarmachung der Kosten, kostendynamische Fragen und ähnliche Fragen ein.

Ich möchte in diesem Zusammenhang lediglich ein interessantes Problem der Kostenentwicklung aus der Betrachtung eines längerfristigen Zeitraums darstellen: Eine hohe Steigerungsrate ist im Kombinat bei der Entwicklung der Restbuchwerte ausgesonderter Grundmittel feststellbar. Der Anteil der Restbuchwerte an den Aussonderungen stieg von 3,3% im Jahre 1967 auf rd. 20% im Jahre 1977 und 1978. Daß es sich bei dieser Kostenart – deren Entwicklung in sehr engem Zusammenhang mit der Ausgestaltung der materiell-technischen Basis steht – um ein nicht unbedeutendes Kostenvolumen handelt, wird deutlich, wenn man es zur Selbstkostensenkung in Beziehung setzt. 1978 beträgt der Anteil z. B. 10%.

Hierbei handelt es sich offensichtlich um einen nicht nur für das Kombinat VEB KWO zutreffenden Prozeß, der einer verstärkten betriebswirtschaftlichen Beachtung bedarf.

Diese Restbuchwerte stellen dem Grunde nach einen einmaligen Aufwand dar, der dem Bruttowertanteil der Grundmittel entspricht, der nicht produktiv verwertet werden konnte. Die Restbuchwerte werden gemäß den geltenden Bestimmungen in die laufenden Kosten (gegebenenfalls über Jahre verteilt) verrechnet und wirken damit direkt auf das betriebliche Ergebnis. Das Entstehen von Restbuchwerten ist dabei unter den Bedingungen der durchgängigen sozialistischen Rationalisierung und Rekonstruktion, der intensiv erweiterten Reproduktion nicht von vornherein als Negativum zu werten. Unter Beachtung der dem Kombinat zur Verfügung stehenden, begrenzten materiellen und finanziellen Ressourcen wird die Auswahl der auszusondernden Maschinen nicht ausschließlich nach dem Kriterium der Restnutzungsdauer der jeweiligen Grundmittel zu treffen sein, sondern die Entscheidung wird von den im technologischen Zyklus vertretenen Grundmitteln des zu erneuernden Reproduktionsprozesses bestimmt. Dabei ist zu beachten, daß zur Herstellung von Kabel und Leitungen Spezialmaschinen eingesetzt werden, die außerhalb des Industriezweiges bisher in der Regel keine Verwendung finden und deswegen nicht gegen Werterstattung umgesetzt werden können, sondern – verbunden mit dem Anfall von Restbuchwerten verschrottet werden.

Ein weiteres Entscheidungskriterium für die Aussonderung von Grundmitteln ist die Durchsetzung der Spezialisierung. Es ist davon auszugehen, daß natürlich auch durch Änderung der Bedarfslage Grundmittel vor Ablauf ihrer normativen Nutzungsdauer auszusondern sind. Aussonderungen auf Grund des Eintretens des moralischen Verschleißes vor Ablauf der normativen Nutzungsdauer stellen unter gegenwärtigen Bedingungen nicht die Regel dar.

In diesem Zusammenhang ist darauf zu verweisen, daß sich die ökonomischen Regelungen und die finanzökonomische Arbeit nicht nur auf den Prozeß der Erneuerung der Grundfonds beschränken darf, sondern komplexe grundfondsökonomische Untersuchungen unter Beachtung aller Reproduktionsformen, insbesondere des Grundsatzes „Mit dem Vorhandenen besser zu wirtschaften“, erforderlich sind.

Zusammenfassend hierzu möchte ich feststellen, daß qualifizierte finanzökonomische Arbeit die Durchführung von Zeitreihenanalysen über die Entwicklung des einmaligen und des laufenden Aufwandes in der Beziehung zur Leistung erfordert, hierbei sind technisch-ökonomische, sozialökonomische u. a. Kennziffern mit einzubeziehen. Diese Methode stellt sowohl ein Leitungshilfsmittel für die Beurteilung vergangener Zeiträume als auch für die Planung, für die Vorausberechnung der Entwicklung des Aufwandes und für die vorausschauende Finanzkontrolle dar.

Einige Überlegungen zu den materiellen, personellen und organisatorischen Voraussetzungen

Vorstellungen über die weitere Qualifizierung der Kostenarbeit müssen immer von der Grundvoraussetzung ausgehen, daß sie mit der gleichen oder einer geringeren Anzahl von Arbeitskräften in der Verwaltung zu realisieren sind.

Das erfordert die konsequente Anwendung der elektronischen Datenverarbeitung. Wir haben in unserem Kombinat gerade in den letzten Jahren entscheidende Verbesserungen durch die Nutzung der elektronischen Datenverarbeitung erreicht, indem wir die Abrechnungszeiten verkürzten und gleichzeitig freie Zeit schaffen konnten für den Übergang vom Kostenregistrieren der traditionellen Kostenrechnung zur eigentlichen Kostenanalyse. Diese Kapazitätserhöhung durch Anwendung der EDV können wir aber nur ausnutzen, wenn wir die Mitarbeiter der Kostenrechnung entsprechend qualifizieren.

Hier ergeben sich meines Erachtens auch hohe Anforderungen an die Nutzung der kombinatlichen und betrieblichen Möglichkeiten und Formen der Erwachsenenqualifizierung.

Die in den Thesen erhobene Forderung nach Erteilung abrechenbarer Aufträge, unter anderem auch zu Kostenkennziffern, kann nur unter Wahrung des Grundsatzes, daß das, was geplant wird, auch abzurechnen ist, wirkungsvoll durchgesetzt werden.

Die Kostenrechnung ist wie keine andere Einzelrechnung von Rechnungsführung und Statistik mit der technologischen Disziplin des jeweiligen Betriebes verbunden. Sie kann nur so genau sein, wie wir im Prozeß der materiellen Produktion messen, wiegen und zählen können. Es geht letztlich darum, auf den technologischen Prozeß auch in der Richtung Einfluß zu nehmen, daß über die Verbesserung von Messen, Wiegen und Zählen (zum Beispiel durch Einsatz der Mikroelektronik) in enger Zusammenarbeit zwischen Ökonomen und Technologen *dort* Voraussetzungen für die weitere Qualifizierung der Kostenrechnung geschaffen werden, wo gegenwärtig der technologische Prozeß bestimmte Grenzen setzt. Das trifft auch zum Teil auf Prozeßabläufe der Kabelindustrie zu. Ich schlage vor, als gesonderten Analysenschwerpunkt die limitierten Kosten mit in die Thesen aufzunehmen. Auf Grund ihres relativ geringen Anteils an den Kosten insgesamt stellen die limitierten Kosten aus betrieblicher Sicht keinen Kostenschwerpunkt dar; bei ihnen geht es in erster Linie um die Durchsetzung und Wahrung gesellschaftlicher Interessen, das ist im Rahmen der Kostenarbeit den Kollektiven deutlich zu machen.

Die Einhaltung der limitierten Kosten ist ein ständiger Leitungsschwerpunkt des Generaldirektors des Kombinats.

Zusammenfassend begrüße ich die in den Thesen unterbreiteten Vorschläge zur Erhöhung der Rolle der Kosten im Rahmen der sozialistischen Finanzwirtschaft.

Einige Bemerkungen zur Rolle der Finanzen im Kombinat

Die Forderung in den Thesen hinsichtlich der Erhöhung des Rechts des Generaldirektors, finanzielle Fonds in den Betrieben und zentral für das gesamte Kombinat in eigener Verantwortung festzulegen, wird voll unterstützt. Die vorgeschlagene Regelung entspricht in einer Vielzahl der dargestellten Punkte der Erfahrung unseres Kombinats. Eine entscheidende Voraussetzung für die volle Erschließung und Nutzung der sich aus der Kombinatsbildung ergebenden Effekte ist die Herausbildung des Kombinatsdenkens der Werktätigen und das Verständnis dafür, daß das Kombinat ein Teilsystem der Volkswirtschaft ist. Diesem Erfordernis müssen sich finanzökonomische Regelungen unterordnen, hierin liegt auch die höhere Qualität der wirtschaftlichen Rechnungsführung des Kombinats begründet. Die im Kombinat VEB KWO erreichte Erhöhung des Spezialisierungsgrades von 55% auf über 85% in einem relativ kurzen Zeitraum von 1967 bis 1970 – bei nachweisbarer wesentlicher Verbesserung des Verhältnisses von Aufwand und Ergebnis – wäre nicht möglich gewesen, wenn nicht gleichzeitig mit der Kombinatsbildung kombinatsinterne Regelungen, insbesondere zur Bildung und Verwendung des Prämienfonds aus Exporttätigkeit und der Bildung und Verwendung des Exportergebnisses, getroffen worden wären. Damit wurde eine Bevorzugung oder Benachteiligung der Werkkollektive aus der Abgabe oder Übernahme eines zu spezialisierenden Erzeugnisses ausgeschlossen.

Ich begrüße, daß – entsprechend den Thesen – künftig unter anderem auch der Leistungsfonds stärker hierbei einbezogen wird. Ich habe für den Zeitraum der Existenz des Leistungsfonds (1972–1978) die Streuung des Pro-Kopf-Betrages der Werke um den Kombinatsdurchschnitt untersucht. Die Mehrzahl der Werke schwankt in enger Toleranz um den Durchschnitt, das ist positiv zu werten. Hinsichtlich der Extremwerte zeigt sich jedoch, daß das Werk mit der höchsten Pro-Kopf-Quote um 26% über dem Kombinatsdurchschnitt liegt, das Werk mit der niedrigsten Pro-Kopf-Quote jedoch nur 31% (bezogen auf den Durchschnitt) zuführen konnte; bezogen auf den Höchstbetrag sind das nur 24%.

Da es sich in diesem Fall außerdem um ein kleines Werk handelt, sind daraus resultierende ungleiche Entwicklungen innerhalb des Kombinats nicht auszuschließen.

E. Polaschewski

Zu den Bedingungen für die aktive Nutzung des Geldes und der Finanzen in der sozialistischen Wirtschaft

Es ist der Feststellung in den der Beratung zugrunde liegenden Thesen zuzustimmen, daß der Bedeutung des Geldes und der Finanzen eine größere Aufmerksamkeit beigemessen werden muß. Dies macht es jedoch notwendig, die dafür erforderlichen Bedingungen theoretisch möglichst genau zu fixieren. Dazu ist es notwendig, auf die Bedingungen des Verhältnisses von materiellen, wertmäßigen und finanziellen Prozessen einzugehen. Dadurch erschließen sich die vorhandenen Möglichkeiten für eine wirksamere Nutzung dieser Kategorien. Zugleich können damit auch die Grenzen, die einer wachsenden Rolle des Geldes im Wege stehen, abgebaut werden.

Ein wachsendes gesellschaftliches Produkt ist verbunden mit einer wachsenden Geldmenge. Dabei wird davon ausgegangen, daß Wachstum und Stabilität untrennbar zusammenhängen. Es kommt demnach auf ein solches Wachstum an, das auch künftig eine stabile Entwicklung gewährleistet und die objektiv notwendigen Proportionen seiner inneren Struktur einschließt. Aus dieser Sicht ist die materielle, geldmäßige und finanzielle Entwicklung als eine objektiv determinierte Proportion zu charakterisieren. Eine solche Entwicklung muß auf den gesellschaftlichen Zielen der sozialistischen Gesellschaft basieren und hat im Bereich der materiellen Produktion die Erzeugung eines bedarfsgerechten gesellschaftlichen Produktes mit hoher Effektivität des Ressourceneinsatzes zum Inhalt. Damit beruht eine stabile Geldentwicklung auf gesellschaftlich notwendigen Proportionen der materiellen Prozesse. Disproportionen des gesellschaftlichen Gesamtproduktes führen zwangsläufig zu Disproportionen in der Geldmenge. Der Kreislauf des Fondsumschlags wird beeinträchtigt und das Geld wird seiner vermittelnden Rolle dieses Kreislaufs nicht mehr voll gerecht.

Von besonderer Bedeutung in diesem Prozeß ist die Funktion des Geldes als Maß der Werte und Maßstab der Preise. Es tritt aber hier nicht als ein neutraler Meßgegenstand auf, sondern nur in dem Maße, wie es den Austausch auf der Grundlage des Äquivalentausgleichs vermittelt. Hierin ist eingeschlossen, daß es Abweichungen zwischen Wert und Preis gibt und geben muß. Sie sind der wirtschaftspolitischen und sozialen Zielstellung des sozialistischen Staates zur bewußten Ausnutzung des Geldes geschuldet. Überall dort, wo eine solche wirtschaftspolitisch gewollte und zugleich notwendige Abweichung nicht gegeben ist, müssen Abweichungen zwischen Wert und Preis zu fehlerhaften Verhaltensweisen führen. Dieser Feststellung liegt die zwingende Logik zugrunde, daß es nicht genügt, die für die Produktion einzusetzenden Ressourcen in ihrer originären, neutralen Gestalt zu messen. Vielmehr ist ein Vergleich nur über die Bewertung mit Hilfe des Geldes möglich. Da die Ressourcen in den meisten Fällen nicht eindeutig nur einem einzigen Zweck zugeführt werden können, viele Einsatzzwecke denkbar sind und zugleich die Effektivität nur aus der jeweils gegebenen Ressourcenlage beurteilt werden können, müssen zwangsläufig fehlerhafte Bewertungen zu fehlerhaften Entscheidungen führen. Daraus folgt, daß die Preise – abgesehen von den erwähnten gewollten und notwendigen Abweichungen vom Wert – den Aufwand richtig widerspiegeln müssen. Dieser Zusammenhang zeigt sich aber nicht erst in der Zirkulationsphase, vielmehr wird die Zweckbestimmung und Effektivität bereits in der Vorbereitung der Produktion bzw. mit den gesellschaftlichen Planentscheidungen disponiert.

Die aktive Nutzung des Geldes und der Finanzen als Maß der Werte beziehungsweise in der Verteilungsfunktion steht demnach in unmittelbarem Zusammenhang mit den Kategorien des Preises, der Kosten, des Kredits und so weiter. Je vollkommener der Aufwand an Ressourcen bewertet und normiert ist, je vollkommener alle ökonomischen Entscheidungen auf ihre Effektivität hin berechnet sind, um so besser wird den objektiven Erfordernissen des Geldumlaufgesetzes beziehungsweise des Repräsentationsgesetzes entsprochen.

Beschleunigung des wissenschaftlich-technischen Fortschritts und Erhöhung der Effektivität seiner Ergebnisse sind damit notwendige Bedingungen für die aktive Rolle des Geldes. Es sind damit alle in den Thesen genannten Bestrebungen nachdrücklich zu unterstützen,

- die Proportionalität in den wirtschaftlichen Prozessen zu erhöhen,
- einen schonungslosen Kampf um die Senkung der Kosten bei der Einführung neuer wissenschaftlicher Ergebnisse und der Durchführung und Realisierung der Produktion zu führen sowie
- alle Voraussetzungen für eine wirksame Teilnahme der Werktätigen an der Kostensenkung zu schaffen.

Bei der Beschleunigung des wissenschaftlich-technischen Fortschritts muß dabei unter anderem der Proportion zwischen Forschungs- und Entwicklungspotential und den Investitionen besondere Aufmerksamkeit gewidmet werden. In vielen Fällen (wenn nicht gar in den meisten) erweisen sich die Investitionsmöglichkeiten als das Nadelöhr für die Umsetzung neuer wissenschaftlich-technischer Ergebnisse. Wenn es aber nicht gelingt, diese Ergebnisse ohne Verzögerung in die Produktion umzusetzen, dann wird von vornherein ihre Effektivität gemindert. Aus alldem folgt, daß es nicht nur allein richtig ist, die Rolle des Geldes und der Finanzen aus gesellschaftlicher Sicht nur verstärkt beim Volkswirtschaftsplanansatz und anderen langfristigen volkswirtschaftlichen Berechnungen zu nutzen, sondern daß die aktive Nutzung des Geldes und der Finanzen auch im Bereich der Betriebe und Kombinate viel stärker in die Vorbereitungsphase eingreifen muß. Die in der Vorbereitungsphase getroffenen Entscheidungen und fixierten Resultate werden früher oder später im Geldumlauf sichtbar und zeigen sich je nach Qualität dieser Entscheidung in Gestalt notwendiger und stabiler Proportionen oder in Disproportionen.

Die Finanzen sind eine quantitativ bestimmte Kategorie, und ihr Einsatz ist durch ein gegebenes Quantum begrenzt. Wird von den Möglichkeiten einer ungerechtfertigten Geldemission abgesehen, bedeutet das, die Finanzen im Entscheidungsprozeß der Betriebe und Kombinate selbst als quantitativ bestimmte Ressourcen anzusehen.

Es ist den Thesen zuzustimmen, die Kostenplanung nach Einflußfaktoren zu vervollkommnen und weitere Kostenkennziffern in Planung und Abrechnung einzuführen. Dabei sollte sich die Kostenplanung nach Faktoren nicht nur allein auf solche Kennziffern wie Materialkostenintensität, Arbeitsproduktivität, Durchschnittslohnentwicklung stützen, sondern möglichst alle wesentlichen Kostenarten und -komplexe erfassen. Über die bisher in der Literatur gemachten Vorschläge muß vor allem der Aufwand an Elektroenergie und anderen Brennstoffen, der Einsatz produktiver Fonds, der Reparaturaufwand, Forschungs- und Entwicklungsaufwand mit eingeschlossen werden.

Die Einführung weiterer Kostenkennziffern sollte nicht losgelöst von der vorläufig abschließenden Beurteilung der Möglichkeit einer Kennziffer der Gesamteffektivität erfolgen. Abstrahiert man von analytischen Zwecken, so sind solche Kennziffern nur sinnvoll, wenn sie auch Bestandteil der staatlichen Planung werden. Selbst wenn eine zusammenfassende Effektivitätskennziffer sich einer hinreichenden Beherrschbarkeit in der Handhabung noch entzieht, so wäre es m. E. dennoch günstig, alle Kennziffern von Teilprozessen aus der Sicht einer solchen möglichen Gesamtkennziffer und ihrer Einordnung in eine mit ihr im Zusammenhang stehende Kennziffernpyramide abzuleiten. Dadurch würden günstige Voraussetzungen für Effektivitätsanalysen geschaffen, weil von vornherein die Kopplungsmöglichkeiten in die Entscheidung über diese Kennziffern einbezogen werden. Zugleich sollten solche Kennziffern stärker aus der Sicht ihres Zweckes beurteilt werden. Das bedeutet, sie so zu gestalten, daß die gewollten Einflüsse sichtbar und beherrschbar gemacht werden. So kann der Materialkosteneinsatz in das Verhältnis zu den Gesamtkosten oder Produktion gesetzt werden. Wird die Beziehung zum Wert der Produktion verwendet, so wirken hierauf außer dem wechselnden Materialeinsatz bei Sortimentsentscheidungen auch noch die unterschiedlichen Gewinnraten. Daher erscheint es günstiger, sofort die Beziehung zu den Gesamtkosten zu nutzen, um damit einen Einflußfaktor zu isolieren.

Die Bildung der Kombinate und die Bemühungen um die Einführung von Kennziffern des Endprodukts haben erneut die Frage aufgeworfen, ob in der Kombinatsabrechnung bestimmte Konsolidierungen vorgenommen werden müssen. Es soll hier nur auf das Problem hingewiesen werden, damit bei der Suche nach Lösungen von einem möglichst exakt definierten Problemgehalt ausgegangen werden kann. Folgendes ist m. E. zu unterscheiden:

Zum einen besteht das Bedürfnis, bei der sich vertiefenden innerkombinatlichen Spezialisierung und Kooperation Aufschluß über die primären Kosten des Endprodukts zu erhalten. Es geht demnach darum, die Vorstufenleistungen in ihrem primären Kostenartengehalt aufzulösen. Dies ist eine analytische Aufgabe, und meines Erachtens darf damit die periodische Abrechnung nicht belastet werden. Unter Zuhilfenahme des Matrizenkalküls ist je nach Erfordernis eine Rückauflösung vorzunehmen.

Zum anderen erhebt sich die Frage, ob nicht realisierte Gewinne in der Kombinatsabrechnung eliminiert werden müssen. Solche Gewinne können entstehen, wenn innerkombinatliche Verflechtungen beim abgebenden Betrieb ergebniswirksam ausgewiesen werden, die beim abnehmenden Betrieb innerhalb der Abrechnungsperiode noch nicht voll verbraucht sind. So ist theoretisch leicht nachweisbar, allerdings praktisch nicht ohne Komplikationen realisierbar, solche Gewinne in der Gesamtabrechnung zu eliminieren. Bei der endgültigen Fixierung des Lösungsansatzes geht es meines Erachtens letztlich um die Entscheidung, ob dem Leistungs- oder dem Realisierungsprinzip der Vorrang gegeben wird. Letztendlich ändert sich durch eine solche Eliminierung am Gesamtergebnis nichts, wohl aber gibt es Verschiebungen innerhalb der Abrechnungsperioden. Wird dem Grundsatz gefolgt, daß die Produktion von vornherein eine planmäßig und gesellschaftlich notwendige ist, die Kombinatsbetriebe juristisch selbständig sind und der Realisierungsakt vollzogen ist, dann kann auf eine solche Eliminierung verzichtet werden.

W. Schuster

Zur Frage der Kostensenkung und einigen weiteren betriebswirtschaftlichen Problemen

Einen breiten Raum nimmt in den Thesen die Kostenanalyse ein. Das ist unbedingt zu unterstreichen, denn im Sinne der Intensivierung können wir mehr Erzeugnisse zugleich mit immer besseren Gebrauchseigenschaften nur produzieren, wenn wir den Aufwand zur Herstellung eines Erzeugnisses ständig senken. Deshalb sollte auf die Senkung der Kosten für den Einsatz von Grundmitteln mit noch größerem Nachdruck gewiesen werden. Bezogen auf die Selbstkosten pro Erzeugnis ist außerdem deutlich herauszuarbeiten, daß es konkret um die Verbesserung des Realkostenindexes geht, also um eine Reduzierung der Kosten im Verhältnis zur Verbesserung der Gebrauchseigenschaften, bei Arbeitsmitteln konkret um die Erhöhung der Leistung. Wenn von Kostensenkung gesprochen wird, muß auch darauf hingewiesen werden, daß die Kostensenkung ein Ergebnis der Produktion ist. Sie erhöht aber erst dann die Effektivität betrieblichen Wirtschaftens, wenn die Erzeugnisse zum vorgesehenen Preis verkauft werden und so die Kostensenkung über eine Erhöhung des Gewinns auch tatsächlich realisiert wird. Das macht es notwendig, den Zusammenhang zwischen Kostensenkung und Gewinnerhöhung immer exakt aufzuzeigen und mit Nachdruck darauf hinzuweisen, daß der Gewinn eine Kategorie der Realisierung ist und die Kostensenkung ohne Verkauf der Erzeugnisse wenig nützt. Die Planung der Selbstkosten und die Bestimmung der Selbstkostensenkung sind von besonderer Wichtigkeit und dem ist in den Betrieben größere Aufmerksamkeit zu schenken. Das erfordert einerseits, eine differenzierte Berechnung für die Entwicklung der variablen und konstanten Kosten vorzunehmen und andererseits eine exaktere Übereinstimmung von Kostenstellenrechnung und Kostenträgerrechnung, speziell Kostenträgerzeitrechnung. Gerade letzterer wird in den Betrieben noch zu wenig Beachtung geschenkt. Zuviele Erzeugnisarten werden zu einheitlichen Kostenträgergruppen zusammengefaßt.

Die Planung der Selbstkosten und die Einschätzung des erreichten oder geplanten Niveaus ist jedoch nicht vollkommen, wenn ausschließlich die Entwicklung im Betrieb selbst beobachtet wird. Es ist vielmehr erforderlich, den eigenen Stand mit anderen Betrieben oder gesetzten Maßstäben zu vergleichen und sich bei der Zielbestimmung nach Bestwerten zu orientieren. Deshalb muß unbedingt zur Verbesserung der Kostenplanung stärker mit Betriebsvergleichen, Kostennormativen und ähnlichem gearbeitet werden. Solche Kostennormative haben nicht nur Bedeutung z. B. im Bereich der sogenannten Gemeinkosten. Sie müssen auch für technologische Kosten organisiert werden, denn vor allem die technologische Prozeßstruktur und damit der Arbeitszeitaufwand pro Erzeugnis weichen bei der Herstellung gleicher Erzeugnisse zwischen den Betrieben noch erheblich ab. Normative werden beispielsweise auch für die Schichtauslastung und die davon abhängigen, planbaren Kosten usw. benötigt. Es scheint, daß durch die Kombinatsbildung gute Bedingungen für Vergleiche und Normative geschaffen wurden, die es besonders in den Kombinaten besser zu nutzen gilt.

In diesem Zusammenhang ist der Vorschlag in den Thesen nochmals zu prüfen, der als Planauflage die Kennziffern „Selbstkosten pro 100 Mark Warenproduktion" und „Grundmaterialkosten pro 100 Mark Warenproduktion" vorsieht. Vielleicht ist das bei einigen Zweigen möglich. Im Maschinenbau und in der Leichtindustrie müßte hier eine Anwendung auf die vergleichbare Warenproduktion, also auch unter Beachtung der Sortimentsverschiebung, erfolgen. In diesem Falle könnte dann auch mit einer Selbstkostensenkungsauflage gearbeitet werden. Die Kennziffer „Grundmaterialkosten pro 100 Mark Warenproduktion" enthält speziell für die Textilindustrie die Gefahr, daß die Betriebe dann nicht mehr im notwendigen Umfang schnell und flexibel auf sich gesetzmäßig permanent verändernde Marktbedingungen reagieren können. Die Reaktionsfähigkeit aber ist in diesen Betrieben, vor allem wenn ihre Erzeugnisse stark modeabhängig sind, von erstrangiger Bedeutung.

Der Verbesserung der Planung der Finanzen wird in den Thesen auch in anderen Teilbereichen große Aufmerksamkeit geschenkt. Das ist auf jeden Fall richtig. Die Verbesserung der Planung aber kann nur erreicht werden und zur Auslösung entsprechender Initiativen in den Betrieben und Kombinaten führen, wenn die Planziele real sind und mit den objektiven Gegebenheiten korrespondieren. Verbesserung der Planung impliziert deshalb, daß Grundlage der Bestimmung der Planziele u. a. gründliche Analysen des erreichten Niveaus sein müssen. Solche Analysen müssen die Ursachen des erreichten Niveaus aufdecken und erkennen lassen, was durch wen und in welcher zeitlichen Folge verändert werden kann und muß. Diese so gewonnenen Erkenntnisse müssen in den Plan einfließen, und eine notwendige Verbesserung muß über den Plan erzwungen werden. Ich möchte das am Beispiel der Produktionsumlauffonds deutlich machen, zu deren Entwicklung wir im Maschinenbau und in der Leichtindustrie verschiedene Untersuchungen angestellt haben. Stets zeigte sich ein Widerspruch zwischen vorgegebenen Richttagen, staatlichen Normativen, betrieblichen Normativen und der tatsächlichen Entwicklung der Produktionsumlauffonds. Im allgemeinen liegen die Vorräte auf Grundlage der Planrichttage am niedrigsten. Ursache für diese, bereits bei der Planung vorhandenen Differenzen, sind u. a., daß die Richttage eine degressive Entwicklung der Produktionsumlauffonds gegenüber der Warenproduktion unterstellen, die staatlichen Normative aber die Veränderung des Erzeugnissortimentes berücksichtigen und in den betrieblichen Normen z. B. auch Preisveränderungen enthalten sind.

Die Vorräte nach staatlichen Normativen berechnet liegen um 5–13% höher als die auf Basis der Richttage. Es zeigt sich auch, daß durch äußere Einflüsse weder eine planmäßige, noch eine sinnvolle Bevorratung möglich ist. Ein Beispiel, aus dem Maschinenbau soll das deutlich machen:

Einige Zulieferzweige haben ihre eigene,. betriebliche Entwicklung optimiert ohne Rücksicht auf die Abnehmer. So ist gesetzlich geregelt, daß beispielsweise die Walzwerke nur Quartalsverträge abschließen und den Lieferzeitraum innerhalb des Quartals frei wählen können. Die Wirkung ist folgende:

I. Quartal	Walztermin	10. 1.	
			Differenz 150 Tage
II. Quartal	Walztermin	10. 6.	
			Differenz 20 Tage
III. Quartal	Walztermin	1. 7.	
			Differenz 100 Tage
IV. Quartal	Walztermin	10. 11.	

Das zeigt folgendes:

– Manche Betriebe nehmen die Planvorgaben nicht ernst. Der Plan erzwingt also kein neues Niveau.

– Die unrhythmische Lieferung erfordert hohe Kosten für die TUL-Prozesse und führt zu physischem Verschleiß des Material sowie zu erheblichen, außerplanmäßigen Zinsen.

– Optimierungen dürfen nicht nur unter Sicht eines Betriebes innerhalb einer Kooperationskette durchgeführt werden. Sie müssen auf die Wirkung in der gesamten Kooperationskette ausgerichtet sein, also den volkswirtschaftlichen Gesamteffekt einfangen.

Aus dem bisher Gesagten folgt zwingend, daß die in den Thesen hervorgehobene Bedeutung der Analysentätigkeit voll zu unterstützen ist. Es ist aber auch zu erkennen, daß sogenannte Finanzanalysen allein nicht ausreichen. Wir sind der Meinung, daß es vielmehr stets um die Einheit der Analyse von finanziellen und materiellen Prozessen geht. Das soll ein Beispiel zeigen. Bei der Herstellung von Fußbodenauslegeware wird eine große Menge Kreide verarbeitet. Die Auslieferung erfolgt aus vielen Gründen sehr unregelmäßig. Bei der Betrachtung der Bestandsentwicklung aus finanzieller Sicht aber wird diese Entwicklung nicht erkannt. Warum? Der Preis für 1 t Kreide liegt bei 100 M. Der durchschnittliche Überplanbestand beträgt 87 t = 58% des Planbestandes an Kreide. Wertmäßig liegt der Überplanbestand bei 8700 M oder, bezogen auf die Überplanbestände des Betriebes insgesamt, bei knapp 0,4%. Demzufolge beobachtet der Betrieb diese Überplanbestandsentwicklung kaum. Es bleibt somit unberücksichtigt, daß beim Lagern der Kreide hohe Kosten entstehen. Es handelt sich um annähernd 3000 Sack, die mehrmals umgelagert werden müssen, weil die erforderlichen Räume, bei 2 m Stapelhöhe sind es immerhin 100 m^3 oder 50 m^2, nicht zur Verfügung stehen. Außerdem besteht durch die dann erforderliche Lagerung im Freien ein Qualitätsverlust, der bis zum Wegwerfen des Überplanbestandes führen kann. Wiederum wird nur der Geldbetrag für die Kreide beobachtet. Außerhalb der Betrachtung bleiben die wesentlich höheren Kosten für die Beseitigung der qualitätsgeminderten Kreide und für preismindernde Qualitätsmängel bei der produzierten Auslegeware.

Im weiteren möchte ich erwähnen, daß wir den negativen Einflußfaktoren auf die Entwicklung der Materialvorräte, die überwiegend unmittelbar durch die Betriebe selbst verschuldet werden, viel zu wenig Aufmerksamkeit schenken. Wir zählen dazu vor allem den geringen Grad der Standardisierung und Wiederverwendung von Einzelteilen, Garnsortimenten usw. Deshalb gibt es auch keine festgelegten Grundsortimente an Stabstahl usw. Die Folge ist, daß ständig neue Materialsortimente gefordert werden, die zu einer unnützen Aufblähung des Vorrates führen und Verschrottungen nicht mehr benötigter Materialien erforderlich machen. Die Reserven sind hier außerordentlich groß.

In diesem Zusammenhang soll erwähnt werden, daß die Vorratshaltung auch bei der weiteren Ausgestaltung der Kombinate von großem Interesse ist. Zur Erhöhung der Reaktionsfähigkeit der Betriebe und Kombinate auf sich gesetzmäßig ständig verändernde Marktbedingungen ist u. a. notwendig, bestimmte Materialien langzeitig zu bevorraten, um dann sofort oder kurzfristig lieferbereit sein zu können. Als Beispiel kann hier das Farbsortiment bei textiler Produktion genannt werden. Eine Möglichkeit rationeller Bestandshaltung besteht in diesem Falle darin, daß die Farben oder festgelegte Sortimente an Farben zentralisiert für alle Betriebe des Kombinates gelagert werden. Bei guter Verteilung der Sortimente kann unter Beachtung der Lagermöglichkeiten usw. eine optimale Verteilung auf alle oder mehrere Betriebe erreicht werden.

Ich möchte abschließend betonen, daß wir

- den Finanzen der Betriebe und Kombinate mit Recht größere Aufmerksamkeit schenken müssen, ganz besonders den Kosten und den Fonds;
- die finanziellen Prozesse stets in Einheit mit den materiellen Prozessen planen und beobachten müssen;
- die finanziellen Prozesse unmittelbar in Verbindung mit der weiteren Verbesserung des Reproduktionsprozesses in den Betrieben und Kombinaten verknüpfen müssen und keine Verselbständigung zulassen dürfen. Nur dadurch werden wir ihre große Bedeutung umfassend deutlich machen können.

J. Gurtz

Zur aktiven Rolle der Finanzen bei der rationellen Verwendung des Nationaleinkommens

Die Thesen geben in ausgewogenem Verhältnis von Theorie und Praxis eine grundlegende und m. E. richtige Orientierung für die weitere Stärkung der aktiven Rolle der Finanzen in der sozialistischen Reproduktion.

Im Programm der SED heißt es: „Die Bedeutung des Staatshaushaltes, des Geld- und Kreditwesens sowie des Preissystems für die effektive Produktion und die rationelle Verteilung und Verwendung des gesellschaftlichen Produkts und des Nationaleinkommens nimmt zu."

Damit ist die erhöhte Wirksamkeit der Finanzen in allen Phasen der Reproduktion angesprochen. Natürlich kommt der Produktion dabei immer das Primat zu und – wie Genosse Honecker auf dem 10. Plenum noch einmal betonte – läßt sich nur soviel verteilen, wie vorher produziert worden ist. Doch man kann rationell oder unrationell verteilen und verbrauchen. Für den Sozialismus ist von größtem Interesse, daß Verteilung und Konsumtion in höchstem Maße ebenfalls rationell gestaltet sind. Für die Befriedigung der materiellen und kulturellen Bedürfnisse des Volkes ist im jeweiligen Zeitpunkt das Bestmögliche nur zu erreichen, wenn eine hocheffektive Produktion durch hohe Effektivität im Austausch-, Verteilungs- und Konsumtionsprozeß ergänzt wird. Deshalb sind die stimulierenden Möglichkeiten der Finanzen in allen Phasen der Reproduktion zu nutzen, so daß im Ergebnis das günstigste Verhältnis von Gesamtaufwand an gesellschaftlicher Arbeit und der Gesamtheit der Bedürfnisbefriedigung erreicht wird.

Diese Breite in der aktiven Wirkung der Finanzen hervorzuheben hat unmittelbare Bedeutung für die Tätigkeit der Finanzorgane des sozialistischen Staates und damit auch für die an unserer Sektion auszubildenden Kader. Die Finanzorgane haben es in der Regel mit der Mobilisierung und der Verwendung von Nationaleinkommen zu tun, berühren somit immer alle Phasen der Reproduktion. Im Staatshaushalt sind diese Zusammenhänge besonders intensiv. In den Bilanzen schlagen sie sich in Mark und Pfennigen exakt nieder. Ausgeglichene Bilanzen, wie sie für die planmäßige und proportionale Entwicklung im Sozialismus notwendig und charakteristisch sind, zwingen unausweichlich zu einer stets zusammenhängenden Betrachtung von Aufkommen und Verwendung, von wirtschaftlicher Leistungsfähigkeit und ihrer Nutzung für die Wirtschafts- und Sozialpolitik unseres Staates. Bei der Handhabung der Finanzinstrumente auf der Grundlage des Planes durch die dafür zuständigen Organe, insbesondere die Finanzorgane, sollte folgendes beachtet werden:

– Größte Aufmerksamkeit verdienen die Einnnahmen des Staates auf der Basis steigender Effektivität der sozialistischen Produktion zur Realisierung der Wirtschafts- und Sozialpolitik des sozialistischen Staates. Die Kernfrage dafür ist, wie in den Thesen richtig festgestellt wird, der Kampf um die Vergrößerung des Reineinkommens.

– Zugleich geht es um die Finanzierung der geplanten wirtschafts- und sozialpolitischen Aufgaben mit höchster Rationalität.

Wenn durch kluges Wirtschaften Planaufgaben mit weniger Mitteln als vorgesehen durchgeführt werden, ist das dem Sozialismus gemäß. Es geht darum, alle Leistungen, auf die die Bürger gesetzlichen Anspruch haben, voll zu gewährleisten. Der Kampf um stabile und ausgeglichene Finanzbilanzen, die uns nicht in den Schoß fallen, erfordert es, immer auch diesen Gesamtzusammenhang zu sehen.

Im Sinne dieses Ausgangspunktes möchte ich einige Bemerkungen zur Rolle der Finanzen in der Leitung und Planung in den nichtproduzierenden Bereichen machen:

Die Ausnutzung der Finanzen in bestimmten Sphären, Bereichen und Zweigen, ihre Möglichkeiten und Grenzen dabei, werden entscheidend von den hier gegebenen objektiven Bedingungen bestimmt. Natürlich sind diese objektiven Bedingungen in der nichtproduzierenden Sphäre und speziell in den kulturell-sozialen Bereichen grundlegend verschieden zu denen der materiellen Produktion. Hier wird kein materielles Produkt geschaffen und kein Wert produziert, hier wird nichtproduktive Arbeit geleistet, um wichtige gesellschaftliche Bedürfnisse insbesondere durch Dienstleistungen zu befriedigen. So wichtig die Beachtung dieser Besonderheiten einerseits ist, so falsch wäre es andererseits, sie überzubetonen. Wir haben den Eindruck, daß in den kulturell-sozialen Bereichen die Besonderheiten in den Reproduktionsbedingungen oft über Gebühr hervorgekehrt werden, was einer verstärkten Ausnutzung ökonomischer Kategorien, so auch der Finanzen, abträglich ist. Eine solche Haltung hindert uns, die wirtschaftliche Leistungsfähigkeit mit höchstem Wirkungsgrad zur Befriedigung der materiellen und kulturellen Bedürfnisse des Volkes zu nutzen.

Mit Blick auf die Rolle der Finanzen verdient folgendes hervorgehoben zu werden:

1. Auch in den kulturell-sozialen Bereichen wird planmäßig gesellschaftliche Arbeit geleistet, um wichtige Bedürfnisse der Gesellschaftsmitglieder zu befriedigen. Dafür setzt der sozialistische Staat ständig wachsende Fonds an lebendiger und vergegenständlichter Arbeit ein. Sie umfassen etwa die Hälfte der Zuwendungen aus den gesellschaftlichen Fonds, im Jahre 1979 rd. 20 bis 25 Milliarden Mark. Diese Mittel äußerst rationell einzusetzen ist von höchstem gesellschaftlichen Interesse und mit Hilfe des Planes und der Finanzen nachdrücklich zu unterstützen.

2. Der Gesamtaufwand der kulturell-sozialen Bereiche, vom Verschleiß der Grundmittel einmal abgesehen, wird in den Finanzen sichtbar. Auch hier ist der Wert das allgemeine Maß des Aufwandes. Keine andere Kategorie ist in der Lage, den Aufwand so umfassend in seiner ganzen Differenziertheit, in seiner inneren Struktur und zeitlichen Dynamik sichtbar zu machen. Das ist ein günstiger Umstand, den es voll zu nutzen gilt. Dabei wissen wir zugleich, daß sich im Unterschied zur Produktion die Leistung selbst im Prinzip nicht über Finanzen darstellen läßt. Daraus erklärt sich ebenfalls, daß es keine synthetischen Effektivitätskennziffern gibt und die wirtschaftliche Rechnungsführung nicht die bestimmende Methode der Wirtschaftsführung sein kann. Das heißt jedoch nicht, daß ökonomische Kategorien wie die Finanzen keine Rolle spielen würden. Im Gegenteil, unseres Erachtens kommt ihnen auch in den kulturell-sozialen Bereichen eine aktive Rolle zu, die es unter den konkreten Bedingungen auf spezifische Weise zu verwirklichen gilt.

In einigen sozialistischen Bruderländern wird die Eignung der wirtschaftlichen Rechnungsführung für den Kultur- und Sozialbereich untersucht und experimentiert. Wir halten die wirtschaftliche Rechnungsführung in Auswertung auch der Erfahrungen mit der Leistungsfinanzierung der sechziger Jahre für keine generelle Lösungsrichtung unter unseren Bedingungen. Hingegen hat sich die Anwendung der wirtschaftlichen Rechnungsführung oder einzelner ihrer Elemente in den Hilfs- und Nebenprozessen (wie Wäschereien, Fuhrparks, Werkstätten u. a.) als vorteilhaft erwiesen. Auf diesem begrenzten Gebiet sollte sie zunehmend und qualifiziert angewendet werden, soweit durch sie günstige Bedingungen für die Verbesserung der eigentlichen Betreuungsleistungen für die Bevölkerung geschaffen werden.

Die Hauptrichtung der aktiven Ausnutzung der Finanzen in den kulturellen und sozialen Hauptprozessen vollzieht sich auf der Grundlage der Staatshaushaltsfinanzierung entsprechend dem Bruttoprinzip. Welches sind aus der heutigen Sicht dabei die Schwerpunkte?

Erstens geht es darum, die Aufgabenplanung, wie sie mit den Plänen der Einrichtungen bzw. Plänen der Aufgaben eingeführt wurde, weiter zu qualifizieren und zu verbreitern. Sie gibt den Finanzen die konkrete sozialpolitische bzw. kulturpolitische Aufgabenstellung im betreffenden Jahr in der jeweiligen Einrichtung vor. Sie ist die Grundvoraussetzung für die planmäßige aktive Rolle der Finanzen. Auch hier können die Finanzen nicht losgelöst vom Plan wirken.

Ein *zweiter* Schwerpunkt ist die verstärkte Anwendung von Normen, Richtwerten und Kennziffern als progressive gesellschaftliche Maßstäbe des Aufwandes und der Leistung. Sie sind die Hauptmethode, mit Hilfe der Finanzen Effektivität und Sparsamkeit in den kulturell-sozialen Bereichen durchzusetzen.

Drittens geht es um die konsequentere Anwendung der Hebel der materiellen und moralischen Interessiertheit zur Stimulierung hoher Leistungen. Dabei spielen die gewachsenen Prämien- sowie Kultur- und Sozialfonds eine große Rolle. Dies kann nicht losgelöst von der Tatsache gesehen werden, daß die lebendige Arbeit einen besonders hohen Anteil in den kulturell-sozialen Arbeitsprozessen hat und das in diesen Bereichen konzentrierte gesellschaftliche Arbeitsvermögen – darunter ein besonders hoher Anteil hochqualifizierten Fachpersonals – ständig wächst. Es gilt, jeden einzelnen zu stimulieren, seine Kräfte voll für die Lösung der Planaufgaben wirksam zu machen.

Viertens eignen sich die Finanzen hervorragend, systematische Analysen und Vergleiche durchzuführen, um Reserven zu ermitteln und die Erfahrungen der Besten zu verallgemeinern. Die Vielzahl der Einrichtungen auf den verschiedensten Gebieten (Schulen, Kindergärten, Polikliniken, Krankenhäuser, Theater u. v. a. m.) zwingt geradezu, die Erfahrungen untereinander auszutauschen. Die übergeordneten Fachorgane und die Finanzorgane tragen dafür eine besondere Verantwortung.

Schließlich ist die aktive Rolle der Finanzen nicht von der strikten Einhaltung der staatlichen Rechts- und Ordnungsvorschriften zu trennen. Gesetzliche Regelungen und Ordnungsvorschriften bringen immer gesellschaftliche Anforderungen an Handlungs- und Verhaltensweisen der Mitarbeiter zum Ausdruck, die nicht zuletzt von den ökonomischen Notwendigkeiten und Möglichkeiten der Gesellschaft bestimmt sind. Beständiger Druck auf ihre Einhaltung hat nichts mit Formalismus oder Bürokratismus zu tun, sondern hilft, die grundlegenden Voraussetzungen für eine rationelle Verwendung der gesellschaftlichen Mittel in diesen Bereichen zu sichern.

H. Mann

Zum Zusammenwirken von Finanzen und Preis

Die vorliegenden Thesen sind inhaltsreich und bieten der Diskussion viele Anknüpfungsmöglichkeiten. Gleichzeitig enthalten sie viele Ansatzpunkte, um die Leitung, Planung und ökonomische Stimulierung weiter zu qualifizieren. Diese liegen in den Finanzen selbst und im Zusammenwirken der Finanzen mit anderen Leitungsinstrumenten, insbesondere mit anderen Wertkategorien.

Ich möchte in meinen Ausführungen drei Problemkreise behandeln:

1. Die Grundfunktion und Rahmenbedingungen
2. Den Einfluß von Finanzen und Preisen auf die Kostensenkung
3. Die Entwicklung und Erfassung des Reineinkommens

Zum *ersten* Problemkreis, der Grundfunktion und Rahmenbedingungen. Um eine ökonomische Kategorie wirksam in die Leitung, Planung und ökonomische Stimulierung einzubeziehen, müssen die von ihr abgeleiteten Kennziffern Ausdruck ökonomischer Gesetzmäßigkeiten sein und ist sie entsprechend ihrem ökonomischen Wesen auszunutzen. Deshalb muß stets die Grundfunktion der jeweiligen Kategorie Ausgangspunkt aller Überlegungen sein. Das Besinnen auf die Grundfunktion ist deshalb notwendig, weil allen Wertkategorien mehr oder weniger die gleichen Funktionen immanent sind, sie sich jedoch in ihrer praktischen Wirksamkeit wesentlich unterscheiden. So wie bei den Preisen die Meßfunktion die grundlegende Funktion ist, so ist es m. E. bei den Finanzen die Verteilungsfunktion.

Die Herausarbeitung und Ausnutzung der spezifischen Rolle jeder Wertkategorie ist eine Voraussetzung ihres wirksamen Einsatzes und ihres harmonischen Zusammenspiels mit den anderen Wertkategorien. Man kann natürlich – und tut es auch – mit den Preisen verteilen und mit den Finanzen messen. Doch können diese Prozesse für die jeweilige Kategorie nicht dominierend sein, weil sie dann aufhörten sie selbst zu sein.

Als sehr nützlich betrachte ich auch die Tatsache, daß in den Thesen auf die Rahmenbedingungen hingewiesen wird, die für die Wirksamkeit von Wertkategorien gegeben sein müssen. Hervorheben möchte ich insbesondere die Feststellungen, daß die Wirkungsfähigkeit des Geldes als allgemeines Äquivalent von der proportionalen Entwicklung des Geldumlaufes zur Entwicklung der Leistungen der Volkswirtschaft abhängt. Hierbei möchte ich auf folgende Seiten der Proportionalität besonders hinweisen: die vertikalen Proportionen zwischen aufeinanderfolgenden Produktionsstufen, die Übereinstimmung von Produktion und Bedarf hinsichtlich Sortiment und Qualität sowie die Proportionen zwischen materiellen und finanziellen Fonds. Ebenfalls von grundlegender Bedeutung für die Erhöhung der Wirksamkeit aller Wertkategorien scheint mir die Forderung, die Probleme der Geldwirtschaft verstärkt in die Volkswirtschaftsplanung einzubeziehen. Das ist vor allem deshalb nötig, weil die Anstrengungen zur Ökonomisierung in allen Bereichen der Volkswirtschaft wie auch in allen Phasen des Reproduktionsprozesses letztendlich ihren Niederschlag in Wertkennziffern finden. So wie sich die Produktivität des gesellschaftlichen Gesamtarbeiters in der Kennziffer Nationaleinkommen je Beschäftigten in der materiellen Produktion ausdrückt, zeigt sich die Effektivität der Produktion der Erzeugnisse in ihren Selbstkosten. Naturalkennziffern sind in so hoher Aggregation nicht anwendbar, mit ihnen werden nur einzelne Seiten erfaßt, und ihre Aussage ist so entsprechend begrenzt.

Zum *zweiten* Problemkreis, dem Einfluß von Finanzen und Preisen auf die Kostensenkung. Ich möchte darauf hinweisen, daß jede Einsparung an Ressourcen zugleich die Möglichkeit gibt, mehr Gebrauchswerte zu produzieren. Die Wirksamkeit, reale Aufwandssenkungen in den Betrieben zu planen und zu realisieren, wird von verschiedenen Faktoren beeinflußt, die nur im Zusammenwirken zu volkswirtschaftlich günstigen Ergebnissen führen können:

- Ausarbeitung und Anwendung von Materialverbrauchs- und Arbeitszeitnormen je Erzeugniseinheit als Voraussetzung und Grundlage wertmäßiger Normen,
- Rechnungsführung und Kostenplanung als Grundlage des Aufwandsnachweises und der Aufwandsentwicklung,
- Bestimmung des gesellschaftlich notwendigen Arbeitsaufwandes im Preis als wesentlicher Kennziffer zur Beurteilung des erreichten ökonomischen Leistungsniveaus der Betriebe und
- Kennziffern der Leistungsbewertung, die das Verhalten der Betriebskollektive vor allem auf die oben genannten Aktivitäten lenken.

Eine wesentliche Voraussetzung für die Verwirklichung der aktiven Rolle der Finanzen bei der Senkung der Kosten sehe ich in der Bestimmung des gesellschaftlich notwendigen Arbeitsaufwandes in den Preisen. Indem so aus betrieblichen Normen gesellschaftliche Normative erwachsen, erhalten die wirtschaftsleitenden Organe einschließlich der Finanzorgane die Möglichkeit, Kostenniveau und Kostenentwicklung in den einzelnen Betrieben genauer einzuschätzen.

Von der Qualität der Natural- und Wertnormen, wie sie über den gesellschaftlich notwendigen Arbeitsaufwand im Preis Eingang finden, wird wiederum die Qualität der Finanznormen bestimmt. Kosten- wie Finanzplanung erfordern genauso wie die Preisbildung technisch begründete Material- und Arbeitszeitnormen.

Von gleicher Bedeutung wie die Normen in den Betrieben ist für die Wirksamkeit der Wertkennziffern die sinnvolle Anwendung der Kennziffern der Leistungsbewertung. Die Erfahrungen und Diskussionen der letzten Jahre zeigen, daß nicht zu erwarten ist, eine allumfassende Kennziffer zu finden. Vielmehr wird es darauf ankommen, in einigen wenigen Kennziffern die Vielschichtigkeit des Lebens zu erfassen und durch ihre sinnvolle Anwendung die Betriebe in volkswirtschaftlich richtige Bahnen zu lenken. So nützt es der Gesellschaft nichts, wenn die Warenproduktion durch unrationelle Kooperationsbeziehungen zwar gesteigert, die Kosten jedoch ebenfalls steigen und am Ende der Volkswirtschaft nicht mehr Produkte zur Verfügung stehen als vorher. Es kommt also darauf an, diese Kennziffern im Sinne des Gesetzes der Ökonomie der Zeit anzuwenden und von ihnen nicht mehr zu erwarten, als sie tatsächlich zu leisten vermögen. Dabei ist auch darauf zu achten, die volkswirtschaftlichen Ziele in richtige betriebliche Aufgabenstellungen zu transformieren.

Die Erschließung von Reserven in der Volkswirtschaft ist ein sehr vielschichtiger Prozeß und wesentliche Quelle der Kostensenkung. Sie muß dabei auf niedrige Kosten bei bedarfsgerechter Produktion gerichtet sein. Um auf diesem Gebiet qualitative Fortschritte zu erreichen, müßten m. E. mindestens folgende Überlegungen angestellt werden: Welches ökonomische Leistungsniveau hat der Betrieb erreicht? Welches technisch-ökonomische Niveau weisen die Erzeugnisse auf? Beide Faktoren stecken die objektiven Möglichkeiten zur Aufwandssenkung ab. Ein Betrieb, der seine Technologie voll im Griff hat, der die Materialverluste auf das technologisch mögliche reduziert hat, kann ohne Investitionen oder ähnliche größere Veränderungen in der Technologie seine Kosten in geringerem Umfang senken als ein Betrieb, der sich noch in der Anlaufphase befindet und vor dem die Aufgabe steht, die Technologie zu meistern. Die Einschätzung des erreichten ökonomischen Leistungsniveaus eines Betriebes kann durch internationale Vergleiche, zum Beispiel bei Exportbetrieben über die Exportrentabilität, unterstützt werden. Die richtige Beurteilung der Betriebe und ihre Beauflagung mit Finanzkennziffern erfordern auch, das technisch-ökonomische Niveau der Erzeugnisse in die Überlegungen einzubeziehen. Dabei handelt es sich in erster Linie um die neuen Erzeugnisse, deren Produktion durch die Plankennziffern besonders zu fördern ist. Nachdem durch die neuen Grundsätze der Preisbildung wesentliche Hemmnisse, die sich vor allem in den Kennziffern Gewinn, Warenproduktion und Arbeitsproduktivität zeigten, aus dem Wege geräumt wurden, kommt es nunmehr auch in der Finanz- und Kostenplanung darauf an, die Anstrengungen der Betriebe zur Aufwandssenkung in der Vorbereitungsphase auch in diesen Planteilen zu honorieren. Eingedenk der Tatsache, daß 70 bis 80% der möglichen Aufwandssenkung in dieser Phase liegen und hier noch mit dem geringsten Aufwand verbunden sind, sollten Betrieben Aufwandssenkungen in der Vorbereitungsphase zumindest in gleicher Weise honoriert werden wie in der Produktionsphase. Wurde früher ein Betrieb für die Entwicklung eines Erzeugnisses mit extrem niedrigen Kosten durch Preisbildung und Kostenplanung benachteiligt, so beschränkt sich heute diese Benachteiligung auf die Kostenplanung. Es ist also notwendig, Kriterien zu finden, die die qualitativen Unterschiede im Kostenniveau der Erzeugnisse sichtbar machen, um volkswirtschaftlich richtige, auf die Sparsamkeit orientierte Verhaltensweisen der Betriebe auch bei der Entwicklung neuer Erzeugnisse zu sichern. Das könnte z. B. die Erzeugnis- bzw. gebrauchswertbezogene Entwicklung der Kostenindices im jeweiligen Industriezweig sein. Das wäre der Verbilligungskoeffizient eines Erzeugnisses in der Herstellung, während bislang diese Kennziffer nur anwenderseitig für neue Erzeugnisse benutzt wurde. Damit würden zugleich auch günstigere Bedingungen für die Anwendung der Gebrauchswert-Kosten-Analyse in der Vorbereitungsphase geschaffen.

Zum *dritten* Problemkreis, zur Bestimmung des Reineinkommens. Mit der gesellschaftlichen Entwicklung steigen Produktion und Bedarf an Reineinkommen. Die Kunst der Planung, nicht nur der Finanzplanung, besteht nun darin, daß eine ausreichende Orientierung auf die Produktion und vollständige Erfassung des Reineinkommens organisiert wird. Denn offensichtlich ist, daß nicht mehr Reineinkommen erfaßt werden kann, als bei dem gegebenen Stand der Produktivkräfte, der Produktionsverhältnisse und der damit verbundenen Primärverteilung produziert wurde. Auch auf diesem Gebiet lassen sich die ökonomischen Gesetze nicht überlisten, und jeder derartige Versuch endet zwangsläufig in Disproportionen.

Um auch von seiten der Reineinkommensplanung eine bedarfsgerechte Produktion als eine wesentliche Bedingung der Proportionalität zu unterstützen, sind die verschiedenen

Ursachen des Gewinnzuwachses zu unterscheiden und planmethodisch differenziert zu behandeln: Mehrproduktion (Ergebnis der Kostendegression), Senkung der Kosten (aus technischen, technologischen und konstruktiven Veränderungen des Erzeugnisses) sowie Sortimentsänderungen (bedingt durch differenzierte Rentabilitätsraten der Erzeugnisse).

Mehr- oder Mindergewinne aus Sortimentsänderungen sind volkswirtschaftlich und planmethodisch anders zu betrachten als solche aus den erstgenannten Faktoren. Die Leistung des Betriebes besteht bei den beiden erstgenanten Faktoren in einer realen Mehrproduktion von Reineinkommen, während bei der dritten Position ohne eine eigene Mehrleistung ein Mehr an Reineinkommen realisiert wird oder zumindest werden kann. Das kann eventuell sogar zu Lasten einer bedarfsgerechten Produktion erfolgen.

Soweit der Reineinkommenszuwachs aus Sortimentsänderungen resultiert, wird von seiten der Finanzorgane und der Betriebe immer wieder die Forderung nach ausgeglichenen Rentabilitätsraten erhoben. Dem wird in der gegenwärtigen Preisbildung einerseits mit planmäßigen Industriepreisänderungen und andererseits mit der Preisbildung für neue Erzeugnisse weitgehend Rechnung getragen. Beide haben auch zum Ziel, unbegründete Gewinndifferenzierungen auszuschalten. Gewinndifferenzierungen zwischen Erzeugnissen eines Betriebes können folgende Ursachen haben:

— unterschiedliche Geltungsdauer der Preise (unterschiedliche Einführungsjahre) (1)
— unterschiedliche Produktionsbedingungen (2)
— unterschiedliche Kostenentwicklung je Erzeugnis (3)
— spezifische Stimulierungseffekte (4)
— unterschiedliche Preisbildungsnormative in den einzelnen Erzeugnisgruppen (5).

(1) und (3) können durch planmäßige Industriepreisänderungen wieder reduziert oder beseitigt werden. (2) drückt die ökonomische Leistung des Betriebes aus. (4) muß voll im Plan wirken, und (5) sollte durch zentrale Festlegungen in einem möglichst engen Rahmen gehalten werden.

Die positive Wirkung planmäßiger Industriepreisänderungen auf ein ökonomisch begründetes Rentabilitätsniveau der Erzeugnisse ist in der Zugrundelegung eines einheitlichen Kostenniveaus und eines einheitlichen Gewinnormativs zu sehen. Mit Fortschreiten der Geltungsdauer dieser neuen Preise treten notwendigerweise wieder neue Gewinndifferenzierungen auf.

Zwischen planmäßigen Industriepreisänderungen hat die Preisbildung für neue Erzeugnisse, besonders bei schnellem Sortimentsumschlag, wesentlichen Einfluß auf Rentabilitätsniveau und Rentabilitätsdifferenzierungen. Mit der Ablösung der Kostenpreise, bei denen das Kostenniveau des Einführungsjahres weitgehend das Preisniveau charakterisierte, und der Einführung des Preis-Leistungs-Verhältnisses wird der Preis des neuen Erzeugnisses ins Verhältnis zum Preis des Vergleichserzeugnisses gesetzt. Hauptziel dieser Methode ist die Förderung neuer effektiver Erzeugnisse durch die Stabilisierung des Preisniveaus der jeweiligen Erzeugnisgruppe und damit eine reale Leistungsbewertung der Betriebe. Wie weit das gelingt, hängt von der richtigen Wahl des Vergleichserzeugnisses sowie der Auswahl und Wichtung der Gebrauchseigenschaften ab. Mit der im letzten Jahr erfolgten Hinwendung auf anwenderorientierte Gebrauchseigenschaften dürften Gewinnunterschiede auch in hohem Maße Effektivitätsunterschiede der neuen Erzeugnisse widerspiegeln.

Besonders dringlich in bezug auf eine effektivitätserhöhende Wirkung von Preis und

Finanzen ist jedoch die Einordnung der Erzeugnisse als vergleichbar oder nichtvergleichbar. Mit der Einordnung eines Erzeugnisses als nichtvergleichbar verlieren die Wertkategorien weitgehend ihre normative Wirkung. Daher ist es eine Aufgabe, deren Anzahl auf das unumgängliche Niveau zu reduzieren.

Aus dem Gesagten wird deutlich, daß das Zusammenwirken von Natural- und Wertkennziffern wie auch die Abstimmung der verschiedenen Wertkennziffern miteinander wesentliche Bedingungen sind, um das betriebliche Handeln in die richtigen volkswirtschaftlichen Bahnen zu lenken.

H.-W. Stenzel

Zu ausgewählten Fragen der Finanzwirtschaft in den Betrieben und Kombinaten

Die Finanzen zur Förderung des Wachstums, zur Erhöhung der Effektivität und zur Senkung des Aufwandes der gesellschaftlichen Produktion sowie zur rationellen Verteilung und Verwendung des gesellschaftlichen Produkts und des Nationaleinkommens zu nutzen, entspricht einer auf dem IX. Parteitag der SED gestellten Aufgabe. Es geht darum, die Finanzen auch auf der Ebene der Kombinate und Betriebe zur Verbesserung des Verhältnisses von Aufwand und Ergebnis, zur Erzielung hoher Ergebnisse in der sozialistischen Intensivierung, besonders aus der wissenschaftlich-technischen Arbeit und der Rationalisierung besser zu nutzen und das sozialistische Sparsamkeitsprinzip sowie die Plan- und Finanzdisziplin konsequenter durchzusetzen. Es geht darum, die wirtschaftliche Rechnungsführung und die Finanzwirtschaft der Kombinate – als Hauptstützen einer modernen Wirtschaftsleitung – und der Betriebe – als eigentliche sozialistische Warenproduzenten – entsprechend zu entwickeln und zu qualifizieren, daß sie die genannten Aufgaben besser zu erfüllen vermögen. Dabei ist entsprechend der Verantwortungsbereiche zwischen der wirtschaftlichen Rechnungsführung und der Finanzwirtschaft des Kombinats in seiner Gesamtheit und der wirtschaftlichen Rechnungsführung und der Finanzwirtschaft der Kombinatsbetriebe (im folgenden als Betrieb bezeichnet) und der innerbetrieblichen wirtschaftlichen Rechnungsführung, auf die im folgenden nicht eingegangen wird, zu unterscheiden.

Aus kombinats- und betriebswirtschaftlicher Sicht werden drei ausgewählte Probleme hervorgehoben, deren qualifizierte Lösung die Effektivität der Finanzen im Rahmen der wirtschaftlichen Rechnungsführung und der Leitung, Planung und ökonomischen Stimulierung erhöhen kann.

Das *erste Problem* ist die Zweckmäßigkeit der Bildung und Verwendung von finanziellen Fonds auf der Ebene des Kombinats und/oder auf der Ebene des Betriebes. Ausgehend von den Thesen, sind finanzielle Fonds dort zu bilden, wo sie entsprechend der volkswirtschaftlichen Zielstellung für die Entwicklung der materiell-technischen Basis, die Verwirklichung des sozialpolitischen Programms und die Finanzierung der anderen Aufgaben zur Gestaltung der entwickelten sozialistischen Gesellschaft notwendig sind. Sieht man von den gegenwärtigen gesetzlichen Regelungen ab, so sind finanzökonomische Entscheidungen zu treffen, wie und wo aus kombinats- und betriebswirtschaftlicher Sicht finanzielle Fonds zu bilden und zu verwenden sind, die die wirtschaftliche Rechnungsführung des Kombinats in seiner Gesamtheit und der Betriebe im einzelnen unter Beachtung ihrer gesonderten Verantwortung für den Reproduktionsprozeß qualifizieren.

Für das Kombinat und für die Betriebe gilt der Grundsatz der wirtschaftlichen Rechnungsführung, daß eine Fondsbildung und Fondsverwendung mit der eigenverantwortlichen Erwirtschaftung zu verbinden ist. Die Anwendung dieses Grundsatzes weist jedoch auf beiden Leitungsebenen Unterschiede auf. So sind die Betriebe so planmäßig mit finanziellen Fonds auszustatten und für deren Erwirtschaftung verantwortlich zu machen, daß sie ihre Aufgabenstellung bei der Leitung und Stimulierung des betrieblichen Reproduktionsprozesses voll wahrnehmen können. Die Erwirtschaftung hängt somit vom planmäßigen Ablauf ihres eigenen Reproduktionsprozesses ab. Andererseits muß auf der Kombinatsebene dem Generaldirektor durch eine Fondsbildung und Fondsverwendung – bei gleichzeitiger voller Sicherung der Eigenverantwortung der Betriebe für ihren Reproduktionsprozeß – die Möglichkeit gegeben werden, auf die Leitung und Stimulierung des Reproduktionsprozesses des Kombinats in seiner ganzen Komplexität und Planmäßigkeit Einfluß zu nehmen. Dabei ist die Erwirtschaftung der auf der Kombinatsebene zu bildenden und zu verwendenden Fonds von der Planmäßigkeit der betrieblichen Reproduktionsprozesse abhängig. Damit ist die Verantwortung für die Erwirtschaftung der Fonds auf der Kombinatsebene mit der Verantwortung des Kombinats und seines Generaldirektors zur Einflußnahme auf die Sicherung der Planmäßigkeit der betrieblichen Reproduktionsprozesse und damit des Reproduktionsprozesses des Kombinats in seiner Gesamtheit verbunden.

Die Bedingungen der Reproduktionsprozesse in den Kombinaten in ihrer Komplexität und in den Betrieben sind aus produktionstechnischen, produktionsorganisatorischen, örtlichen u. a. Faktoren sehr unterschiedlich, deshalb erscheint es prinzipiell richtig zu sein, den Generaldirektoren einen ausreichenden Entscheidungsspielraum zuzubilligen, für das Kombinat in seiner Gesamtheit und unter Beachtung objektiver Bedingungen ein optimales Verhältnis zwischen zentralisierten finanziellen Fonds auf der Kombinatsebene und dezentralisierten finanziellen Fonds auf der Betriebsebene herzustellen. Die zentrale staatliche Finanzierungsrichtlinie als Rahmenrichtlinie sollte einen solchen Entscheidungsspielraum zulassen. Eine solche notwendige Verfahrensweise darf jedoch unter keinen Umständen die Verantwortung der Betriebe und ihrer Leiter für den betrieblichen Reproduktionsprozeß, die betriebliche wirtschaftliche Rechnungsführung und die Initiativen der Werktätigen zur Erhöhung der Effektivität der Produktion einengen. Das erfordert, die objektiv notwendigen finanziellen Beziehungen zwischen Kombinat und Betrieb weiter zu durchdenken und wissenschaftlich zur Erreichung einer neuen Qualität der wirtschaftlichen Rechnungsführung auf beiden Leitungsebenen zu analysieren.

Ein *zweites Problem* ist die auch in den Thesen getroffene Feststellung, daß die Stimulierungsfunktion der Finanzen nur auf der Basis der Jahresplanung wirkt. Daraus folgt, daß diese Einschränkung der Kategorie Finanzen auch die wirtschaftliche Rechnungsführung als Kategorie und Methode der planmäßigen Leitung, Planung und Stimulierung des volkswirtschaftlichen Reproduktionsprozesses in seiner Gesamtheit und seinen Teilen, damit auf Kombinats- und Betriebsebene einschränkt. Ist das notwendigerweise objektiv bedingt? Folgt man den in den Thesen angeführten Ursachen – Beherrschung der materiellen Planung, notwendige planmäßige Industriepreisveränderungen, schwer vorausschaubare Preisentwicklungen auf den Außenmärkten u. a. m. –, dann kommt man zu der Schlußfolgerung, daß ein Wirksammachen der Finanzen für die Leitung, Planung und wirtschaftliche Rechnungsführung weder heute noch in absehbarer Zukunft über den Jahresplanzeitraum hinaus möglich ist, da abzusehen ist, daß die angeführten Ursachen auch künftig kaum beseitigt werden können. Übersieht man also nicht die fehlenden Voraussetzungen, um die Finanzen umfassend als Kategorie der Leitung, Planung und wirtschaftlichen Rechnungsführung zunächst mindestens im Rahmen des jeweiligen Fünfjahrplanzeitraumes zu nutzen, so wäre dennoch zu prüfen, welche finanziellen Plankennziffern schon heute langzeitiger nutzbar sind, entweder weil sie unter bestimmten volks-, kombinats- oder betriebswirtschaftlichen Bedingungen ein hohes Maß an Stabilität besitzen oder auch langfristig als veränderliche Größe planbar sind, so daß die Möglichkeit der Sicherung der Einheit von materieller und finanzieller Planung gegeben ist. Gleichzeitig wären die finanziellen Plankennzahlen zu charakterisieren, deren stimulierende Wirkung sich auf das Planjahr begrenzt. Es geht also um die Nutzung finanzieller Plankennziffern, planmäßiger finanzieller Regelungen einschließlich der Fondsbildungs-, der Fondserwirtschaftungs- und der Fondsverwendungsprinzipien – langfristig soweit möglich und kurzfristig soweit notwendig auf der Kombinats- und Betriebsebene. Das könnte auch die Finanzplanung vereinfachen. Die Finanzen und ihre Stimulierungsfunktion in ihrer Komplexität vor allem langfristig für die Leitung, Planung und wirtschaftliche Rechnungsführung zu nutzen, wäre eine Forderung nach Perfektionismus und auch in absehbarer Zukunft nicht zu verwirklichen. Deshalb kann es gegenwärtig nur darum gehen, Teile der finanziellen Beziehungen und Regelungen über das Planjahr hinaus zu nutzen, sie in die Entwicklung des Systems der volkswirtschaftlichen Leitung, Planung und ökonomischen Stimulierung einzubeziehen und damit zu seiner Vervollkommnung beizutragen.

Ein *drittes Problem* ist der in den Thesen unternommene Versuch deutlich zu machen, wie mittels der Finanzen auf die Effektivität der Forschung und Entwicklung Einfluß genommen werden kann. Eine Problematik, die unterstrichen wird durch die Tatsache, daß bereits in dieser produktionsvorbereitenden Phase über die Effektivität des künftigen Produktionsprozesses im wesentlichen entschieden wird. In dieser Produktionsphase ist einerseits die Stimulanz der Finanzen nicht voll ausgeschöpft, andererseits kann die Verwendung finanzökonomischer Regelungen hier nicht gewollte, der wirtschaftlichen Rechnungsführung widersprechende Wirkungen hervorrufen. So ist m. E. die Frage nicht eindeutig zu beantworten, ob eine umfassende Anwendung der Prinzipien der wirtschaftlichen Rechnungsführung in selbständigen Forschungsbetrieben durch Verkauf von wissenschaftlich-technischen Leistungen zu einer höheren Effektivität der Forschung und Entwicklung aus volkswirtschaftlicher Sicht führt. Bei einer solchen Regelung werden die Verkaufserlöse zur Refinanzierung des Forschungsprozesses genutzt, so daß das Forschungsergebnis eine Rückwirkung auf den getätigten Forschungsprozeß bzw. auf die kommenden Forschungsprozesse und damit auf die kollektive und individuelle materielle Interessiertheit der in der Forschung Tätigen besitzt. So betrachtet ist das Wirken der Finanzen positiv einzuschätzen. Eine eingehende Analyse stellt aber auch andere Aspekte fest. Den Verkaufserlös bestimmt der Preis der wissenschaftlich-technischen Leistungen. Folglich bestimmt die Art und Weise des Zustandekommens des Preises die Wirkung der Finanzen auf den Forschungs- und Entwicklungsbetrieb. Das gleiche gilt bei betrieblichen Forschungsabteilungen, deren Leistungen zu innerbetrieblichen Verrechnungspreisen weiterverrechnet werden. Reflektiert der Preis für die Forschungsleistung den bezahlten Aufwand für die Forschungsaufgabe, ggf. ein volkswirtschaftlich vertretbares Gewinnvolumen oder sogar noch einen angemessenen Anteil am Nutzen des späteren Anwenders, können Wirkungen stimuliert werden, nur noch solche Forschungsaufträge zu übernehmen, die mit absoluter Sicherheit zu verwertbaren Ergebnissen führen. Das kann gewollt sein. Das kann aber auch die Risikofreudigkeit der Forschung einschränken, so daß Forschungsergebnisse mit hohem Risikoeinsatz ver- oder behindert werden. Die Initiativen der in der Forschung Tätigen werden in eine falsche Richtung gelenkt und volkswirtschaftlich wenig effektiv genutzt. Enthält der Preis einen Nutzensanteil, werden im Forschungsbetrieb zusätzlich finanzielle Mittel realisiert, dort selbst verwendet oder durch die Finanzen über die wirtschaftsleitenden Organe umverteilt, für die in der Volkswirtschaft zum Zeitpunkt ihrer Realisierung noch keine materiellen Werte geschaffen wurden. Die Finanzierung aus dem Fonds Wissenschaft und Technik, verbunden mit dem Verzicht auf eine innerbetriebliche Preisverrechnung bzw. analoge Regelungen zur Finanzierung selbständiger Forschungsbetriebe, beseitigt die genannten möglichen negativen Wirkungen, mindert zugleich jedoch den Einfluß der Finanzen auf die wirtschaftliche Rechnungsführung und Effektivität des Forschungs- und Entwicklungsprozesses. Deshalb sind die Vorstellungen in den Thesen zu unterstützen, die Finanzierung von Forschungs- und Entwicklungsarbeiten bei Nichterreichen technisch-ökonomischer Zielstellungen einzustellen wenn keine Veränderung der ursprünglichen Zielstellung erfolgt. Das schließt ein, die durch Risikobereitschaft im volkswirtschaftlichen Interesse entstandenen Forschungsverluste finanziell über den Fonds Wissenschaft und Technik und/oder den Reservefonds und/oder andere finanzielle Fonds abzudecken.

Schließlich vermögen die Finanzen auf die Effektivität des Forschungs- und Entwicklungsprozesses Einfluß zu nehmen, indem sie die Bedingungen für die Ausarbeitung der Kosten- und Preisvorgaben in der Stufe V1/K1, für ihre Abstimmung und Bestätigung in der Stufe V2/K2, für ihre spätere Präzisierung und endgültige Bestätigung als Industriepreis noch vor der Produktionsaufnahme sichern oder zumindest wesentlich mitbestimmen. Diese Einflußnahme der Finanzen auf die Kosten- und Preisvorgaben über die Etappen der Forschung und Entwicklung läßt sich mit den Möglichkeiten der Finanzierung der Forschung und Entwicklung aus dem Fonds Wissenschaft und Technik verbinden in der Weise, daß heranstehende und nicht getroffene Entscheidungen zur Nichtfinanzierung aus dem Fonds Wissenschaft und Technik führen können. Und nicht zuletzt nehmen die potentiellen Abnehmer, die künftigen Hersteller und Zulieferer über ihre Kosten und Preise, damit über die betrieblichen Finanzen auf die Effektivität des Forschungs- und Entwicklungsprozesses Einfluß, indem sie sich an der Ausarbeitung von Kosten und Preisvorgaben beteiligen.

Diese ausgewählten Probleme zeigen die Notwendigkeit, die ökonomische Forschung auf die Qualifizierung der Finanzwirtschaft in den Kombinaten und Betrieben zu orientieren, Wege zur Erhöhung ihrer Effektivität zu sichern und mit der Vernachlässigung der Finanzen auf diesen Leitungsebenen Schluß zu machen.

K. Tannert

Zu einigen Problemen von Kredit und Effektivität

Die weitere Gestaltung der aktiven Rolle der Finanzen berührt eine ganze Reihe von Problemen, die mit unserer Forschungsarbeit eng verbunden sind. Eine zentrale Problematik stellen dabei die Beziehungen der Finanzen zum Effektivitätsprozeß dar. Ich möchte einige Ausführungen zu Fragen des Kredits machen.

Zur Frage der Beziehungen von Kredit und Effektivität, manchmal auch kurz unter dem Begriff „Krediteffektivität" zusammengefaßt, gibt es gegenwärtig eine intensive Diskussion in mehreren sozialistischen Staaten, die ihren Hauptausgangspunkt in der Sowjetunion hatte. Zweifellos waren dafür die Feststellungen des XXV. Parteitages der KPdSU ausschlaggebend, daß es darauf ankommt, „die Rolle und die Effektivität des Kredits bei der rationellen Nutzung der Produktionsressourcen, bei der Beschleunigung des Wachstums der Arbeitsproduktivität sowie bei der Senkung der Selbstkosten und bei der Ausschöpfung der Produktionsreserven zu verstärken"[1]. Das steht in enger Verbindung mit der Orientierung, daß – ausgehend von der entscheidenden Rolle der Planung – die Ware–Geld-Beziehungen zur Festigung der planmäßigen Leitung der Volkswirtschaft verstärkt genutzt werden müssen. Die Ergebnisse des 10. Plenums des ZK der SED beweisen die Aktualität dieser Feststellungen eindringlich.

In der Diskussion zur Problematik Kredit und Effektivität wurde die These widerlegt, daß der zentrale Ansatzpunkt dafür die Beziehung von Kredit- und Gewinnentwicklung wäre und der Kredit bzw. die Kreditmethode selbst gewinnbringend sei. Eindeutig hat sich der Standpunkt durchgesetzt, daß die Art und Weise der planmäßigen Ausnutzung der dem Kredit innewohnenden Möglichkeiten und Erfordernisse im Prozeß der Leitung, Planung und ökonomischen Stimulierung die Effektivitätsentwicklung außerordentlich fördern oder hemmen kann.

Im Rahmen der dazu geführten Untersuchungen schälen sich drei Wirkungsbedingungen für den Kredit heraus. Sie ergeben sich aus

- den qualitativen und quantitativen Aspekten der Bestimmung und Sicherung des ökonomisch begründeten Kreditvolumens,
- der Verteilung des volkswirtschaftlichen Kreditvolumens und
- der Rolle des Kreditinstrumentariums.

Sie bilden unmittelbare Ansatzpunkte für den Einfluß des Kredits auf den Effektivitätsprozeß.

Was die Bestimmung und Sicherung des ökonomisch begründeten Geld- und Kreditvolumens anbetrifft, so zeigen die Untersuchungen und Erfahrungen, daß die damit verbundenen Geldfonds – insbesondere das Wachstum der Spareinlagen – eine erhebliche

[1] XXV. Parteitag der KPdSU, Die Hauptrichtungen der Entwicklung der Volkswirtschaft der UdSSR von 1976 bis 1980, Berichterstatter: A. N. Kossygin, Berlin 1976, S. 34.

Ressource darstellt, nicht zuletzt auch für den Einsatz von Mitteln zur Sicherung und Entwicklung der Akkumulation. Zugleich sind das Wachstum und die Struktur der Geldfonds von enormem Einfluß auf die Stimulierung aller Geldkategorien, auf die ökonomischen Hebel und Normative. Die Art des Verfügens über Geldfonds beeinflußt die Plandisziplin und das Ausschöpfen von Reserven im Planungsprozeß. Das alles kann man unter dem Gesichtspunkt der Sicherung strengster Sparsamkeit zusammenfassen. Das heißt letztlich, daß die Bestimmung und Sicherung des Geld- und Kreditvolumens eine sehr wichtige Rolle spielt, um die aktive Rolle der Finanz- und Kreditprozesse wie der Geldbeziehungen zu gewährleisten.

Dabei geht es um die Sicherung der inneren Struktur des Geld- und Kreditvolumens und der Gewährleistung einer solchen Bewegung der Geldfonds, die den planmäßigen Aufgaben entspricht und sie sichert.

In diesem Zusammenhang spielt der Kredit insofern eine spezifische Rolle, da er – wie es in dem Arbeitsmaterial heißt – die Emissionsfunktion ausübt. Die Emission ist ein mit der Planung und Realisierung entscheidender materieller Bilanzen und Kennziffern verbundener Prozeß, der m. E. nicht allein und auch nicht primär dem Kredit geschuldet ist. Jedoch wird er über den Kredit abgewickelt, da es sich um Kreditgeld handelt.

Es bleibt jedoch objektiv immer so, daß letztlich über die Kreditgewährung die Inumlaufsetzung von Geld und über die Kredittilgung eine Herausziehung von Geld aus dem Umlauf erfolgt. Um die Wirkung und Rolle dieses Prozesses richtig zu bewerten, muß an die bekannte These von Marx erinnert werden, daß die bei der Geldemission angewendeten Prinzipien die Bedingungen seines Rückflusses einschließen.[2] Das heißt, mehr oder weniger gute Bedingungen seiner volkswirtschaftlichen Effektivität liegen bereits im Emissionsprozeß. Wofür, zu welchen Bedingungen und Kriterien wird Kredit gewährt? Es geht unter den gegenwärtigen Bedingungen um eine wesentliche Aktivierung der Kreditbedingungen im weitesten Sinne. Das alles schließt die aktive Tätigkeit der Bank bei der Vorbereitung der Pläne und Planentscheidungen wie auch bestimmte Fragen der formellen Kontrolle ebenso ein wie die Verbindung der Kreditgewährung mit solchen Bedingungen, wie z. B. die Sicherung der Planaufgaben und damit banktechnisch gesprochen der Kreditobjekte. Hier handelt es sich um einen wechselseitigen Prozeß. Das Kredit- und Geldvolumen und seine strukturelle Zusammensetzung ist eine Wirkungsbedingung für den Kredit und für alle anderen finanzökonomischen Beziehungen. Gleichzeitig sichert die an strenge Plandisziplin gebundene Kreditgewährung maßgeblich mit die aus der finanziellen Bilanzierung abgeleitete und bestimmte Entwicklung des Geld- und Kreditvolumens und seine Struktur. Deshalb ist auch die Darstellung in den Thesen zu unterstützen, daß die Verteilungsfunktion immer die Einheit von Bildung, Verteilung und Verwendung von Geldfonds umschließt, da die Bildung der Geldfonds selbst ein Verteilungsprozeß ist und die dabei erzielten Ergebnisse das Niveau des weiteren Verteilungsprozesses des Geldfonds entscheidend mitbeeinflussen. Dabei wird gleichzeitig deutlich, daß die Verteilungsfunktion der Finanzen auch beim Kredit die grundlegende Funktion ist, die bewußt zur planmäßigen Erwirtschaftung und rationellen Verteilung und Verwendung des Nationaleinkommens für die Erfüllung der Hauptaufgabe ausgenutzt wird.

Im Rahmen dieser zweiten Wirkungsbedingung des Kredits im Effektivitätsprozeß soll noch auf ein Problem eingegangen werden, das sich in unserer Forschungsarbeit als

2 Vgl. K. Marx, Zur Kritik der Politischen Ökonomie, in: MEW, Bd. 13, Berlin 1961, S. 81.

wichtig erwiesen hat. Es handelt sich um die sinnvollsten Einsatzbereiche des Kredits in Verbindung mit der Ableitung der Kreditanteile und ihrer Effektivitätsbeziehung.

Diese Einsatzbereiche zeigen eine weite Differenzierung. Dabei ist unbestritten, daß die Vorzüge dort am besten genutzt werden können, wo ein direkter Zusammenhang zur Erwirtschaftung bzw. zum Rückfluß des Kreditvorschusses besteht. Natürlich gibt es auch andere Einsatzbereiche, die durch die gesamtvolkswirtschaftliche Effektivität gesichert werden.

Aus diesem Problemkreis sind m. E. folgende Schlußfolgerungen zu ziehen:

1. Der Kredit ist streng objektbezogen bei gleichzeitiger straffer Kontrolle der Wirkung der Kreditobjekte auf die planmäßige Effektivität der Gesamtfonds. Das muß m. E. auch voll und ganz in den Kreditbeziehungen zu den Kombinaten durchgesetzt werden und immer mit der wirtschaftlichen Rechnungsführung verbunden sein.

2. Enge Beziehungen bestehen zwischen Reineinkommen und Krediteinsatz. Im Grunde muß darauf orientiert werden, daß der Reineinkommensanteil schneller oder zumindest gleich schnell wachsen muß wie der Kreditanteil. Meines Erachtens wäre zu prüfen, wie diese Kennziffer noch stärker bei der Planung der Kreditentwicklung der Betriebe und Kombinate zur Wirkung kommen kann.

3. Die Effektivität der Fonds und damit auch der kreditierten Objekte wird immer stärker durch die Planaufgaben von Wissenschaft und Technik, ihre Ergebnissse und ihre Übereinstimmung mit anderen Planaufgaben, z. B. mit den Investitionen oder den Umlaufmitteln, bestimmt. Es ist zu prüfen, wie dieser Aspekt sich stärker in der Kreditgewährung niederschlägt. Im Ergebnis von Untersuchungen mit der Staatsbank vertrete ich die Auffassung, daß eine wesentliche Erweiterung der Kreditmöglichkeiten im Bereich Forschung und Entwicklung nicht sinnvoll ist. Allerdings bin ich für eine strenge Kontrolle der Bildung und Verwendung des Fonds Wissenschaft und Technik, wie das im Thesenmaterial sehr richtig ausgeführt wird.

Generell ist m. E. der Hauptweg darin zu sehen, die Gewährung der Grund- und Umlaufmittelkredite so auszubauen, daß die Erfordernisse der Intensivierungsfaktoren, insbesondere des wissenschaftlich-technischen Fortschritts, voll in den Kreditvoraussetzungen und Kreditbedingungen angesprochen und gesichert werden.

R. Illgen

Zur Stellung der Finanzen in den Waren–Geld-Beziehungen und zur Bedeutung des Kreditcharakters des Geldes im Sozialismus

Aus theoretischer wie aus praktischer Sicht möchte ich hervorheben, daß die Finanzen als einheitliches Ganzes aufgefaßt und interpretiert werden. Sie umfassen alle Kategorien, die entsprechend dem Wesen der Finanzen an der planmäßigen Bildung, Verteilung und Verwendung zentralisierter und dezentralisierter Geldfonds durch den Staat beteiligt sind, auf die Erhöhung der Effektivität gerichtet sind und zur rationellen Verteilung und Verwendung des Nationaleinkommens in der Leitung, Planung und ökonomischen Stimulierung ausgenutzt werden. Das bedeutet auch, daß der Kredit eine Finanzkategorie ist und zum System der Finanzen zählt. Das wichtigste Besondere der als Finanzen auftretenden Geldbeziehungen und Geldfonds besteht m. E. darin, daß sie alle der Finanzierung gesellschaftlicher Prozesse durch den sozialistischen Staat dienen und dabei die Funktionen der Finanzen realisieren. Damit sind die Spezifika der Finanzkategorien in der Einzelheit natürlich nicht aufgehoben, denn die Finanzen sind immer eine synthetische Kategorie, und das Zusammenwirken der einzelnen Finanzkategorien bei der Finanzierung und der damit verbundenen Verteilung, Stimulierung und Kontrolle ist gerade ein Merkmal ihrer Wirksamkeit.

Der Auffassung über eine Unterteilung in System der Staatsfinanzen, Kreditsystem und Versicherungssystem kann ich deshalb nicht zustimmen. Dabei würde m. E. die Funktionsbestimmung der Finanzkategorien gestört. Das würde auch nicht der Stärkung der Position der finanziellen Bilanzen in der Volkswirtschaftsplanung dienen. Schließlich wäre das nicht vorteilhaft für die Ausnutzung der Finanzen, vor allem des Staatshaushalts und des Kredits als zentralisierte Finanzkategorien, als Instrumente des Staates für die Wirtschaftsführung und die Sicherung der Stabilität der Währung, was auch ein Höchstmaß an planmäßiger Koordinierung der Finanzkategorien erfordert.

Die Konzeption über eine Trennung von Finanzen und Kredit stützt sich auch auf sowjetische Autoren. Gleichermaßen sprechen sich aber solch namhafte sowjetische Autoren wie z. B. A. Bačurin für „die Verstärkung der Einheit der Finanzen und des Kredits" aus.[1]

Es geht mir nicht um das Wort, wenn ich mich gegen eine Bestimmung der Finanzen als imperative[2], d. h. befehlende Geldbeziehungen wende und auch nicht nur darum, daß mit dieser Bezeichnung Bestandteile der Finanzen ausgeschlossen würden, sondern vor allem darum, daß die Finanzen doch als *ökonomisches* Instrumentarium der Leitung, Planung und Stimulierung aufzufassen sind. Auch für den Staatshaushalt halte ich eine solche Bezeichnung nicht für zutreffend.

[1] A. Batschurin, Die Vervollkommnung des Finanz- und Kreditmechanismus, in: Sonderinformation 5/76 des Ökonomischen Forschungsinstituts der Staatlichen Plankommission Berlin.

[2] Vgl. Thesen zur heutigen Beratung, ferner: E. A. Wosnessenskij, Die Finanzen in der sozialistischen Reproduktion, in: Geld und Finanzen in der sozialistischen Reproduktion, Berlin 1977, S. 41.

Die Finanzen bilden als Einheit einen in sich geschlossenen Komplex im System der Wertkategorien. Die Rolle der Finanzen kann nur durch deren Einordnung in dieses System, das als System höherer Ordnung zu werten ist, voll erfaßt werden. Jede der einzelnen Kategorien nimmt in diesem einen spezifischen Platz ein. Allen ist gemeinsam, daß ihnen der Wert zugrunde liegt, daß sie Formen der Realisierung der Erfordernisse des Wertgesetzes und damit notwendige Bewegungsformen des sozialistischen Eigentums und des sozialistischen Reproduktionsprozesses sowie ökonomische Formen der Leitung und Planung der Volkswirtschaft sind. Sie haben wesentlich an der Regulation der Volkswirtschaft teil. „Im Sozialismus wirkt das Wertgesetz im Gesamtsystem der ökonomischen Gesetze des Sozialismus, in Wechselwirkung mit diesen Gesetzen und wird von der Gesellschaft bewußt und planmäßig ausgenutzt. Es ist ein Element des objektiven Systems der planmäßigen Regulierung der Wirtschaft."[3]

Die Wertkategorien treten als Geldkategorien in Erscheinung und bilden das Geldsystem. Es umfaßt die geldmäßige Seite des Reproduktionsprozesses in Gestalt der Bildung und Verwendung von Geldeinkommen, damit verbundener Bildung von Geldfonds und der Sicherung des Geldwertes. Dementsprechend gliedern sich die Geldkategorien in die Komplexe: primäre und abgeleitete Geldeinkommenskategorien, die Finanzen, den Geldumlauf und den Preis. Der Systemaspekt beruht darauf, daß a) das Geld eine relativ selbständige Existenz hat, b) das Geld der Wirkung spezifischer Geldgesetze unterliegt, die der Realisierung des Wertgesetzes dienen und c) zwischen den einzelnen Geldkategorien objektive, gesetzmäßige Wechselbeziehungen bestehen, die planmäßig gestaltet werden müssen.

Auftretende Probleme in der Geldwirtschaft sind daher meist nicht nur auf einen Komplex der geldmäßigen Reproduktion beschränkt, sondern übertragen sich auch auf andere Komplexe. Oft hört man: „Am Geld ist noch nichts gescheitert", manchmal mit dem Zusatz „Bilanzanteile sind wichtiger als Geld". Das bedeutet auch, daß es noch nicht immer gelungen ist, den Grundsatz „gutes Geld für gute Ware" überall durchzusetzen. Zugleich verbirgt sich dahinter das Charakteristikum des Geldes, als relativ verselbständigter Tauschwert zu fungieren, dem nicht wie dem Bilanzanteil von vornherein der Verwendungszweck aufgeprägt ist. Aber gerade hierin zeigt sich die Notwendigkeit, überall in der Wirtschaft mit höchster Verantwortung gegenüber der Gesellschaft mit dem Gelde umzugehen. Auch von den Betrieben und Einrichtungen eingespartes Geld darf nicht zweckwidrig, irgendwie, verausgabt werden. Und tatsächlich muß eingeschätzt werden, daß das Problem nicht so sehr darin besteht, daß bei uns zu viel Geld in Umlauf kommt, sondern vor allem darin, daß die Geldmittel nicht immer mit dem genügenden Nachdruck dorthin gelenkt werden bzw. dort zur Verfügung stehen, wo sie für die Finanzierung der Leistungsinanspruchnahme und den Kauf von Produktionsmitteln am rationellsten genutzt werden können.

Solche Probleme fallen also keinesfalls nur in den Komplex der Finanzen, sondern betreffen ebenso den Bereich der Geldeinkommen. Werden einkommenspolitische Grundsätze oder mit den Geldeinkommen verbundene Proportionen verletzt (z. B. durch ungenügende Bindung von Einkommen an Leistungen bzw. Effektivitätsresultate, Verstoß gegen das erforderliche bzw. geplante Verhältnis von Arbeitsproduktivitäts- und Durchschnittslohnentwicklung), dann folgen hieraus naturgemäß störende Einflüsse auf die Finanzen und den Geldumlauf.

[3] Politische Ökonomie, Der Sozialismus – die erste Phase der kommunistischen Produktionsweise, Bd. 3, Berlin 1974, S. 343.

Auch vom Preis her ergeben sich Wirkungen auf die Finanzen und den Geldumlauf, die in der zentralen staatlichen Planung sorgfältig analysiert werden müssen. Die Ausführungen von Prof. Dr. Wilfried Maier, die er hier zur Entwicklung des Verhältnisses von Zuwachs an Gebrauchswert sowie an Selbstkosten und Preis im Zusammenhang mit der Preisbildung nach dem Preis-Leistungs-Verhältnis machte, sind auch in dieser Sicht von größter Bedeutung.

Es scheint also angeraten zu sein, die Komplexe des Geldsystems so zu gliedern, daß den objektiven Existenzbedingungen der Kategorien entsprochen wird und in der Leitung, Planung und ökonomischen Stimulierung die Funktionen der Kategorien zur Wirkung gebracht werden können.

Die funktionale Wirkung des Wertgesetzes ergibt sich 1. aus der Messung des gesellschaftlichen Arbeitsaufwandes im Wert, wobei die Meßergebnisse ihren Ausdruck insbesondere im Preis und in den Kosten finden, 2. aus der damit verbundenen Stimulierung zur Senkung des Arbeitsaufwandes und 3. aus der Verteilung der gesellschaftlichen Arbeit im Wertausdruck. Die Wirkung des Wertgesetzes und der Wertkategorien im Sinne des ökonomischen Grundgesetzes des Sozialismus und in Verbindung mit den anderen ökonomischen Gesetzen vollständig zur Geltung zu bringen, ist eine für die Durchsetzung der neuen, höheren Maßstäbe der Intensivierung und der Effektivitätsentwicklung entscheidende, nicht zu überschätzende Aufgabe. Die Rolle des Wertes und des Wertgesetzes, die durch die Wertkategorien in ihrer Gesamtheit vollzogen wird, besteht doch letztlich darin, daß durch diese der Zusammenhang zwischen dem gesellschaftlichen Prozeß der Bedürfnisbefriedigung und der Ökonomie der Gebrauchswerteproduktion hergestellt wird.

Aus der Stellung der Finanzen im Wirkungsmechanismus des Wertgesetzes heraus sind objektiv deren Funktionen bestimmt, die herkömmlich in eine Verteilungs-, Stimulierungs- und Kontrollfunktion gegliedert werden. Ihre Spezifik ergibt sich aus der relativen Verselbständigung des Geldes gegenüber dem Warenwert, aus den sich in diesen Funktionen realisierenden Funktionen des Geldes und deren Nutzung durch den Staat. Die Bestimmung der Funktionen aus dem Wertgesetz wirft die Frage nach dem „rationellen Kern", nach dem bestimmenden Inhalt jener auf. Das Erfordernis nach verstärkter Intensivierung aktualisiert diese Frage und macht sie zwingender.

Die Ausnutzung der Finanzen ist letztlich auf die Realisierung des Zusammenhangs von Planmäßigkeit und Stimulierung reduzierbar. Der ganze Mechanismus der Ware-Geld-Beziehungen beruht letztendlich auf den ökonomischen Interessen der Gesellschaft, der Kollektive und der Bürger als Miteigentümer an den Produktionsmitteln, als Produzenten und Konsumenten, die durch die Wertkategorien direkt oder indirekt beeinflußt werden. Auch mittels der Finanzen werden planmäßig Anreize zur Leistungssteigerung und zur Aufwandseinsparung geschaffen und müssen in zunehmend besserer Qualität geschaffen werden, die sich auf diesen Interessen sowie deren Harmonisierung gründen. Das ist eine wesentliche Voraussetzung für die Funktionsfähigkeit der ökonomischen Gesetze in ihrer Gesamtheit überhaupt.

Die Verteilung mittels der Finanzen für sich genommen ist wohl wesentlich für die Begrenzung und die Proportionalität volkswirtschaftlicher Ressourcen, aber sie hat letztlich immer eine Optimierung von Aufwendungen und Resultaten der wirtschaftlichen Tätigkeiten und Prozesse, eine Effektivitätswirkung durch Anreize, mit den begrenzten Ressourcen bestmögliche Ergebnisse zu erzielen, zum Inhalt – und dieser Inhalt muß bei *jedem* Verteilungsprozeß, zentral oder im Kombinat, jeweils ausdrücklich berücksichtigt und zur Wirkung gebracht werden. Aus dieser Sicht ist einerseits festzustellen, daß es die aus ihrem Wesen entspringende allgemeine Zweckbestimmung der Finanzen ist, stimulierende Wirkungen auszulösen. Andererseits folgt hieraus kein Grund, die Stimulierung als Funktion aufzuheben. Die Ausnutzung der Finanzen zwingt immer dazu, konkrete Maßnahmen zur Erreichung ausdrücklicher Stimulierungswirkungen zu treffen.

Gibt es eine aktive Rolle des Wertes im sozialistischen Reproduktionsprozeß? Eine solche wird mitunter betont. Von anderer Seite gibt es dagegen Einwände: Der Wert selbst könne nur die Voraussetzung dafür sein, das aktive Moment könne nur in der Ausnutzung liegen. Diese Frage berührt die Realisierung der Finanzfunktionen. Sie kann meiner Meinung nach nur auf der Grundlage der dialektischen Einheit von Wirken und Ausnutzen, die vom Zusammenhang von Ökonomie und Politik bestimmt ist, beantwortet werden. Die Kategorien mit ihren Funktionen existieren objektiv, sie wirken damit stets, ob sie gut oder schlecht ausgenutzt werden. Für das Verständnis des Wirkens des Wertes und des Geldes ist der Doppelcharakter der sozialistischen Arbeit der Springpunkt. Es ist zunächst der Wert als solcher, der Anreiz zur Senkung des gesellschaftlichen Arbeitsaufwandes bietet, und zwar in doppelter Hinsicht: 1. durch die Wertgröße als gesellschaftliche Durchschnittgröße, mittels des Preises in Geld ausgedrückt (Normativcharakter), 2. durch die Teilbarkeit des Wertes bzw. nach der Warenrealisierung, nach seiner „Geldverpuppung", des realisierten Geldes, das zunächst ganz und nach vollzogener Distribution teilweise zur Verfügung steht. Und es ist schließlich der Geldfonds, der, in seiner notwendigen Größe exakt bestimmt, gemessen am zu finanzierenden Objekt und seiner Nutzensbestimmung, zur Einsparung anregt – in Verbindung mit Kontrollfestlegungen. Nur die Einheit von Objektivem und Subjektivem führt die Wertkategorien in der Leitung, Planung und ökonomischen Stimulierung zur aktiven Rolle, wobei das Subjektive die Erkenntnis der objektiven Erfordernisse von allen Seiten der Wert-, Geld- und Finanzbeziehungen auf der Grundlage einer klaren Ideologie über Ziel und Mittel der sozialistischen Ökonomik voraussetzt. In dieser Dialektik zeigt sich gerade, daß die Wertkategorien Gegenstand und Instrument der Planung zugleich sind.

Die allgemeine Bestimmung einer Meßfunktion der Wertekategorien findet bei den Finanzen herkömmlich keinen Niederschlag als selbständige Funktion. Der Grund ist wohl in der Auffassung zu suchen, daß die Meßfunktion hauptsächlich über den Preis vollzogen wird – in bezug auf den gesellschaftlich notwendigen Arbeitsaufwand. Aber die Meßfunktion ist eine alle Wertkategorien erfassende Erscheinung. Jede Ausnutzung der Finanzen heißt: richtige Fixierung der Verteilungsprozesse, dabei richtige Bestimmung der Stimulierungsweisen. Das ist nur zu erreichen durch richtige Ermittlung der Wertgrößen, hier in Gestalt des verselbständigten Tauschwertes, des Geldes. Wie anders ist eine auf die Erreichung höchster Zeitökonomie gerichtete Kreditpolitik oder Abgabenpolitik gegenüber den nach der wirtschaftlichen Rechnungsführung arbeitenden Kombinaten und Betrieben denkbar. Nur durch ökonomisch begründetes Messen können die Finanzkategorien echte Führungsgrößen sein und in der Einheit von materieller und finanzieller Planung optimal wirksam werden. Dieser Aspekt gewinnt mit der zu entwickelnden Finanzwirtschaft der Kombinate erhöhte Bedeutung. Der Meßfunktion sollte der ihr gebührende Platz in der Funktionsbestimmung der Finanzen eingeräumt werden. Die Meßfunktion der Kontrollfunktion mit zuzuordnen, wie das mitunter gemacht wird, halte ich für unzureichend, denn das Messen durchdringt alle Funktionen.

Ist es gerechtfertigt, dem Kredit eine Emissionsfunktion zuzuschreiben?[4] Wenn der sozialistische Kredit eine Bewegungsform sozialistischer Fonds ist, steht die Verteilungsfunktion im Vordergrund. Es ist lediglich eine spezifische Formbestimmtheit der Verteilungsfunktion des Kredits unter den Bedingungen des sozialistischen Kreditgeldumlaufs, daß sich diese in Verbindung mit der Geldemission oder besser über die Geldemission vollzieht. Das heißt, jede über den Kredit bewirkte Verteilung ist zugleich Emission und umgekehrt. Die Emission ist lediglich ein besonderer Formaspekt der Verteilung durch den Kredit. Eine Herausstellung einer gesonderten Emissionsfunktion würde diesen überbewerten und den Inhalt der Verteilungsfunktion reduzieren.

Theoretische Klarheit über das Wesen und die Form des Geldes im Sozialismus ist von größter Bedeutung für die aktive Ausnutzung des Geldes und der Finanzen, für die planmäßige Gestaltung des Geldumlaufes entsprechend den Erfordernissen der Geldumlaufgesetze und für die Sicherung der Stabilität der Währung. Das Geld ist die zentrale, grundlegende Kategorie des sozialistischen Geldsystems, und es ist eine außerordentlich komplizierte Kategorie: Es ist verselbständigter Tauschwert, was die Rolle als allgemeines Äquivalent einschließt, es hat sich logisch und historisch aus der Entfaltung des Widerspruchs zwischen konkreter und abstrakter Arbeit, Gebrauchswert und Wert, aus der Spaltung der Ware in Ware und Geld entwickelt. Durch seine Wertsubstanz ist es eine allgemeinste Kategorie, als Währung ist es eine national in die Volkswirtschaft eingebundene Kategorie.

Komplizierte Probleme ergeben sich insbesondere daraus, daß das Geld in der sozialistischen Warenproduktion wie in jedem modernen Geldwesen rein symbolischen Charakter hat.[5] Die Geldfunktionen werden durch Geldsurrogate vollzogen. „Nur sofern das Papiergeld Goldquanta repräsentiert, die, wie alle anderen Warenquanta, auch Wertquanta, ist es Wertzeichen.“[6]

Der Surrogatcharakter des Geldes stellt hohe Anforderungen an die Ausgestaltung und Organisation des Geldumlaufs, um das für die Zirkulation notwendige Geldvolumen entsprechend der Entwicklung des Reproduktionsprozesses zu gewährleisten. Von dieser Seite her ist es äußerst wichtig, ob das Geld als Kreditgeld oder als Papiergeld in Umlauf gebracht wird. Zur Frage, ob das Geld im Sozialismus Kreditgeld oder Papiergeld ist, werden in der Literatur mitunter folgende Auffassungen angeführt: 1. Im Sozialismus existiert ausschließlich Kreditgeld; Geldzeichen sind Kreditgeldzeichen, 2. die Geldzeichen sind Papiergeld, 3. die Geldzeichen sind eine eigenartige Mischung von Papiergeld und Kreditgeld. Zum 2. Standpunkt werden folgende Argumente angeführt:

a) Der Kredit könne nur dann an die Stelle des Geldes treten, wenn er selbst zirkulationsfähig ist und zirkuliert; im Sozialismus ist der Bankkredit im allgemeinen nicht zirkulationsfähig. Ich meine, daß das kein Argument gegen die Kreditgeldform und für die Papiergeldform sein kann. Zunächst muß zwischen Kredit und Kreditgeld unterschieden werden. Der Kredit hat zunächst mit der Zirkulation nichts zu tun, denn er ist Vorschuß, die Bewegung von Wert. Damit ist der Kredit selbst nicht zirkulationsfähig, weder im Kapitalismus noch im Sozialismus, weder der kommerzielle noch der Bank-

[4] Vgl. Thesen zur heutigen Beratung sowie: W. Ehlert, D. Hunstock, K. Tannert, Geldzirkulation und Kredit in der sozialistischen Planwirtschaft, Berlin 1976, S. 72.

[5] Vgl. K. Marx, Das Kapital, Erster Band, in: MEW, Bd. 23, Berlin 1962, S. 140/141.

[6] Ebenda, S. 143.

kredit. Seine Rolle besteht nicht darin, zu zirkulieren, sondern sie besteht in der Finanzierung der Reproduktion – Finanzierung mangels Geld. Etwas anderes ist es, daß der Kredit sich seine Medien und Regelungen schafft, um die aus der Kreditgewährung zwangsläufig folgenden Geldbewegungen zu vollziehen. Beim kommerziellen Kredit ist das die Ausschreibung von Wechseln, die als Handelsgeld selbst zirkulieren, die aber auch durch Verkauf in Geld umwandelbar sind und den Wertrückfluß an den Kreditgeber mittels des Geldes ermöglichen. Beim Bankkredit ist das die Emission von Banknoten oder Depositen, mittels deren der Wertvorschuß wie die Rückzahlung vollzogen werden. Auch Marx unterscheidet zwischen Kredit und zirkulierenden Medien. Er spricht z. B. vom Kreditwesen und den „Instrumenten, die es sich schafft (Kreditgeld usw.)." Und: „Aber das Dasein dieser Wechsel ruht selbst wieder auf dem Kredit, den sich die Industriellen und Kaufleute untereinander geben."[7] Der von Marx verwendete Begriff „zirkulierender Kredit" kann nur als Pseudonym für den Wechsel als juristisches und damit zirkulationsfähiges Dokument des kommerziellen Kredits verstanden werden.[8] In dieser Sicht ist auch die Banknote zirkulierender Kredit, dem der Bankkredit zugrunde liegt.

Der Bankkredit selbst ist demzufolge nicht zirkulationsfähig. Das ist aber auch nicht sein Zweck, denn er befriedigt Finanzbedarf. Der Tatbestand, daß er als eine bewegliche, sich an das Atmen des Reproduktionsprozesses anpassende Form der Finanzierung die Stelle wechselt, sich mit der Ware bewegt, ist nicht Zirkulation wie das in der Polemik zu diesem Problem mitunter vermerkt wird, sondern eine Erscheinung der Distribution.

b) Das zweite Argument lautet: Das wirkliche Geld bleibt die Unterlage, wovon das Kreditwesen der Natur der Sache nie loskommen kann.[9] 1. ist hierbei zu berücksichtigen, daß sich „nie" nur auf die kapitalistische Produktionsweise bezieht. (Im selben Zusammenhang sagt Marx: „Sobald die Produktionsmittel aufgehört haben, sich in Kapital zu verwandeln, hat der Kredit als solcher keinen Sinn mehr."[10] 2. Offenbar soll damit zum Ausdruck gebracht werden, daß im Sozialismus die Goldunterlage des Kreditwesens nicht mehr existiert, die auf dem Kreditwege durch die Staatsbank emittierten Banknoten inkonvertibel sind und somit nach Marx „unter die Gesetze des inkonvertiblen Staatspapiergeldes" fallen.[11]

Ich kann nicht einer Konzeption folgen, nach der das Geld im Sozialismus wohl durch den Kredit in Umlauf gebracht wird, seine Form aber Papiergeld sei. Ich halte es auch nicht für gerechtfertigt, die Marxschen inkonvertiblen Banknoten für eine solche Konzeption heranzuziehen. Der Erkenntniswert dieser Aussagen von Marx besteht doch gerade darin, daß der bürgerliche Staat nicht nur die Papiergeldemission über den Staatshaushalt vollzieht, sondern auch über die Banken. Marx weist im 3. Band auf die Kredite der Bank von England an die Regierung hin, die ihrerseits die Grundlage für die Emission von Banknoten sind. Ferner werden im Kapitalismus auf der Grundlage von Staatsobligationen Banknoten emittiert, die Papiergeldcharakter haben.

[7] K. Marx, Das Kapital, Dritter Band, in: MEW, Bd. 25, Berlin 1964, S. 413, 536.

[8] Die Zahlungsversprechen faßt Marx umgekehrt „... der Kürze halber sämtlich unter der allgemeinen Kategorie von Wechseln zusammen ..." Vgl. K. Marx, Das Kapital, Dritter Band, in: MEW, Bd. 25, a. a. O., S. 413.

[9] Ebenda, S. 620.

[10] Ebenda, S. 621.

[11] Ebenda, S. 539/540.

Für unseren Zusammenhang ist wesentlich, daß Marx nicht nur im Golde, sondern vor allem in der Warenzirkulation die Grundlage für das Kreditgeld gesehen hat. Für Marx bildet der Wechsel die Basis der Banknoten. „Wie diese wechselseitigen Vorschüsse der Produzenten und Kaufleute die eigentliche Grundlage des Kredits bilden, so bildet deren Zirkulationsinstrument, der Wechsel, die Basis des eigentlichen Kreditgeldes, der Banknoten ... Diese beruhen nicht auf der Geldzirkulation, sei es von metallischem Geld oder von Staatspapiergeld, sondern auf der Wechselzirkulation."[12]

Obwohl im Sozialismus die Geldemission über den direkten Bankkredit erfolgt, dürfen ihre Wurzeln nicht primär im kapitalistischen Bankkredit gesucht werden. Vielmehr sind sie im kommerziellen Kredit zu suchen. Das ist ein Problem der Dialektik von Inhalt und Form. Das beruht auf dem gesellschaftlichen Eigentum, den sozialistischen Produktionsverhältnissen und dem völlig neuen Charakter der Banken und des Kredits im Sozialismus. Hierin drücken sich die notwendigen Veränderungen aus, die vorgenommen werden müssen, um den Kredit und das Geld in den Dienst des Sozialismus zu stellen. Der rationelle Inhalt der an den kommerziellen Kredit gebundenen Emissionsweise hinsichtlich ihrer Bindung an die Warenproduktion und -zirkulation wurde vom Sozialismus übernommen und in eine neue Form gebracht, die den Erfordernissen einer zentralen staatlichen Leitung und Planung entspricht.

Die Geldemission über den Kredit ist wesentlich für die Beherrschung der Prozesse der planmäßigen Bildung und Herauslösung des Geldes aus dem Umlauf und damit der Bestimmung des Geldvolumens in Abhängigkeit von dem an die Produktion, Zirkulation und Distribution des materiellen Produkts gebundenen Geldbedarf der Wirtschaft.

Im Sozialismus ist das Geld Kreditgeld. Es handelt sich hierbei um ein Charakteristikum, das sich aus der Art und Weise der Emission des Geldes ergibt, die die reibungslose Versorgung der Wirtschaft mit Geld gewährleistet und gleichzeitig vom Emissionssystem her die Voraussetzungen für die Realisierbarkeit der emittierten Geldzeichen schafft. Bei dieser Bestimmung ist der nicht zu übersehende Hinweis von Marx, daß das Papiergeld aus der Funktion des Geldes (Goldes) als Zirkulationsmittel, das Kreditgeld aus der Zahlungsmittelfunktion entspringt, berücksichtigt.

Ich halte es nicht für gerechtfertigt, aus dieser Bestimmung Zweifel in der Weise anzumelden, daß aus der „Methode" der Geldemission nicht das Wesen des Geldes bestimmt werden könne. Die Charakterisierung des Geldes als Kreditgeld ist aber keine Wesens-, sondern eine Formbestimmung. Das Wesen des Geldes ergibt sich daraus, daß es als verselbständigter Tauschwert sozialistische Arbeit zur Substanz hat und sozialistische gesellschaftliche Verhältnisse vermittelt. Die Kreditgeldform schafft Voraussetzungen dafür, daß diese Vermittlung den sich aus dem ökonomischen Grundgesetz ergebenden Zielen und Mitteln voll entspricht. Sie ist somit wesentlich für die Gewährleistung der Qualität des Geldes im Sinne der Stabilität seiner Wertgröße, seiner Kaufkraft und seiner Umlauffähigkeit – also dafür, daß sein nur funktionelles Dasein, das sein materielles sozusagen absorbiert[13], seine Qualität als Tauschwert-Repräsentant, voll gesichert wird.

Die Erfassung des Kreditcharakters des sozialistischen Geldes hat m. E. weitreichende theoretische und praktische Konsequenzen. Diese greifen z. B. auch in die Bestimmung

[12] Ebenda, S. 413.
[13] Vgl. ebenda, S. 243.

des Kredits ein. Wenn der Kredit in Diskussionen als Bewegungsform der zeitweilig freigesetzten Geldfonds bestimmt wird, als eine Bewegungsform, durch die die zeitweilig freigesetzten Geldmittel der Volkswirtschaft mobilisiert und eingesetzt werden, dann entspricht das nicht der Wirklichkeit, und der Kreditcharakter des Geldes bleibt außer acht.

Eine Mobilisierung zeitweilig freigesetzter Geldmittel zur Bildung eines leihbaren Geldfonds und dessen Einsatz durch Kreditgewährung unterstellt, daß Geld vorher von einer dritten Seite, also außerhalb der Kreditbeziehungen, in die Zirkulation geworfen worden ist. Im Grunde genommen ist das nur bei Goldumlauf möglich, unter bestimmten Umständen auch bei Umlauf von Papiergeld. Das würde bedeuten, daß von verschiedenen Seiten Prozesse ausgelöst werden, die in den Geldumlauf eingreifen. Der Kredit wäre von der Emission getrennt und hätte nur noch die Aufgabe, existierendes Geld, das „freigesetzt" ist (freigesetzt wovon?) umzuverteilen. Wenn aber zuerst Geldfonds da sein sollen, die dann vom Kredit umverteilt werden, geht die notwendige dialektische Verbindung von Geldumlauf und Kredit verloren. Das wäre ein entscheidender Verlust für die Einheit von materieller und finanzieller Planung.

Der Kreditgeldumlauf ist ein einheitlicher Geldumlauf, nicht nur im Sinne der Einheit von Buch- und Bargeld, sondern auch in dem Sinne, daß sich ausschließlich Kreditgeld im Geldumlauf befindet, so daß er von vornherein zentralisiert ist und es einer Mobilisierung des Geldes nicht bedarf. Durch die Bindung der Geldemission an die Kreditausreichung und damit des Herausfalls des Geldes an die Kreditrückzahlung wird gerade erreicht, daß das Volumen des Geldes der zur Zirkulation notwendigen Geldmenge weitgehend angepaßt werden kann. Es wird die Planung des Geldumlaufs, die eine komplizierte Aufgabe darstellt, in Wechselwirkung mit der Planung der Kredite ermöglicht, die in die Planung des Reproduktionsprozesses unmittelbar als der Geldumlauf eingeordnet ist.

Die einheitliche Planung des Geldumlaufs und der Kredite hat zum Ausgangspunkt, daß auf der Grundlage des Wertbildungsprozesses Geldemission und Kreditgewährung als einheitlicher Prozeß verläuft, so daß Geldfonds und Kredite immer größengleich sind.

Die Bestimmung des Kredits im Sozialismus muß demzufolge anders vorgenommen werden. Sie ist vorzunehmen in der Richtung, daß der Kredit aus dem beständigen Auseinanderfall der Reproduktionsphasen erwächst, worin Wachstumserfordernisse der sozialistischen Gesellschaft eingeschlossen sind. Dieser Auseinanderfall bringt objektiv einerseits Kreditbedürfnisse (Bedürfnisse an Kreditfinanzierung) und andererseits Geldfondsbildungen mit sich. Volkswirtschaftlich stellt sich das in der beständigen Koexistenz eines mit der Reproduktion wachsenden Geldfonds und des entsprechenden Kreditfonds dar.

Die beiden vorstehend behandelten Fragen haben größte Bedeutung für die Stabilität der Währung und die aktive Rolle des Geldes und der Finanzen in der entwickelten sozialistischen Gesellschaft. Der Kreditcharakter unseres Geldes schafft die besten Voraussetzungen für die Herstellung des Zusammenhangs zwischen der erweiterten Reproduktion sowie dem Kreislauf des Nationaleinkommens und der erweiterten Reproduktion der Geldeinkommen, des Geldumlaufs sowie der Sicherung des Geldwertes auf der Grundlage der einheitlichen Planung der materiellen und finanziellen Prozesse in der Volkswirtschaft. Das sind zugleich die entscheidenden Bedingungen für die planmäßige Sicherung der Währungsstabilität. Die Effektivität des Reproduktionsprozesses ist die

Grundlage, die Einheit von materieller und finanzieller Planung ist das zentrale Erfordernis der Stabilität der Währung, die als Element der Dynamik und Teil der volkswirtschaftlichen Stabilität beständig reproduziert werden muß. Die Stabilität befindet sich im Wechselverhältnis mit dem Wachstum, und dieses schlägt sich in der Struktur der Finanzierungsquellen, die der Volkswirtschaft für die erweiterte Reproduktion zur Verfügung stehen und alle Finanzkategorien umfassen, monetär nieder.

In der weiteren Forschungsarbeit wird es m. E. darauf ankommen, sowohl die einzelnen Kategorien und Probleme als auch die Ganzheit des Finanz- und des Geldsystems tiefer zu untersuchen. Dabei muß die Geld- und Finanztheorie als geschlossenes Ganzes weiter entwickelt, müssen ihre Prämissen präziser und detaillierter formuliert und besser verknüpft werden.

H.-J. Dubrowsky

Zu einigen Aspekten der Weiterentwicklung der Finanzen unter den Bedingungen wachsender außenwirtschaftlicher Verflechtungen

Ich unterstütze den Grundtenor der Thesen, daß die Finanzen im Zusammenhang mit der weiteren Erhöhung der Leistungskraft der sozialistischen Wirtschaft auch auf dem Gebiet der Außenwirtschaft und besonders der sozialistischen ökonomischen Integration weiterzuentwickeln sind. Das ist in Anbetracht der erheblich komplizierter gewordenen außenwirtschaftlichen Bedingungen und der großen Bedeutung der Wirtschaftsintegration mit den RGW-Ländern für unsere weitere Entwicklung eine prinzipielle Aufgabenstellung von hohem Stellenwert für den weiteren Leistungsanstieg unserer Volkswirtschaft. Für die DDR gilt, daß die Geld- und Finanzwirtschaft unseres Landes im beträchtlichen Umfang und zunehmend durch die intensive außenwirtschaftliche Verflechtung unserer Volkswirtschaft von äußeren Geld- und Finanzbeziehungen beeinflußt wird und daß damit der sozialistische Staat bei der Gestaltung der Finanzen immer mehr solche äußeren Faktoren berücksichtigen muß. Das hat viele Aspekte. Auf einige will ich hier kurz hinweisen.

Erstens haben wir uns von Anfang an zur sozialistischen ökonomischen Integration mit der UdSSR und den anderen Mitgliedsländern des RGW bekannt und messen ihr eine außerordentliche Bedeutung für die weitere wirtschaftliche und soziale Entwicklung unseres Landes bei. Die aktive Mitgestaltung der sozialistischen Wirtschaftsintegration schließt meiner Ansicht nach ein, daß bei der Weiterentwicklung der Finanzen in unserem Lande stets auch zu berücksichtigen ist, wie diese Entwicklungen insgesamt die Wirtschaftsintegration voranbringen, wie wir unsere Volkswirtschaft auch über die Finanzen „integrationsfähig" gestalten, wie wir die Wirtschaftseinheiten zu Maßnahmen der Integration, und zwar zu Maßnahmen mit hoher Effektivität stimulieren. In den Thesen wird zu Recht hervorgehoben, daß die Finanzen die sozialistische ökonomische Integration aktiv fördern müssen. Und mehr noch: Es kommt meiner Ansicht nach auch darauf an, daß wir Maßnahmen auf dem Gebiet der Finanzen, die sich auf die Integration auswirken, zunehmend abgestimmt mit den anderen RGW-Mitgliedsländern durchführen oder zumindest so, daß wir bei wichtigen Finanzmaßnahmen Wirkungen in Richtung auf gemeinsame Integrationszielsetzungen sichern. Das Bekenntnis zur soszialistischen ökonomischen Integration schließt die Verpflichtung ein, aktiv für ihre schrittweise Verwirklichung auch über eine entsprechende Gestaltung der Finanzen beizutragen und dabei den eigenen Staat als Glied eines Kollektivs von sozialistischen Staaten zu sehen, in dem alle beteiligten Staaten ihre innerstaatlichen Leitungs-, Planungs- und Stimulierungsmaßnahmen harmonisch aufeinander abgestimmt auf ein gemeinsames Ziel ausrichten. Das ist ein sehr langfristiger Prozeß – wie die sozialistische ökonomische Integration überhaupt –, aber er muß konsequent, aktiv und schrittweise vollzogen werden.

Zweitens müssen wir berücksichtigen, daß die sozialistische ökonomische Integration auch einschließt, daß Maßnahmen zu ihrer planmäßigen Gestaltung nicht allein auf einzelstaatlicher Ebene, nicht allein durch Abstimmung zwischen den beteiligten sozialistischen Staaten, sondern gerade auf dem Gebiet der Finanzen bereits auch zu einem Teil durch *gemeinsame* Festlegungen der Staaten getroffen werden. Die RGW-Länder haben sich bekanntlich für ihre gegenseitigen Geldbeziehungen eine *kollektive* Währung geschaffen, die sie ausschließlich gemeinsam, kollektiv ausgestalten. Die RGW-Länder haben zwei sozialistische internationale Banken gegründet, die sie ausschließlich gemeinsam, kollektiv leiten und somit deren Finanzbeziehungen sowohl zu den Volkswirtschaften der beteiligten Staaten als auch zu anderen Partnern gemeinsam, kollektiv gestalten. Dem sozialistischen Staat fällt also bei der Weiterentwicklung seiner Finanzen nicht nur die Aufgabe zu, solche Weiterentwicklungen über einzelstaatliche Regelungen zu verwirklichen, sondern er muß auch Weiterentwicklungen des internationalen sozialistischen Währungssystems der RGW-Länder gemeinsam mit den anderen Mitgliedsstaaten sichern. Dabei kommt es zugleich darauf an, eine Synchronisation einzelstaatlich und kollektiv beschlossener Richtungen oder -maßnahmen der Weiterentwicklung und die Einheit von kollektiv festgelegten und einzelstaatlich umzusetzenden Maßnahmen zu gewährleisten.

Drittens scheint mir für die Weiterentwicklung des Finanzsystems unseres Landes bemerkenswert zu sein, daß die nationalen Währungen der RGW-Länder nicht direkt an den äußeren Finanzbeziehungen beteiligt sind (wenn man vom nichtkommerziellen Bereich einmal absieht). Daraus ergibt sich, daß wir die Verwendung solcher Währungen bei der Vervollkommnung unseres Finanzsysstems berücksichtigen müssen.

In den äußeren Geldbeziehungen zu nichtsozialistischen Ländern, in denen wir fast ausschließlich kapitalistische Währungen verwenden, stellt sich beispielsweise der Schutz vor inflationistischen Einflüssen, vor schädlichen Wirkungen der Labilität des kapitalistischen Währungssystems, vor Währungsspekulationen und anderen dem kapitalistischen Wirtschaftssystem immanenten Gesetzmäßigkeiten als dringliche, aber komplizierte Aufgabe.

Viertens ist bei der Gestaltung der Finanzen darauf zu achten, daß der sozialistische Staat in Ausübung seines Valutamonopols eine Abgrenzung der äußeren Finanzbeziehungen in Valuta von inlandsseitigen Beziehungen in Mark vornimmt. Die mit der Außenwirtschaft verbundenen Finanzbeziehungen unserer Volkswirtschaft haben demzufolge praktisch zwei Bereiche: den Valutabereich und den Markbereich. Das erfordert, die Finanzwirtschaft unseres Landes so weiterzuentwickeln, daß die markseitigen Regelungen stets die Gesamtziele des sozialistischen Staates in den äußeren Finanzbeziehungen verwirklichen helfen. Zu diesen Zielen würde ich den möglichst hohen Beitrag der außenwirtschaftlichen Beziehungen zur Erhöhung des verfügbaren Nationaleinkommens zählen.

Dazu ist es erforderlich, die innerstaatlichen Finanzbeziehungen und -regelungen den sich ändernden äußeren Bedingungen anzupassen. In dieser Hinsicht sind an die Ausgestaltung der innerstaatlichen Finanzen unter den gegenwärtigen äußeren Bedingungen steigende Anforderungen gestellt. Die Finanzinstrumente müssen zunehmend dazu genutzt werden, die Wirtschaftseinheiten zu einem Verhalten zu stimulieren, das den neuen und sich dynamisch entwickelnden äußeren Bedingungen genügend Rechnung trägt. Für die Leistungskraft unserer Volkswirtschaft scheint mir daher wichtig zu sein, in welchem Tempo und in welchem Ausmaß wir innerstaatliche Regelungen auf diesem Gebiet weiterentwickeln und flexibel gestalten.

Man kann in diesem Zusammenhang der Einschätzung in den Thesen zustimmen, daß sich die Einbeziehung des Ergebnisses Export in das einheitliche Betriebsergebnis der Betriebe grundsätzlich bewährt hat. Man kann auch zustimmen, daß Überlegungen notwendig sind, wie durch eine eventuelle weitere Konzentration von finanziellen Fonds aus der Außenwirtschaftstätigkeit bei den Kombinaten noch günstigere Wirkungen erreicht werden können. Prinzipiell kommt es darauf an, daß jeder einzelne Exportbetrieb entsprechend seinen spezifischen Bedingungen zur initiativreichen Arbeit im Interesse einer hohen Exporteffektivität und hohen Steigerung der Exportkraft stimuliert wird.

4. Schlußwort

H. Koziolek

Zu einigen aktuellen Fragen des Beratungsgegenstandes

Die heutige Tagung des Wissenschaftlichen Rates für die wirtschaftswissenschaftliche Forschung kann als ein wichtiger Beitrag zur Erfüllung der im Zentralen Forschungsplan der marxistisch-leninistischen Gesellschaftswissenschaften 1976–1980 – insbesondere auf dem Gebiet der Finanzökonomie – gestellten Aufgaben gewertet werden.

In enger und konstruktiver Zusammenarbeit von Theorie und Praxis, sowohl in der Vorbereitung als auch in der Durchführung dieser Tagung, ist es gelungen, die aktive Rolle der Finanzen bei der weiteren Durchsetzung des Programms des Wachstums, des Wohlstandes und der Stabilität und damit die Aufgaben bei der Realisierung der Wirtschafts- und Sozialpolitik herauszuarbeiten. Hervorzuheben ist die Übereinstimmung in theoretischen Grundfragen wie der Ware–Geld-Beziehungen in der sozialistischen Planwirtschaft sowie der Einheit von materiellen und finanziellen Prozessen und ihrer Planung. Positiv war zugleich die konsequente Auseinandersetzung mit bürgerlichen Ideologen und ihren Versuchen, uns eine „soziale Marktwirtschaft" oder andere „Rezepte" der monopolkapitalistischen Theorie und Praxis zu empfehlen.

In der Beratung wurde unmittelbar auf die prinzipiellen Hinweise des Genossen Erich Honecker auf der 10. Tagung des ZK der SED Bezug genommen, daß das dynamische Wachstum der Leistungen der Volkswirtschaft – vor allem der Industrie –, die weitere Stärkung der materiell-technischen Basis und die Erzielung eines langfristigen, stabilen Zuwachses an Nationaleinkommen zu entscheidenden Voraussetzungen für die Lösung aller Fragen der gesellschaftlichen Entwicklung geworden sind. Die Wirtschaftswissenschaften haben daher einen wachsenden Beitrag zur weiteren Erhöhung der Leistungskraft der Wirtschaft zu leisten.

In der Diskussion wurden auch solche Fragen erkennbar, bei denen – vor allem vom Aspekt der Logik – noch unterschiedliche Meinungen bestehen und daher in der weiteren wirtschaftswissenschaftlichen Forschungsarbeit noch tiefer untersucht und gründlicher diskutiert werden müssen.

Davon ausgehend möchte ich besonders auf folgende Probleme aufmerksam machen:

Als erstes betrifft das die marxistisch-leninistische Arbeitswerttheorie als wichtigen theoretischen Ausgangspunkt zum Verständnis vieler weiterer Fragen. Es muß berücksichtigt werden, daß es sich dabei um eine hohe Abstraktionsstufe handelt. Hierbei ist – wie auch in der Diskussion mehrfach betont wurde – die Frage der Wertsubstanz von erheblicher Bedeutung für die Bestimmung der Effektivität der Wirtschaft. So zwingt die Wertsubstanz vor allem im Zusammenhang mit der zunehmenden internationalen Verflechtung des Wirtschaftslebens zum Vergleich über den gesellschaftlich notwendigen Arbeitsaufwand. Darin besteht vor allem die Schärfe des Problems. Bei der Wertsubstanz – der in ihr kristallisierten abstrakten Arbeit – handelt es sich um eine allgemeine ökonomische Kategorie und nicht um eine spezifische Kategorie der kapitalistischen oder der sozialistischen Gesellschaftsordnung. Bekanntlich ist auch das Wertgesetz ein allgemeines ökonomisches Gesetz, das unter spezifischen Bedingungen wirkt. Ebenso wie dieses Gesetz unter sozialistischen Produktionsverhältnissen im System aller ökonomischen Gesetze des Sozialismus wirkt, ist auch die Wertsubstanz im Sozialismus untrennbar mit den anderen Kategorien des Sozialismus verbunden, bleibt jedoch in ihrem Wesen und Inhalt eine allgemeine ökonomische Kategorie mit allen sich daraus ergebenden Konsequenzen. So wächst ihre Bedeutung in der ökonomischen Auseinandersetzung zwischen Sozialismus und Imperialismus, z. B. im Zusammenhang mit den Anforderungen an die Steigerung der Arbeitsproduktivität.

Daher stellen in der sozialistischen Planwirtschaft der Wert und seine Formen, vor allem das Geld und der Preis sowie die auf ihnen aufbauenden Wertformen Finanzen und Kredit, objektive ökonomische Kategorien dar, die von der sozialistischen Gesellschaft bewußt und planmäßig gestaltet werden. Eine zentrale Frage ist die untrennbare Verbindung der Warenproduktion im Sozialismus mit der Planung der Volkswirtschaft, der wirtschaftlichen Rechnungsführung, dem Äquivalenzprinzip und dem sozialistischen Leistungsprinzip.

Bei der Diskussion zum Wesen und der Rolle des Geldes ist zu beachten, daß es sich um eine den Finanzen vorgelagerte Frage handelt. Übereinstimmung besteht – wie die Diskussion bestätigte – erstens darüber, daß Geld und Finanzen nicht identische ökonomische Kategorien sind, und zweitens, daß die Finanzen nicht allein aus dem Geld bestimmt werden können.

Ausgehend von diesen und anderen wesentlichen geldtheoretischen Fragen, die in der weiteren wirtschaftswissenschaftlichen Forschung noch weiter zu untersuchen sind, möchte ich auf einige Probleme eingehen, die unmittelbar die aktive Rolle der Finanzen betreffen.

Das Hauptproblem ist die Wirkung der Finanzen in der materiellen Produktion, ihre Wirkung auf das Wachstum des Produkts, seine Größe und Gebrauchswerteigenschaften, insbesondere auch des Nettoprodukts sowie auf seine Verteilung und Verwendung. Aus dieser Sicht ist – wie von Genossen Erich Honecker auf der 10. Tagung des ZK der SED hervorgehoben wurde – die Stärkung der ökonomischen Leistungsfähigkeit unseres Landes die zentrale Frage. Das heißt, daß die Kategorien Mehrprodukt und Reineinkommen, die Steigerung der Effektivität, das Wachstum des Nationaleinkommens immer stärker im Blickfeld der materiellen Produktion stehen. Ein Kernproblem ist dabei die Senkung des Produktionsverbrauchs – nach Marx – „die Senkung der wirklichen Kost“. Sie wird unmittelbar von der Preisentwicklung für Energie, Rohstoffe und Material beeinflußt. Die Preise sind ein vermittelndes Glied zwischsen Geld und Finanzen. Veränderungen der laufenden Preise haben Verschiebungen zwischen dem wertmäßigen Ausdruck des Produktionsverbrauchs und dem Nettoprodukt zur Folge. Es gilt, einen ständigen Druck auf die Kosten mit dem Ziel ihrer weiteren Senkung auszuüben. Zugleich sind weitere eigene Ressourcen, z. B. durch zunehmende Sekundärrohstoffgewinnung und -verarbeitung zu erschließen.

Die höheren Anforderungen an die aktive Rolle der Finanzen beziehen sich auch auf die eng mit der materiellen Produktion verbundene Infrastruktur sowie auf die nichtproduktive Sphäre. Es war richtig, daß in der Diskussion auch darauf eingegangen wurde.

Auf der Grundlage des Planes sind die Geldfonds dorthin zu lenken, wo sie für die Realisierung wichtiger materieller Zielstellungen, die Sicherung der volkswirtschaftlichen

Proportionen und die Bedürfnisbefriedigung gebraucht werden. Die Konzentration von Geldfonds an anderen Stellen führt zur Verschwendung. Das bedeutet, daß besonders mit Hilfe der Finanzen – entsprechend den Forderungen der 10. ZK-Tagung – konsequent verhindert werden muß, daß Schwarzinvestitionen durchgeführt werden, um vor allem Störungen in der Planmäßigkeit des Ressourceneinsatzes zu vermeiden. Zugleich ist nach Lösungswegen zu suchen, wie Störungen z. B. durch die nichtplanmäßige Bildung von Geldfonds, durch Verlangsamung des Umschlags von Fonds, Überplanbestände usw. wirksamer bekämpft werden können.

Es zeigt sich also, daß die aktive Rolle der Finanzen im volkswirtschaftlichen Reproduktionsprozeß zutiefst mit der Einheit von materieller und finanzieller Planung verbunden ist. Prinzipiell muß von der Gesamtheit der Wertbestandteile des Produkts $(c + v + m)$ ausgegangen werden, deren Verwendung eigentlich bereits für den Ersatz der verbrauchten Produktionsmittel, für die Erweiterung der Produktion usw. vorbestimmt ist. Das Problem betrifft also auch den Verkauf des Produkts, wobei Geldfonds aus dem Reproduktionsprozeß oft zu lange ausscheiden, z. B. durch unvollendete Investitionen, die bereits finanziert wurden und gesellschaftliche Nachfrage erzeugten, aber noch keine Produktion bringen, d. h. der Gesellschaft keine Gebrauchswerte zurückgeben. Ein zu langsamer Umschlag der Kreisläufe im Reproduktionsprozeß sowie zu lange Investitionszeiten sind Effektivitätsverluste, die es mit allem Nachdruck zu senken gilt. Deshalb betonte die 10. ZK-Tagung besonders die Stärkung der materiell-technischen Basis als Voraussetzung für das künftige Wachstum der Produktion. Die Investitionen bilden dabei ein wichtiges vermittelndes Glied.

Wenn in der Diskussion von der relativen Verselbständigung des Geldes im Reproduktionsprozeß gesprochen wurde, dann interessiert für die theoretische Durchdringung, an welchen Punkten des Kreislaufs des gesellschaftlichen Produkts diese Verselbständigung auftritt und wie sie besser durch den Plan erfaßt werden kann. Bekanntlich sind aus wirtschaftspolitischen Gründen planmäßige Abweichungen des Preises vom Wert erforderlich, um die gesellschaftlichen Aufwendungen – allein der Wohnungsbau erfordert einen wachsenden Zuschuß aus dem Nationaleinkommen – zu decken. Der reale Zuwachs an Nationaleinkommen ist die Schlüsselfrage und der eigentliche Spielraum, insbesondere für die produktive Akkumulation. Im Grunde genommen konzentriert sich die aktive Rolle der Finanzen auf die Bedürfnisbefriedigung und auf die Akkumulation, sowohl auf ihre Struktur als auch auf ihre Höhe.

Eine weitere Schwerpunktfrage der Thesen und der Diskussion bildet die Rolle der Finanzwirtschaft in den Kombinaten. Hierbei muß man davon ausgehen, daß sich die entscheidenden Prozesse zur Erhöhung der Leistungskraft der Wirtschaft, zur Steigerung der Effektivität und damit zur Sicherung des erforderlichen Zuwachses an Nationaleinkommen in den sozialistischen Kombinaten und Betrieben vollziehen. Auf der Grundlage der in den Beschlüssen der 8., 9. und 10. ZK-Tagung gestellten Aufgaben für die weitere Festigung der vorhandenen und die Bildung neuer Kombinate ergeben sich für die Finanzwirtschaft der Kombinate vor allem folgende Probleme:

Hinsichtlich der Zentralisierung von Fonds der wirtschaftlichen Rechnungsführung im Kombinat sollte darauf geachtet werden, daß diese Frage nicht allein aus der Sicht der Finanzen entschieden werden kann. Hier handelt es sich in erster Linie um die richtige Wahl der Entscheidungsebene und damit um die Herstellung der Übereinstimmung von Leitung und Entscheidung. Die wirtschaftliche Rechnungsführung wirkt in den Kombinaten und in den Betrieben. Dabei erfolgt in der Regel im Kombinat die Konzentration von Fonds und finanziellen Mitteln. In den Betrieben wirkt die wirtschaftliche Rechnungsführung im vollen Sinne. Für die Gestaltung der wirtschaftlichen Rechnungsführung im Kombinat kann es kein einheitliches Rezept geben, zumal die Bedingungen des Reproduktionsprozesses in den Kombinaten des Schwermaschinenbaus, der Chemie oder der Leichtindustrie unterschiedlich sind. Das betrifft auch die Zahl der zum Kombinat gehörenden Betriebe und ihre territoriale Standortverteilung. Für alle gilt jedoch, insbesondere in der Frage der Kostensenkung, nach den Erfahrungen der besten Kombinate zu arbeiten.

Ein weiteres in der Diskussion aufgeworfenes Problem ist die Bestimmung des Endprodukts der Kombinate. Das Endprodukt der Kombinate besteht – zugespitzt formuliert – nur aus den Produkten, die das Kombinat als Produktions- oder Konsumtionsmittel bzw. als Exportgüter verlassen. Die Kategorie Endprodukt muß im Zusammenhang mit der Effektivität gesehen werden. Im Grunde geht es also beim Endprodukt des Kombinats wie beim volkswirtschaftlichen Endprodukt um fertige Investitionen, Konsumgüter und den Export.

Damit wird deutlich, daß Ausschuß, Nacharbeits- und Garantiekosten Abzug vom Endprodukt und damit Verluste sind.

Deshalb wurde mit der Leistungsbewertung, mit Zu- und Abschlägen, der Jahresendprämie und anderen Maßnahmen der ökonomischen Stimulierung begonnen, auf die Höhe des Endprodukts einzuwirken. Die Erfahrungen zeigen, daß diese Regelungen bereits zu spürbaren Veränderungen geführt haben. Vor der wirtschaftswissenschaftlichen Forschung steht jedoch die Aufgabe, die gewonnenen Erkenntnisse zu vertiefen und unter den neuen Bedingungen der Existenz und wachsenden Rolle der Kombinate weiterzuentwickeln. Kernfrage ist bei der Vervollkommnung der Leistungsbewertung die Übereinstimmung von quantitativer und qualitativer Bewertung.

Der weitere Ausbau der Kombinate ist – wie das bereits in vorangegangenen Ratstagungen zum Ausdruck kam – eng mit der Vervollkommnung der sozialistischen Produktionsverhältnisse, der Vertiefung der sozialistischen ökonomischen Integration, der weiteren Konzentration, Spezialisierung und Kooperation in der Produktion, der Effektivitätserhöhung durch komplexe Intensivierung, insbesondere durch die Erhöhung der Wirksamkeit von Wissenschaft und Technik, verbunden.

Wie die Erfahrungen zeigen, müssen wir diese wichtigen ökonomischen Prozesse weiter reifen lassen und aufmerksam analysieren, um auch für die Finanzwirtschaft der Kombinate und die wirtschaftliche Rechnungsführung die notwendigen Schlußfolgerungen ziehen zu können. Bekanntlich gehen wir – etwas vereinfacht gesagt – von drei Typen der Kombinate aus: dem Kombinat mit Stammbetrieb, dem Kombinat mit eigener Kombinatsleitung und dem Kombinat mit Leitbetrieben. Näher zu untersuchen ist die Gestaltung der wirtschaftlichen Rechnungsführung auf den einzelnen Ebenen, d. h. der Ebene des Kombinats und der Kombinatsbetriebe, sowie die innerbetriebliche wirtschaftliche Rechnungsführung.

Zum Ergebnis dieser Ratstagung kann abschließend festgestellt werden, daß sie unmittelbar im Zeichen der 10. Tagung des ZK der SED stand. Sie räumte den Aufgaben der Finanzen zur Erhöhung der Leistungskraft der Wirtschaft großen Raum ein. Zugleich wurde begründet, daß die immer bessere Ausnutzung der vorhandenen Mittel und Ressourcen eine entscheidende Grundlage für die Erhöhung der materiellen Produktion und der Effektivität bildet. Es wurde hervorgehoben, daß die aktive Rolle der Finanzen keineswegs auf die materielle Produktion beschränkt ist, sondern – wie auch im Referat und in der Diskussion herausgestellt wurde – alle gesellschaftlichen Bereiche umfaßt, z. B. die rationelle Verwendung des Nationalreichtums in der Volksbildung, dem Gesundheitswesen, der Kultur usw.

Ich danke dem Autorenkollektiv des Finanzökonomischen Forschungsinstituts beim Ministerium der Finanzen für die Ausarbeitung der Thesen zum Beratungsgegenstand, Genossen Dr. Groche für das einleitende Referat, den Genossen der Hochschule für Ökonomie „Bruno Leuschner“ und der Humboldt-Universität sowie den Vertretern der Praxis für ihre konstruktiven Diskussionsbeiträge. Die kurz zuvor erfolgte Tagung des Wissenschaftlichen Rates für Politische Ökonomie des Sozialismus, die theoretische Fragen des Geldes und Kredits behandelte, hat eine wertvolle Grundlage für die heutige Ratstagung geschaffen.

Bei Fragen zur Produktsicherheit wenden Sie sich bitte an:
If you have any questions regarding product safety,
please contact:

Walter de Gruyter GmbH
Genthiner Straße 13
10785 Berlin
productsafety@degruyterbrill.com